Am Ende des 19. Jahrhunderts gründete der Wiener Arzt Christoph von Hartungen in Riva am Gardasee ein Sanatorium, das schnell zu einem bevorzugten Dorado von Aristokraten, Diplomaten, Wissenschaftlern, Künstlern und Schriftstellern wurde. Die besondere Anziehungskraft des Ortes machte die uralte Verbindung von südlichem Naturerlebnis, Heilklima und humanistischer Kulturtradition aus. Vor dem Ersten Weltkrieg verkehrten hier prominente Persönlichkeiten wie allen voran Thomas Mann, dem das Sanatorium, auf Anregung seiner Frau Katia, als Vorlage für seinen Jahrhundertroman *Der Zauberberg* diente, sein Bruder Heinrich, aber auch Sigmund Freud, Franz Kafka und Max Brod, Christian Morgenstern, Rudolf Steiner, Magnus Hirschfeld oder Hermione von Preuschen. Willi Jasper zeichnet mit zahlreichen Alltagsdetails und großem Bewusstsein für die politischen wie ästhetischen Herausforderungen der Zeit in *Zauberberg Riva* das farbige Bild der Aufbruch- und Untergangsstimmung dieses grandiosen mitteleuropäischen Mikrokosmos, der den kurz bevorstehenden Epochenbruch in heiterer, urlaubshafter Zerstreuung schon zu ersehnen schien.

»*Zauberberg Riva* ist eine kluge, charmante und informative Lektüre, ideal, um damit durch den Sommer zu flanieren.«
Barbara Bongartz, Die Presse

Willi Jasper, 1945 in Lavelsloh geboren, lebte als Kulturwissenschaftler und Publizist in Berlin. Er studierte ab 1968 an der Freien Universität Berlin und gehörte 1970 zum Gründerkreis der maoistischen KPD/AO. Bis 2010 war er Professor für deutsch-jüdische Literatur und Kulturgeschichte an der Universität Potsdam. Er veröffentlichte zahlreiche Bücher zur deutsch-jüdischen Kulturgeschichte und u. a. zu Heinrich Mann. 2023 verstarb er in Potsdam.

Weitere Informationen finden Sie auf www.fischerverlage.de

WILLI JASPER

ZAUBERBERG RIVA

DAS
SANATORIUM
DER
DICHTER
UND DENKER

Erschienen bei FISCHER Taschenbuch
Frankfurt am Main, 2025

Lizenzausgabe mit freundlicher Genehmigung
der MSB Matthes & Seitz Berlin Verlagsgesellschaft mbH
Copyright der deutschen Ausgabe:
© 2011 MSB Matthes & Seitz Berlin Verlagsgesellschaft mbH
Die Nutzung unserer Werke für Text- und Data-Mining
im Sinne von § 44b UrhG behalten wir uns explizit vor.
Druck und Bindung: GGP Media GmbH, Pößneck
ISBN 978-3-596-71209-0

Kontaktadresse nach EU-Produktsicherheitsverordnung:
produktsicherheit@fischerverlage.de

Inhalt

I. Riva
- *Hans Castorps »Italienblick«* — 7
- *Hades und Sanatorium* — 16
- *Der Bruderstreit im Ruderboot* — 33

II. Göttinnen
- *Im Zeichen der Venus* — 51
- *Die tragische Komödiantin* — 75
- *»Ins Weibliche übersetzen«* — 86

III. Kafkas Träume
- *Nachruf auf eine Badeanstalt* — 97
- *Luftschiffe* — 105
- *Der Jäger vom Gardasee* — 115

IV. Apollon oder Dionysos?
- *Freuds Herzschwäche* — 133
- *Ehekrisen und »Verrohung der Theaterkritik«* — 144
- *»Irrenhaus Österreich«: Der Fall Girardi* — 158
- *Männerakte im Freien* — 164

V. Wohllaut oder Wehklage?
- *Galgenlieder* — 173
- *»Jesus des kleinen Mannes«* — 180
- *Seelenzauber und rohe Männerstimmen* — 189
- *»Musik ist dämonisches Gebiet«* — 201

VI. Sehnsucht und Tod
- *Untergang des Abendlands?* — 219
- *Principe di Monteneveso – Der Fürst vom »Schneeberg«* — 235
- *Visconti und der Zauberer* — 244

Quellen und Literatur — 255
Personen — 267

Davos und Riva: »Wachsende Verklärung der Landschaft«
Umschlag der ersten Ausgabe von Der Zauberberg *(S. Fischer),*
Postkarte mit einer Ansicht des Gardasees von Hans Lietzmann

I. Riva

Hans Castorps »Italienblick«

Im Mai des Jahres 1912 nahm Thomas Mann die Unbequemlichkeiten einer Hochgebirgsfahrt mit der Rätischen Schmalspurbahn auf sich. Ziel der Reise war der Kurort Davos, wo seine Frau Katia im Waldsanatorium des Dr. Jessen einen Lungenspitzenkatarrh auskurierte. Genauer war es nur ein Verdacht, der Befund sollte sich nicht bestätigen. »Mit den heute verfügbaren Methoden«, so der Mediziner Christian Virchow, »hätte man vermutlich gefolgert, dass sie zu häufig wiederkehrenden, heftigen, vermutlich von den Nasennebenhöhlen ausgehenden, katarrhalischen Affektionen neigte, die die Patientin nicht gehindert, vielleicht sogar befähigt haben«, ihr »mehr als biblisches Alter« zu erreichen. Dass seine von Familien- und Repräsentationspflichten überreichlich beanspruchte Frau sich – auch ohne Krankheit – vielleicht einfach nur einmal zurückziehen wollte, hätte Thomas Mann wohl nur schwer akzeptiert. Also musste sie krank werden, und er konnte als fürsorglicher Besucher in Erscheinung treten. Er logierte in dem ganz in der Nähe gelegenen »Haus am Stein«, von dessen Fenster aus er die bewaldeten Berghänge und Katias Balkon gleichzeitig im Blick hatte. Man konnte ja nie wissen – schließlich hatte Katia selbst von der »ungeheuren Laxheit« berichtet, »die bestand, dass man über die Balkone von einem Zimmer ins andere kommt – es war schon in sittlicher Hinsicht nicht ganz einwandfrei«. Doch zu Eifersucht bestand kein Anlass, und der Besucher aus dem Flachland begann sich wohlzufühlen. Die elitäre Krankenwelt mit ihrer beeindruckenden »Geschlossenheit und einspinnenden Kraft« veranlasste ihn sogar, eine Weile solidarisch mitzuhüsteln. Sicherlich blieben die in Davos gewonnenen »wunderlichen Milieueindrücke« nicht ohne Einfluss auf Thomas Manns Idee, »eine Art von humoristischem Gegenstück zum *Tod in Venedig*« zu entwerfen, die sich dann zu jenem berühmten Opus Magnum *Der Zauberberg* ausweiten sollte. Er wollte sich vom alten Schema der Künstlerproblematik lösen. Katia Mann hat den Umstand, dass kaum Autorennotizen und Exzerpte zum *Zauberberg* erhalten sind, weidlich ausgenutzt, um die Bedeutung ihrer ebenfalls verschollenen Davos-Briefe für die Romanidee zu betonen. Weniger beachtet wurde hingegen die Enthüllung, dass wesentliche Ortsbeschreibungen und Figurenkonstellationen des *Zauberbergs* der trivialen Urlaubsgeschichte *Unter Kranken und Gesunden* in Davos entstammen, die ein gewisser Johannes Uhtenwoldt bereits 1907 im Selbstverlag veröffentlicht hatte.

Zu der Erkenntnis *Der Zauberberg stimmt nicht* kam auch der Schriftsteller Dieter Forte nach einer Ortsbesichtigung in Davos. Er fand zwar ein mit japanischen Touristen besetztes chinesisches »Zauberberg«-Restaurant, nicht aber das im Roman beschriebene Tal – und auch mit den Bergen blieb »einiges unklar«. Im heutigen »Waldhotel Bellevue«, dem alten Waldsanatorium, gibt es neben Wellness immerhin auch eine Bibliothek mit verschiedenen Ausgaben des *Zauberbergs* und Seminarveranstaltungen für fortgeschrittene Leser. Doch die Vorträge der Professoren blieben Forte unverständlich – er musste schließlich mit anderen Kulturwanderern enttäuscht feststellen, dass die *Zauberberg*-Topographie phantastisch sei und Hans Castorp falsche Fährten gelegt habe: »Der Kompass und der Höhenmesser haben endgültig ausgedient, die Landkarten sind wegzulegen, die Orientierung ist auf eine andere Art zu suchen.«

Suchen wir also nach anderen Spuren in Castorps Phantasiewelt. Aufschlussreiche Hinweise liefern seine Träume. Inmitten einer Schneelandschaft träumte er von einer mediterranen Gegenwelt. Er blickte von einer Balkonterrasse auf einen »üppig grünenden Park«. Vogelstimmen »voll zierlich-innigem und süßem Flöten, Zwitschern, Girren, Schlagen und Schluchzen« drangen zu ihm »wie Musik«. Sie erinnerten an den »leidenschaftlichen Wohllaut« eines weltberühmten italienischen Tenors, der ihn einst verzaubert hatte. Als er »sonnenerwärmte, steinerne Stufen« hinabstieg, lichteten sich die Wolkenschleier und in »wachsender Verklärung« der Landschaft tauchte ein neues Panorama auf: das »Südmeer« – es ist »tief-tiefblau, von Silberlichtern blitzend«. Von »immer matter blauenden Bergzügen weit umfasst« erschien eine »wunderschöne Bucht«, die einem »Bergsee« glich. Am Ufer tummelte sich »verständig-heitere, schöne junge Menschheit« und auf Inseln sah man »kleine, weiße Häuser aus Zypressenhainen« leuchten. Hans Castorps »ganzes Herz öffnete sich«. Entzückt und gedankenverloren betrachtete er aus sicherer Distanz die »tränenschimmernde Herrlichkeit« des Südens. In Italien oder Griechenland war er nie gewesen, dennoch »erinnerte« er sich. Es war ein »Wiedererkennen« im Sinne Platons und Freuds, ein »Menschheitstraum«. Den Eindruck des »Elementarischen« konnte der Süden ihm nur durch den Fernblick vermitteln. Südliche Visionen schlossen »Heimatodem« nicht aus. »Italienblick«, das war auch die Aussicht von Thomas Manns Sommerhaus in Nidden am Kurischen Haff über das Meer bis zur ostpreußischen Küste: »Man findet einen erstaunlich südlichen Einschlag. Das Wasser des Haffs ist im Sommer bei blauem Himmel tiefblau. Es wirkt wie das Mittelmeer. Es gibt dort eine Kiefernart, pinienähnlich. Die weiße Küste ist schön geschwungen, man könnte glauben, in Nordafrika zu sein.« Auch hier ist die Rede von einer »unvergleichlichen« Farbenpracht, »wenn der Osthimmel das Feuerwerk des westlichen widerspiegelt«.

Doch ein ganz besonderer Ort für die Empfindungen des »Italienblicks« war Riva am Gardasee. Thomas Mann weilte hier erstmals im Jahr 1901 als Sanatoriumsgast und sammelte Eindrücke für seine Novellen *Tristan*, *Tonio Kröger* und *Der Tod in Venedig* – skizzierte in seinem Notizbuch aber auch schon atmosphärische Anregungen und Charakterbilder, die später im *Zauberberg* Verwendung finden sollten.

Die besondere Anziehungskraft des Gardasees – von dem schon Vergil und Dante schwärmten – begründete und begründet sich noch immer durch eine uralte Verbindung von südlichem Naturerlebnis, Heilklima und humanistischer Kulturtradition. Eine ursprüngliche Besonderheit ergibt sich aus der geologischen Formation der Region. Wie alle oberitalienischen Seen ist der Gardasee aus dem Schmelzwasser eines riesigen Gletschers entstanden. Lang und schmal im Gebirge, buchtet er beim Erreichen der Ebene in ein großes halbrundes Becken aus. Diese Form und Lage verursachte einen thermischen Effekt: Nach Norden vom Hochgebirgskamm vor kalten Wetterlagen geschützt, nach Süden zur Wärme der Poebene geöffnet, heizt sich der See im Sommer stark auf und kühlt den ganzen Winter über nicht aus. So entstand an den Ufern eine schmale Klimazone mit südländischer Flora, deren zugängliches Terrain früh besiedelt wurde. Das älteste Zeugnis der Zivilisation sind die vor viertausend Jahren an den glatten Felsen am Südhang des Monte Baldo zwischen Garda, Torri del Benaco, San Zeno di Montagna und Castelletto angebrachten Bilderschriften. Von besonderer historischer und kultureller Bedeutung ist der einzige größere Ort am Gardasee – das am nördlichen Ufer liegende Riva del Garda. Zahlreiche archäologische Funde zeugen von der Besiedlung Rivas und seiner Umgebung schon seit der Jungsteinzeit. Nacheinander lösten sich Römer, Goten, Langobarden und Franken in der Herrschaft ab. Danach war Riva ein von den fürstlichen Bischöfen Trients, den Venezianern, dem Visconti-Geschlecht aus Mailand, sowie den Scaligern aus Verona umkämpfter

Ort. Ob der 1484 in Riva geborene Humanist Julius Caesar Scaliger wirklich ein Spross des veronesischen Geschlechts della Scala war, ist umstritten. Die Rivaner jedenfalls akzeptierten seine selbsterklärte geistige Schutzherrschaft, wie sie später auch Napoleon und die Bayern als Besatzer erdulden mussten, bevor sie dann zum Zankapfel zwischen Italien und Österreich wurden. So entwickelte sich Riva während und nach der Renaissance zu einem multikulturellen Zentrum Mitteleuropas und zugleich zu einem speziellen geistigen »Umschlagplatz« zwischen Italien und Deutschland.

Es war die Mischung aus Tradition, Fortschritt und ästhetischer Erhabenheit, die seit dem 19. Jahrhundert den Rivabesuch zu einem Pflichterlebnis für die europäischen Kultureliten machte. In dem Riva benachbarten Fischerdorf Torbole hatte der Italienreisende Goethe bereits 1786 Halt gemacht und war, wie oft zitiert, dem »belebenden Hauch der Antike« begegnet. Am 12. September notiert er in sein Tagebuch: »Heute habe ich an der ›Iphigenie‹ gearbeitet, es ist im Angesicht des Sees gut von statten gegangen.« Auch der Romantiker Heinrich Heine erlag auf seiner »Reise von München nach Genua« jener »Ruinenverzauberung«, die von den mittelalterlichen Überresten der Stadtbefestigung ausging, die man im Rocchettamassiv zur Verteidigung des Hafens errichtet hatten. Von Malern sind die Festungsruine und das Sarcatal immer wieder auf die Leinwand gebannt worden. 1855 ließ sich auch Anselm Feuerbach von dieser Landschaft inspirieren: »Das Sarcatal war das Schönste, ganz italienisch, da fühlte ich zuerst, wie man Italien malen müsse. Die Gegend war unbewohnt, das Tal mit den wildesten Granitblöcken übergossen, dazwischen stille kleine Seen, mit alten Kastellen darin; dahin muss man gehen, wenn man weltmüde ist, das gibt Ruhe und Stimmung. Abends lagen wir im Fenster des Gasthofes in Riva, da lag der Gardasee im Mondschein und wir fragten uns, wachen oder träumen wir ...« Nietzsche, der im Frühjahr 1880 als »Wanderer« in Olivenhainen am Gardasee mit seinem »Schatten« philosophierte, erblickte – wie sein Begleiter Heinrich Köselitz berichtet – »vom Fenster« seines Rivaner »Hotels du Lac« aus »das herrlichste südlichste Landschaftsbild, das man sich nur wünschen kann«. Und selbst heute wird der Gardasee nicht nur als Surfer-Eldorado wahrgenommen, wie ein aktueller Reiseprospekt belegt: »Ganz plötzlich beginnt hier am Fuße der Alpen der Süden. Das blaue Wasser geht in den sattgrünen Hügel über und die milden Jahreszeiten lassen Olivenbäume und immergrüne Pflanzen in einem prächtigen Naturgarten wachsen. Die Schriftsteller, die in den Hotels und Villen der Gegend zu Gast waren, sprechen von einer einzigartigen, sonnigen Landschaft, von einem unglaublich blauen Himmel, von Bergen mit einem rötlichen Schleier, von einem glitzernden und italienischen See.«

Das Ritual, den Blick über glitzernde Seen, weiße Berge und romantische Burgruinen in die südliche Ferne schweifen zu lassen, teilten Thomas Mann und Hans Castorp mit tausenden von jungen »Leidensgenossen«, die sich eine Kur in den Bergsanatorien leisten konnten. Die Entstehungsgeschichte der Sanatorien ist eng mit zwei Zivilisationskrankheiten der Wende vom 19. zum 20. Jahrhundert verknüpft – mit der Lungentuberkulose und der Neurasthenie. Während die Tuberkulose schon länger in den europäischen Großstädten grassierte (und Romanhelden und -heldinnen oft daran litten und starben), war die »Neurasthenie« eine aktuelle Erscheinung. Der Begriff traf offensichtlich den Nerv der Zeit. Der amerikanische Arzt George M. Beard hatte ihn erstmals 1869 verwandt. Er erklärt die zunehmende Hektik und Unruhe des Arbeitslebens, die allgemeine Beschleunigung, den Konkurrenz- und Leistungsdruck, die wachsende Isolierung und Individualisierung zum

Verursacher der Neurasthenie und erhebt diese selbst in den Rang einer Zivilisationskrankheit. Auch Richard von Krafft-Ebing – ein prominenter Wiener Psychiater – definierte 1900 die Neurasthenie als »eine funktionelle, mit den Hilfsmitteln der heutigen Forschung nicht erfassbare Nervenkrankheit«, bei der die »nervösen Apparate schon nach auffallend geringer Inanspruchnahme in den Zustand reizbarer Schwäche versetzt werden«. Die Neurasthenie sei durch ein Nervenleben bedingt, »das die Bilanz zwischen Produktion und Verbrauch von Nervenkraft nicht mehr herzustellen vermag.« Angesichts so allgemeiner Beschreibungen erscheint es einleuchtend, dass die damaligen Ärzte – zumal sie meist auch alle Formen von Depressionen unter dem Begriff »Neurasthenie« subsumierten – zu Verlegenheitsdiagnosen neigten. Wie viele Intellektuelle ihrer Zeit haben offensichtlich auch Thomas und Heinrich Mann ihr »Nervenleiden« per Selbstdiagnose zu erfassen versucht. So schrieb Thomas Ende Januar 1906 an den Bruder: »Bei mir hat sich die ganze Neurasthenie mehr und mehr auf den Magen concentriert, der sich bei wachsender Vorsicht meinerseits auch immer mimosenhafter beträgt. Warum isst man also nicht Marzipan?« Und so wurde der oft zitierte Vers des *Pan*-Mitarbeiters Otto Erich Hartlebens zur allgemeingültigen Therapie: »Raste nie, doch haste nie, sonst haste die Neurasthenie!«

Betrachte man aus heutiger Sicht die historischen und literarischen Beschreibungen der Krankheit, so der Mediziner Christian Virchow, dann falle zunächst auf, »dass unter der Fülle von Symptomen«, die angeführt würden, »kaum eines ist, das nach modernen Vorstellungen, wenn es von Belang ist, nicht einem klar definierten Leiden zugeordnet wird.« Und er fragt sich, ob der Begriff »Neurasthenie« berechtigt und ob das eng mit dem *fin-de-siècle* verbundene »nervöse Zeitalter«, das von dieser Modekrankheit beherrscht wurde, nicht auch »ein Mythos« gewesen sei. Dem entspreche auch die literarische und autobiografische Beschreibung des Problems durch Thomas Mann. In seiner »faszinierenden Darstellung der Krankenwelt« komme »beispielhaft die Lebensabkehr einer übersättigten Gesellschaft zum Vorschein«. Diese Sphäre sei »nicht nur eine Bleibe für die Erkrankten, sondern auch für die, die es sich leisten konnten, der Verführung zur Ungebundenheit zu erliege, und für all jene, die der herrschenden Sphäre, der Verbindung von Eros und Thanatos verfallen.«

In der Tat erschien das Sanatorium – und vornehmlich das Bergsanatorium – als eine eigene Welt mit einem eigentümlichen Arrangement zwischen Betreuern und Betreuten, mit anderen gesellschaftlichen Konventionen, als sie das Flachland besaß. Hielt man sich an die medizinische Ordnung, war man ungebunden, frei von Pflichten und konnte sich dem sorglosen Nichtstun und Sinnieren hingeben. »Es wurde getanzt, gelacht, gesungen, gehustet und auf den Korridoren geküsst«, berichtet der Dichter Klabund. Doch es ging nicht nur ums Vergnügen, sondern auch um Visionen. Der in die Ferne gerichtete Blick der jungen Zivilisationskranken verriet die Hoffnung auf eine bessere Gesellschaft, eine Reformgesellschaft. Sie wollten das als materiell verstandene 19. Jahrhundert körperlich und geistig überwinden und wähnten sich der von politischen und sozialen Widersprüchen zerrissenen Sphäre des europäischen »Flachlandes« moralisch und kulturell überlegen. Die meisten dieser jungen Lungen- oder Nervenkranken kamen in die Sanatorien, bevor sie ihre Weltanschauung gefestigt hatten. So suchten sie gewissermaßen zwischen Liegekur und Bewegungstherapie nach neuen Werten, die substanzieller waren als wirtschaftlicher Reichtum.

Man sinnierte, las und diskutierte Bücher, die eine Gesellschaftskritik leisten und gleichzeitig neue Wege aufzuzeigen schienen. Zur Standardlektüre gehörten Langbehns *Rembrandt als Erzieher* und Nietzsches *Also sprach Zarathustra*. In zahlreichen Loggien wurde der Aufbau einer besseren »rembrandtdeutschen« Gesellschaft erträumt. Der Führungsanspruch der gebildeten Generation, der Anspruch, den Umbau der europäischen Gesellschaft von den Bergen aus in die Hand zu nehmen, konnte aus diesen Werken abgeleitet werden. Das von August Julius Langbehn, einem gebildeten Archäologen und Kunsthistoriker, 1890 zuerst anonym veröffentlichte Buch *Rembrandt als Erzieher* wurde in kürzester Zeit zum Bestseller mit 40 Auflagen. Dabei ging es nicht um Werk und Leben des niederländischen Malers aus dem 17. Jahrhundert, sondern um die Idealisierung dessen vermeintlich »deutschen Charakters«, der sich in einem Konglomerat von »Musik und Ehrlichkeit, Barbarei und Frömmigkeit, Kindersinn und Selbständigkeit« ausdrücke. Der Titel des Buches war eine Anspielung auf Nietzsches »unzeitgemäße Betrachtung« *Schopenhauer als Erzieher*, aus der kulturpessimistisches Gedankengut übernommen wurde. Langbehns sozialaristokratisches Programm beeinflusste die antiintellektuelle und antisemitische Prägung der deutschen Jugendbewegung bis hin zum George-Kreis.

Auch Nietzsches Kunstfiguren wurden damals von einer ganzen Generation nahezu wörtlich als Vorbild verstanden. Zarathustra war der erste Reformer, der zwar in der historischen Erzählung noch scheiterte, als aktueller Prophet des neuen 20. Jahrhunderts jedoch Erfolg versprach. Nach dem Tod Gottes, so die Predigt Zarathustras, habe der »Übermensch« eine Existenzchance »jenseits von gut und böse«. Das Kennzeichen des »höheren Menschen« sei der »Wille zur Macht« und die Hoffnung auf »ewige Wiederkunft«. Seine Bejahung des Lebens drücke sich in der Leichtigkeit des Tanzes und des Lachens aus. Die Erkenntnis »Alle Lust will Ewigkeit« habe ihren Ursprung in südlichen Gefilden. Zwar hat Nietzsche nur einen Monat (vom 13. Februar bis zum 13. März 1880) in Riva Erholung gesucht, doch gewann dieser Aufenthalt einen besonderen Stellenwert in seinem Werk und Leben. Die Erkenntnis »Warum ich so klug bin« begründete er 1889 im Rückblick seiner Lebenserinnerungen *Ecce homo* nicht zuletzt mit gemachten Erfahrungen in den Beziehungen zwischen Ort, Geist und Klima. »Das Genie ist bedingt durch trockene Luft, durch reinen Himmel«, heißt es da. Aber auch die Bedeutung des Einflusses südlicher Städte auf die Entstehung des *Zarathustra* wird von ihm selbst hervorgehoben.

Hades und Sanatorium

Man reiste auf den Spuren von Winckelmann und Goethe und vergewisserte sich gleichzeitig mit Nietzsche, »genug Geist für den Süden« zu besitzen. Vor allem die Tessiner Regionen um Lugano, Locarno oder Ascona sowie die oberitalienischen Seen mit den Zentren Como und Riva gehörten um die Jahrhundertwende zu den bevorzugten Reisezielen einer wohlhabenden, jungen Elite. Die Jahre zwischen 1890 und 1914 gelten als die *Belle Epoque* des mitteleuropäischen Reiseverkehrs und zugleich als Aufbruchphase für neue, alternative Lebensformen. Das wohl bekannteste lebensreformerische Experiment leiteten um die Jahrhundertwende die Gründer des »Berges der Wahrheit«, des Monte Véritas, am Lago Maggiore ein. Aus einer urtümlichen Naturlandschaft sollte allmählich eine neue Kulturlandschaft geformt werden. Die nachhaltigsten Ideen für alternative Lebensformen entstanden nicht zufällig in der südlichen Höhen- und Seeluft des Tessins und Oberitaliens. So war das 1888 von Christoph Hartung von Hartungen (1849-1917) in Riva del Garda gegründete Sanatorium ein besonderes Zentrum der naturheilkundlichen Reformbewegung.

Die Entwicklung der Homöopathie und ihre Bedeutung für die Reformbewegung ist eng mit der Hartungschen Familiengeschichte verbunden. Christoph Hartung (1779-1853), der Begründer dieser Ärztedynastie, war ein Schüler des Naturheilkundlers Samuel Hahnemann und machte nach Studium und Promotion in Wien eine steile Karriere im militärärztlichen Dienst. Durch eine persönliche Förderung von Kaiser Franz I. wurde er 1837 zum kaiserlich-königlichen Rat und obersten Militärarzt für die Provinzen Lombardei und Venetien ernannt. Von Mailand aus gelang es ihm, die in den Militärspitälern grassierende Cholera mit neuen, die Hygiene verbessernden Heilmethoden erfolgreich zu bekämpfen. International berühmt wurde Christoph Hartung jedoch durch seine spektakuläre augenärztliche Behandlung des Feldmarschalls Graf Radetzky, des damaligen österreichischen Oberbefehlshabers und Generalgouverneurs in der Lombardei und Venetien. Radetzky war im Jahre 1840 an einem bösartigen Geschwulst in der linken Augenhöhle erkrankt, dessen Behandlung die traditionellen Mediziner für aussichtslos hielten. Christoph Hartung jedoch gelang es, das Leiden Radetzkys in wenigen Monaten ausschließlich mit homöopathischen Mitteln vollständig zu heilen und den Gesamtorganismus des 75-jährigen Patienten in beachtlicher Weise zu stärken. Dieser sensationelle Heilerfolg wurde Gegenstand heftiger medizinischer Auseinandersetzungen in der europäischen Presse. Die wiederhergestellte Gesundheit des Feldmarschalls Radetzky erwies sich als so robust, dass er dem österreichischen Kaiser noch volle 16 Jahre als Oberbefehlshaber dienen und 1848/49 zwei siegreiche Feldzüge gegen Piemont führen konnte.

Als Anerkennung für die homöopathischen Heilerfolge verehrte Samuel Hahnemann seinem Schüler Christoph

Hartung einen kostbaren Carneol-Ring, und der Kaiser veranlasste die Nobilitierung der Familie. Der erste »Adelsspross« Erhard Hartung von Hartungen (1819-1893) setzte in Wien die naturheilkundliche Tradition des Vaters fort. Als »verlässlichen Ratgeber« entwarf er eine Programmschrift mit dem ebenso schlichten wie wegweisenden Titel *Der homöopathische Selbstarzt*, worin die Patienten zur »Selbstheilung« aufgefordert wurden.

Erhards Sohn, in der Dynastiefolge Christoph IV. genannt, entschloss sich, mit seiner Familie nach Riva del Garda überzusiedeln, weil seine Frau Clara Josefa an Tuberkulose litt. Doch auch im milden Klima am Gardasee gab es trotz verzweifelter medizinischer Bemühungen keine Rettung für die junge Mutter von fünf Kindern. Sie starb 1893 im Alter von nur 34 Jahren. Christoph IV. konzentrierte sich nun ganz auf den Ausbau und die Erweiterung seines in Riva gegründeten Sanatoriums zu einer multifunktionalen »Atmosphärischen Kuranstalt für Nervenkranke und Diabetiker«, bestehend aus den drei Villen Cristoforo I bis III sowie einer Badeanstalt für Wassertherapien mit zwanzig »Lufthütten« direkt am Strand. Behandelt wurden vor allem Nervenleiden, Blutarmut, Bleichsucht, Erkältungen, Gicht, Rheuma, Asthma, Zuckerkrankheiten und Verdauungsstörungen. Die Aufnahme von Tuberkulosekranken war zumindest offiziell ausgeschlossen. In seinem Werbetext pries Christoph von Hartungen die »Villa Christoforo« als »erste deutsche Pension für naturgemäßes Leben und naturgemäße Krankenpflege« an, die durch ihre Lage am Gardasee »eine Art oceanisches Klima« gewährleiste. »Es befindet sich wohl kaum im südlichen Europa ein zweites Plätzchen, das ebenso günstig als wahrhaft schön gelegen, sich zu jeder Jahreszeit Kranken wie Erholungsbedürftigen als solch ein Gesundheitsheim darböte.« Das »Kurmittel«-Angebot umfasste »reine, warme, windstille Luft, kräftige Sonnenbäder, die vorzüglichsten Früchte des Südens, Kuh- wie Ziegenmilch, Warmbäder, Dampfbäder, Kaltbrausen, Seebäder, Schwimm-, Ruder-, Segelsport, Massage, Heilgymnastik, Terrainkuren« sowie »die schönsten und lohnendsten Gebirgspartien«. In Ergänzung zur Hauptsaison in Riva von Mai bis Oktober bot Christoph von Hartungen für die Sommermonate Juni bis September auch zusätzlich Kuren in Mitterbad im Ultental an. Neben der Bergeinsamkeit gehörte vor allem eine eisenhaltige Quelle zu den besonderen Reizen dieser Sanatoriums»zweigstelle«. Thomas Mann hat die landschaftlichen Reize Mitterbads beschrieben, dabei blieb ihm vor allem die abenteuerliche, dreistündige Anreise »zu Pferde« (von Lana bei Meran aus) im Gedächtnis haften. Er »ritt eine Art Schlachtross von sagenhaftem Körperbau aber mit dem Temperament eines Faultiers und den Launen eines unausgeschlafenen Esels«. Und sein *Notizbuch* enthält die Strophe: »Der Aufenthalt in Mitterbad / Ist Jedem zu empfehlen; / Mich hat er gelabt und frisch gestärkt, / Den Leib und auch die Seelen.« Einige Jahre später, im März 1906, empfahl Thomas Mann das Sanatorium Hartungen auch Hedwig Fischer, der Gattin seines Verlegers: »Der alte Doctor ist ein außerordentlich liebenswürdiger und in Nervendingen erfahrener Mann, der schon rein persönlich auf Ihren Gatten günstig wirken würde.«

Das Sanatorium Hartungen entwickelte sich schnell zum attraktiven Treffpunkt jener prominenten europäischen Denker, Diplomaten, Künstler und Schriftsteller, die an der zeitgemäßen Zivilisationskrankheit, der Neurasthenie, litten – oder glaubten, daran zu leiden. »Nervosität« und »Nervenkunst« waren dann auch Stichworte, die in der Therapie des Doktors von Hartungen eine zentrale Rolle spielten, Stichworte, die sich mit dem Psychogramm einer Gesellschaft auseinandersetzten, die in beunruhigender Erfahrung einer faszinierenden Modernität aus dem Gleichgewicht geraten war.

In dieser Therapie wurden nicht nur neue Naturheilmittel zur Anwendung, gebracht, sondern auch gezielt geistige und erotische Anregungen »verabreicht«. Christoph von Hartungen war nicht nur ratgebender Mediziner, er war überdies ein gebildeter Gesellschafter, ein unabhängiger, toleranter und gütiger Geist, den seine Patienten zeitlebens als einen Messias im Gedächtnis behielten. Er war aber kein »rembrandtdeutsches« Vorbild, sondern vielmehr eine Zarathustra-Gestalt.

Christoph IV. kultivierte die angenommene aristokratische Lebensart. Er pflegte engen Kontakt mit dem russischen Fürstenhaus Gortschakow und der Bismarck-Familie – die Schwester des Reichskanzlers, Malvine von Arnim-Kröchtendorff, galt als eine Freundin, und sein Sohn Erhard heiratete 1906 deren Enkelin Eva von Arnim. Doch die Auseinandersetzung des Sanatoriumsleiters mit seiner Zeit manifestierte sich nicht nur in Adelsbeziehungen und medizinisch-hygienischem Avantgardismus, den er im *Freien Hygienischen Blatt* zum Ausdruck brachte, sondern auch in sozialpolitischen Publikationen und Aktivitäten. 1886 veröffentlichte er zum Beispiel einen *Aufruf an die Arbeiter und Besitzenden*. Darin warnte er vor Verelendung und Verarmung der Massen, deren soziale Sicherheitsfürsorge er für eine ethische und moralische Pflicht der Besitzenden hielt. Außerdem stellte er öffentliche *Betrachtungen und Meditationen über das Universum* an und teilte weitsichtige *Gedanken eines Narren im 20. Jahrhundert* mit. Aber ebenso wie staatliche Unterdrückung verurteilte er den aus Russland kommenden individuellen Terror und gründete im Januar 1902 die monatlich erscheinende Zeitschrift *Der Anti-Anarchist,* in deren Programmaufruf es hieß: »Mit aller Kraft, die uns erfüllt, werden wir jeder Barbarei der heutigen Kultur entgegentreten und alle Hemmnisse, welche unserer Auswicklung bewusst oder unbewusst entgegentreten, durch Belehrung und Aufklärung von oben herab zu beseitigen trachten ...«

Heinrich Mann traf den »alten Doktor« erstmals 1893 und blieb ihm zeitlebens ein seelenverwandter Freund. Schon 1903 würdigte er ihn in den *Göttinnen* als einen »wirklichen Arzt, also von einer sehr seltenen Gattung«, als »eine Persönlichkeit, die auf andere übergreift«. In seiner 1945 veröffentlichten Autobiografie *Ein Zeitalter wird besichtigt* erinnerte sich der Schriftsteller, dass der »alt-österreichische« Doktor »nach Jahrzehnten am Gardasee italienisch immer noch wie ein Fremder« gesprochen habe. »Aber die Völkerschaften und ihre Streitigkeiten hätte er gern vergessen.« Und noch in seinem letzten Roman *Der Atem* aus dem Jahr 1949 rief er das Portrait Christoph von Hartungens erneut in Erinnerung: »Ein Fünfziger mit gestutztem weißen Bart, einmal verbauert, einmal ein eleganter Wiener Doktor, Frauenjäger wie die Genies seiner Art«.

Neben Thomas und Heinrich Mann sowie deren Schwester Carla verkehrten in Riva auch Persönlichkeiten und Geistesgrößen wie die Autoren Franz Kafka und Max Brod (und dessen Bruder Otto), Hermann und Clara Sudermann, Christian Morgenstern, Rudolf Steiner, Carl Dallago oder Peter Rosegger, der Komponist Eugen d'Albert, die Maler Hermione von Preuschen, Hans Lietzmann, Franz von Defregger oder Max Oppenheimer, Schauspieler wie Alexander Girardi und Katharina Schratt (eine enge Freundin des Kaisers Franz Josef) und neben Sigmund Freud auch andere Psychoanalytiker – so der Turiner Kriminalanthropologe Cesare Lombroso und der Berliner Sexualtherapeut Magnus Hirschfeld. Sie alle haben in ihrem Werk, in Briefen oder in Tagebüchern Rivaner Reminiszenzen anklingen lassen. Hier kamen nicht nur alternative Therapien zur Anwendung, es wurden auch Romane geschrieben, kulturpolitische Visionen entworfen und leidenschaftliche Affären begonnen. Bis 1914 war Riva ein vibrierendes Laboratorium, in dem man sich mit den beunruhigenden Erfahrungen der Vorkriegsmoderne auseinandersetzte. Der Erste Weltkrieg brachte die radikale Epochenzäsur – ihr Verkünder am Gardasee wurde Gabriele d'Annunzio. Sein rauschhafter Ästhetizismus schlug um in ein politisches Programm, das die »Idee der Tat« schon vor Mussolini zur Doktrin erklärte.

Der Zauberberg ist ein symbolischer und realer Ort zugleich – eine abgeschlossene Welt, in der die Protagonisten sehnsüchtig nach einem Ausgleich von Geist und Leben suchen und streben. Mystische Anspielungen auf den antiken Hades, Goethes Hexentanzplatz im *Faust* oder Wagners Venusberg mischen sich mit Beschreibungen des von Thomas Mann selbst erlebten Kurbetriebes in Davos und Riva am Gardasee einschließlich der Hartungschen »Außenstelle« in Mitterbad. Dabei eröffneten sich ihm unbekannte Bereiche einer Krankheit, die mit Unordnung, Liederlichkeit und mythischer Abgründigkeit verbunden ist. Schon die desorientierende Anreise Castorps ins Hochland durch dunkle Tunnel und entlang schwindelerregender Abgründe, aus denen Nebel und schwarzer Rauch emporsteigt, muten wie eine Expedition in die Unterwelt des Hades an. Im Sanatorium wird Castorp von zwei Ärzten untersucht, die mit Minos und Rhadamanth, dem brüderlichen Richterpaar im Totenreich, verglichen werden. Sie hatten zu entscheiden, ob eine endgültige Verbannung zum grausigen Strafort Tartaros bevorstand oder ob es einen erlösenden Weg zum Elysion, der Insel der Seligen, geben könne. Aber Castorp war kein Patient, sondern Besucher, der sich über den Zustand seines moribunden Vetters Joachim Ziemßen informieren wollte. »Sie hospitieren hier nur, wie Odysseus im Schattenreich?«, fragt der Dauerpatient Settembrini und bietet sich – wie Vergil in Dantes *Göttlicher Komödie* – als kundiger Hadesführer an. In Dantes phantastischer Reisebeschreibung von Hölle, Fegefeuer und Paradies hatte auch der Gardasee (unter dem alten Namen »Benaco«) eine mythologische Zuordnung erhalten. Das erklärt, warum Thomas Mann im Mai 1921 – parallel zur Arbeit am Schneekapitel des *Zauberbergs* – einen Zeitschriftenbeitrag verfasste, in dem er Dante als klassisches Symbol der »Ehrfurcht vor Tod und Erneuerung« gegen die »gedächtnislose Barbarei« verteidigte. Dante wurde aus dem Hölleninferno ins Paradies geführt, und Castorp erblickt mitten im Schneegestöber eine südliche Gegenwelt, deren Zauber ihn zum Bekenntnis drängt: »Ich will dem Tode keine Herrschaft einräumen über meine Gedanken!«

Das Totenreich des Hades ist von Wasser umgeben. Die Hauptgrenze zwischen Ober- und Unterwelt bilden der Fluss Acheron und seine Ausweitung zum Acherusischen See. Diese Grenze kann nur mit Hilfe des Fährmannes Charon nach Entrichtung eines Obolus überquert werden. In Thomas Manns Novelle *Der Tod von Venedig*, die den Vorarbeiten für den Zauberberg zuzurechnen ist, finden wir den Hadesboten in verschiedenen Gestalten. So erinnert der gespenstische Zahlmeister auf dem Schiff nach Venedig ebenso an den Fährmann mit der Totenfracht wie der Gondoliere, der den Novellenheld Gustav Aschenbach über die Lagune rudert und eigenmächtig das Ziel der Fahrt bestimmt. Auch Franz Kafka verfasste nach seinem Aufenthalt im Herbst 1913 eine Erzählung, in der sein toter *Jäger Gracchus* »leise« auf einer Barke über den Gardasee »schwebt« und im Hafen von Riva an Land getragen wird.

In Riva fand Thomas Mann vorübergehend eine geistige Lebensform zur Regulierung seines inneren Nord-Süd-Konfliktes. Seine innere Spannungslinie verlief nämlich nicht zwischen Ost und West, sondern zwischen dem Norden und dem Süden Europas, zwischen deutschem Gefühl und römischem Milieu. Noch 1926, in *Lübeck als geistige Lebensform*, charakterisierte er seine Entwicklung als die des »Ohrenmenschen« mit der »Sensibilität des Nordens« – im

Gegensatz zum »Augenmenschen« Heinrich mit der »Empfänglichkeit des Südens«.

Anfänglich machte die »ganze belleza« des »Mittelmeerländischen« Thomas Mann und seine nordische Künstlerseele »nervös« – später jedoch beeindruckten ihn positive literarische Reiseerlebnisse. Sich mit Goethe vergleichend kam er zu der Erkenntnis, »dass das urbane Genie, der erzogene Titane, der europäische Deutsche, welcher der Welt zwar ein ausgeprägt deutsches, der eigenen Nation aber ein europäisches Antlitz zuwendet, in Italien fertig wurde«. So muss man feststellen, dass nicht nur Heinrich, sondern gelegentlich auch Thomas Mann mit dem Etikett des »romanischen Artisten« kokettierte. Die öffentliche Besinnung auf seine eigene »lateinische (portugiesische) Blutmischung« war allerdings kein offensives Outing, sondern eine defensive Abwehr des Versuchs des völkischen Literaturwissenschaftlers Adolf Bartels und der antisemitischen Berliner Staatsbürgerzeitung, ihn und den Bruder Heinrich als »jüdisch« zu denunzieren.

Der Zauberberg ist ein Buch über das »Werden« der Moderne. Es ist ein Roman über die Entstehung unseres modernen Bewusstseins in der ersten Hälfte des 20. Jahrhunderts. Dabei geht es vor allem um die widersprüchliche Entwicklung der menschlichen Emanzipationsidee, die mitverantwortlich für die große Epochenzäsur war, die der »Große Krieg« von 1914 bis 1918 bedeutete. Vordergründig offenbart sich die Welt des Sanatoriums als ein gefährliches Territorium der Ausschweifung und der Auflösung. Liebe, Rausch, Musik und Tod werden als dämonische Mächte erfahren. Sie drohen, den Intellekt, die Moral und den Arbeitswillen zu brechen. »Man ändert hier seine Begriffe« lautet eine Prophezeiung, mit der der Neuankömmling Hans Castorp empfangen wird. Er hat zu wählen »zwischen der Pflicht und dem Dienst des Lebens und der Faszination der Verwesung, für die er nicht unempfänglich war«. Der Tod ist immer gegenwärtig, auch die Liebe Castorps zu der geheimnisvoll-lasziven Russin Clawdia Chauchat berührt sein Schattenreich. Wenn es um Leben oder Tod geht, sind große Phrasen und Gesten allein nicht hilfreich, das muss auch der große Schwadroneur Mynheer Peeperkorn erfahren. Thomas Mann geht es um »pädagogisch-politische Grundabsichten«. Er wollte nach den ersten Kriegereignissen – die nicht nur die Arbeit am Manuskript, sondern auch die bisherigen Denkprozesse unterbrachen – von der romantischen »Sympathie mit dem Tod« wegkommen und den alten Pessimismus und Nihilismus überwinden. So wird Castorp in eine leidenschaftliche, intellektuelle und zugleich doktrinäre Auseinandersetzung hineingezogen, die den Roman zu überfrachten drohte. Durch »essayistische Parallelaktionen«, wie die *Betrachtungen eines Unpolitischen*, hat Thomas Mann dann versucht, den *Zauberberg* »gedanklich« zu entlasten. Es »geben die Zeitereignisse dem Kopf und Herzen so Unendliches zu arbeiten und zu bewältigen«, teilte er am 5. August 1915 dem Freund Paul Ammann mit, »dass ich in diesem Augenblick nicht weiß, ob ich weiterfabulieren darf und soll oder mich zu einer gewissenhaften und bekennend-persönlichen essayistischen Auseinandersetzung mit den brennenden Problemen zusammennehmen muss.« Es kam dann zu einer mehr als dreijährigen Unterbrechung der Arbeit am *Zauberberg* – die allerdings nicht unbedingt eine ideologische Entlastung bedeutete, sondern eher eine Neuorientierung.

Nach der Wiederaufnahme der Schreibarbeiten im Frühjahr 1919 mussten die geistigen Hauptkontrahenten, der italienische Humanist, Pädagoge, »Rhetor und Fortschrittsmann« Lodovice Settembrini (in dem auch ein Stück Heinrich Mann steckt) sowie der jesuitisch-anarchistische Kommunist Leo Naphta (der gewisse Eigenheiten mit dem marxistischen Kulturhistoriker und Philosophen Georg Lukács teilt), immer noch viel ideologisches Marschgepäck durch den Roman tragen. Beide liefern sich endlose Rededuelle, in denen es um eine politische Grundfrage des 20. Jahrhunderts geht, um den Konflikt zwischen Individuum und Kollektiv, zwischen Humanismus und Totalitarismus. Weil es zu keiner Einigung kommen kann, fordert Naphta seinen Gegner zum Duell und schießt sich nach der Verweigerung Settembrinis selbst in den Kopf. Der Tod hat nun etwas Bedrohliches. Thomas Mann beschreibt die akustischen Warnsignale. Die vom tosenden Wasserfall in Varone bei Riva bei ihm ausgelösten Gehörhalluzinationen verwandelt er im Schlussteil des Romans in eine musikalische Drohung. Die akustische »Dauerkatastrophe« wird zum Präludium des großen »Donnerschlags« des Ersten Weltkriegs. Der Zeitrahmen der Romanhandlung umfasst sieben Jahre. Er endet 1914. Der teuflische Schwefelgeruch des Krieges dringt aus dem Flachland bis in den Speisesaal des Zauberbergs. Seine Fieberbrunst ist schrecklicher als die der Tuberkulose und anderer Zivilisationskrankheiten.

Es sei das »Sinnlichste«, was er je verfasst habe, erklärte Thomas Mann, als *Der Zauberberg* im Herbst 1924 erschien. Doch mehr als um die Beschreibung menschlicher Leidenschaften ging es in dem 1200 Seiten umfassenden zweibändigen Werk um die ästhetische Einfühlung in militante Zeitgeschichte, wobei sich der Einfluss Richard Wagners als »stark stilbildend« erweisen sollte. Der Ausbruch des Krieges hatte zwar die Arbeit am Manuskript verzögert, doch zugleich die thematische Gestaltung des dramatischen Schlusses erst ermöglicht.

Begeistert schrieb die Berliner *Neue Tägliche Rundschau*: »Um Hans Castorp lässt der Dichter ein System von Sonnen in sorgfältig abgezirkelten Bahnen kreisen, deren Licht in verschiedenster Brechung auf die offenen Tore einer

Seele fällt, ihn erhellt und von Stufe zu Stufe führt.« Für die *Frankfurter Zeitung* hingegen war der *Zauberberg* ein »furchtbares Buch«. Der »durch Krankheit geistwillig gewordener Bürgerkörper« des »blutarmen und didaktischen Helden« habe seinem Schöpfer nur als ein enzyklopädischer »Sammelapparat für die Bildung« gedient. Die widersprüchlichen Rezensionen ließen die Nachfrage nach dem Buch ansteigen, und der rasante Verkaufserfolg löste wiederum neue Kontroversen aus.

Selbst mit Thomas Mann befreundete Schriftsteller und Schriftstellerinnen reagierten unterschiedlich. Bruno Frank zum Beispiel, der damals Material für seinen Cervantes-Roman sammelte, war nach der Lektüre völlig »trunken« und sah im *Zauberberg* »den größten Bewusstseinszuwachs, der unserer Zeit hat zuteil werden können«. Und die spätere Trägerin des Fontane-Preises, Annette Kolb, die Wagnerverehrung mit Pazifismus zu vereinbaren wusste, fühlte sich als Leserin ebenfalls »ganz benommen« und hätte sich das Werk »noch um tausend Seiten länger« gewünscht. Der Münchner Autor und Kunsthistoriker Josef Ponten jedoch, dessen erfolgreicher Roman *Der Babylonische Turm. Geschichte einer Sprachverwirrung* von Thomas Mann hoch geschätzt wurde, fand, dass vom Zauberberg »etwas Lähmendes, Entmutigendes« ausgehe.

Den Kritikern hielt der Autor entgegen, dass »Castorps Geschichte die Geschichte einer Steigerung« sei. Ein »simpler Held« werde »in der fieberhaften Hermetik des Zauberberges zu moralischen, geistigen und sinnlichen Abenteuern fähig gemacht, von denen er sich früher nie hätte träumen lassen.« Die Figuren seien »alle mehr, als sie scheinen: lauter Exponenten, Repräsentanten und Sendboten geistiger Bezirke, Prinzipien und Welten.« Er habe sie allerdings nicht als »Schatten und wandelnde Allegorien« darstellen wollen – und sei zuversichtlich, »dass der Leser diese Personen, Joachim, Clawdia Chauchat, Peeperkorn, Settembrini und wie sie heißen, als wirkliche Menschen erlebt, deren er sich wie wirklich gemachter Bekanntschaften erinnert«.

Aber nicht alle von Thomas Mann auserwählte »Sendboten« waren mit ihrer *Zauberberg*-Mission einverstanden. So empörte sich Gerhart Hauptmann über die ihm zugewiesene Rolle des Mynheer Peeperkorn: »Dieses idiotische Schwein soll Ähnlichkeit mit meiner geringen Person haben?«, und fragte: »Wer ist nun hier der Schwätzer: Peeperkorn oder Mann?« Und als der Bruder Heinrich das Buch im Dezember 1924 erhielt, dankte er »bestens für das schöne Geschenk« und reichte es gleich demonstrativ an seine Frau weiter: »Mimi ist jetzt freilich versorgt, sie kann wochenlang lesen.« Ursache für diese pikierte Reaktion Heinrich Manns war sicher nicht nur das Erkennen seines Spiegelbildes in dem Humanisten Settembrini, sondern wohl vor allem die nicht unberechtigte Vermutung, der jüngere Bruder habe auch im *Zauberberg* – wie schon im Fall der *Buddenbrooks* – gemeinsame Erlebnisse und Diskussionen literarisch für sich allein ausgebeutet. Dass sein *Zauberberg* als »Frauenliteratur« abgetan wurde, hat Thomas Mann natürlich gekränkt. Als er im April 1925 Heinrichs neuen Roman *Der Kopf* erhielt, zahlte er mit gleicher Münze zurück: »Vielen Dank für das Geschenk! Katia hat sich zuerst darüber her gemacht ...«

Déjà-vu-Empfindungen beim Lesen des *Zauberbergs* verspürte auch der zweite Sohn des Sanatoriumgründers, Christoph von Hartungen junior, familienintern »Christl« genannt. Er hatte vom S. Fischer-Verlag ein Exemplar des Romans mit einem beigefügten Empfehlungskärtchen des Autors zugeschickt bekommen, das Buch aber erst zu Beginn des Jahres 1925 erhalten, da es ihm an die Adresse seiner Kurpraxis und Ferienresidenz Seis nachgesendet werden musste. In dieser beeindruckenden Winterlandschaft der

Dolomiten verbrachte er mit seiner Familie die Weihnachtsferien und den Jahreswechsel. Mit dem neuen Namen Siusi allo Scillar für das alte Südtiroler Seis am Schlern konnte er sich – ebenso wie der deutschsprachige Postbeamte – noch nicht so recht anfreunden, obwohl er schon vor zwei Jahren für die italienische Staatsbürgerschaft optiert hatte und aus dem österreichischen Heer und Staatsverband entlassen war. Sein offizieller Wohnsitz war Meran – doch seit 1922 besaß er auch eine Kurpraxis in Seis. Das war der Ort, an den er sich gern zurückzog, um zu entspannen. Von der Terrasse seiner Residenz bot sich ein phantastischer Ausblick über das Eisacktal bis hin zur Burgruine Hauenstein am Fuße des Schlernmassivs.

Eingehüllt in warme Decken und bestrahlt von der Wintersonne saß er hier und blätterte gedankenverloren im *Zauberberg*. Christl hatte die wichtigsten Romanfiguren als »wirkliche Menschen« nicht nur erlebt, sondern diese Begegnungen in dem schillernden Milieu des Sanatoriums auch protokolliert. *In Krieg und Frieden durch Europa – Erlebtes eines österreichischen Arztes* lautet der etwas gespreizte Titel seiner ungedruckten Autobiografie. Anders als sein älterer Bruder Erhard fühlte Christl sich mit der praktischen Tätigkeit als Arzt nicht »ausgelastet« und verspürte auch eine »Berufung« zu publizistischer und schriftstellerischer Aktivität. Die Bedeutung schriftlicher Aufzeichnungen war ihm durch Lektüre der Werke Sigmund Freuds und persönliche Gespräche mit dem berühmten Psychoanalytiker bewusst geworden. Dem *Zauberberg* musste er mit großer Verblüffung entnehmen, wie viele gemeinsame Erinnerungen an Riva er mit Thomas Mann teilte – auch wenn er in den Deutungen nicht immer mit dem Autor übereinstimmte. Besonders beeindruckt war er von dem letzten Abschnitt des Romans, in dem Thomas Mann vom Krieg erzählt – ohne ihn zu verherrlichen. »Wo sind wir?«, fragt Hans Castorp. »Was ist das?

Wohin verschlug uns der Traum? Dämmerung, Regen und Schmutz, Brandröte des trüben Himmels, der unaufhörlich von schwerem Donner brüllt, die nassen Lüfte erfüllt, zerrissen von scharfem Singen, wütend höllenhundhaft daherfahrendem Heulen, das seine Bahn mit Splittern, Spritzen, Krachen und Lohen beendet von Stöhnen und Schreien, von Zinkgeschmetter, das bersten will, und Trommeltakt, der schleuniger, schleuniger treibt ...« Mit seiner »Desertation« ins Flachland drohte Hans Castorp – wie sein Vetter Ziemßen – das Opfer feindlicher Granaten zu werden.

Christl von Hartungen kannte die Kriegsschrecken aus eigener Erfahrung, wie die lange Zeit in einer Vitrine aufbewahrte Sammlung seiner verschiedenen zwischen 1914 und 1918 erhaltenen Auszeichnungen anschaulich dokumentierte. Die Ehrenmedaillen trugen so bizarre Namen wie »Ritterkreuz des kaiserlich-österreichischen Franz-Josef-Ordens mit Kriegsdekoration«, »Ehrenzeichen II. Klasse vom Roten Kreuz mit Kriegsdekoration verliehen durch Erzherzog Franz Salvator« oder »Silberne Militärverdienstmedaille am Bande des Militärverdienstkreuzes (Signum Laudis)« – aber auch ein »Ehrenzeichen II. Klasse für Verdienste um das Rote Kreuz« und eine nachträglich (1920) verliehene »Verwundeten Medaille« gehörten dazu. Als Regimentsarzt im Rang eines Hauptmannes der k.u.k. österreichisch-ungarischen Landwehr und des Heeres war er seit August 1914 an fast allen südöstlichen Frontabschnitten zum Einsatz gekommen, hatte die Isonzoschlachten ebenso erlebt wie die Südtiroloffensive, war mit Erzherzog Ferdinand Karls mobilem Epidemiespital nach Russland vorgerückt und hatte Seuchenlazarette in Galizien und Czernowitz eingerichtet. Er wusste, dass der Krieg nicht nur zur Geschichte des »Flachlandes« gehörte, sondern ebenso in den Bergen um Riva tiefe Spuren hinterlassen hatte – und das auch schon vor 1914.

Die malerische Region Trentino war zwei Jahrhunderte ein blutiges Streitobjekt zwischen Österreich und Italien. Allein in der Schlacht von Solferino 1859 am Südufer des Gardasees, in der sich Österreich und das mit Frankreichs Kaiser Napoleon III. verbündete Piemont-Sardinien gegenüberstanden, starben an einem Tag mehr als 20.000 Menschen. Und mindestens ebenso viele Verwundete, die medizinisch unversorgt blieben, erlagen später ihren schweren Verletzungen. Österreich war der Verlierer und musste die Lombardei an Italien zurückgeben, durfte aber den nördlichen Teil des Gardasees behalten. Zwar sollte Henry Dunant noch unter dem unmittelbaren Eindruck des Gemetzels von Solferino das Internationale Rote Kreuz gründen, doch die Aufrüstung am Gardasee ging weiter. Man sicherte die Grenze massiv und baute Teile des Gebirgszuges Monte Baldo und den sich zwischen Riva und Torbole erhebenden Monte Brione zu einem verschachtelten System von Bergfestungen aus. Der Berg wurde von unzähligen Gängen durchlöchert und mit Schießscharten zum Gardasee durchbrochen, wobei Unmengen von Beton und Stahl verarbeitet wurden. Ihre »Feuertaufe« erhielten diese modernen Festungen zwischen 1914 und 1918, als österreichische Kaiserjäger und italienische Alpini einen gnadenlosen Stellungskrieg gegeneinander führten, der erneut Zehntausenden von Soldaten das Leben kostete. Und auch noch am Ende des Zweiten Weltkrieges, im April 1945, sollten sich oberhalb Torboles verschanzte deutsche Soldaten mit amerikanischen Landungstruppen auf dem Gardasee eine blutige Schlacht liefern.

Die meisten Touristen, die sich heute im Windschatten des Monte Brioni am nördlichen Gardasee sonnen, ahnen nichts von der kriegerischen Geschichte dieser schönen Landschaft. Wenn aber neugierige Wanderer von Riva aus dem Sentiero della Pace (»Friedenspfad«) ins Gebirge folgen, um die noch gut erhaltenen Festungsanlagen wie Forte San Niccolo, Forte Garda oder Forte San Alessandro staunend zu besichtigen, dann können sie sich einer schaurigen Faszination nicht erwehren. Die an den Militärakademien erlernte Wissenschaft der Festungsarchitektur zählte im Kaiserreich zu den »Künsten«. Die Ästhetik des Schreckens, die von den »kunstvollen« Militäranlagen ausgeht, findet sich als morbide Überhöhung in Gabriele d'Annunzios monumentaler Totenstadt (La città morta) in Gardone am westlichen Ufer des Gardasees. Die für diesen Dichter des Rausches typische Einheit von tödlicher Gewalt, Erotik und südlicher Landschaft symbolisiert vor allem das in den Hügel einer Zypressenanlage als Monument installierte stählerne Kriegsschiff »Puglia«, auf dessen Bug eine entblößte Siegesgöttin mit erhobener Lanze und Lorbeerkranz triumphiert.

Es war vor allem der Einfluss der widersprüchlichen Reizfigur Gabriele d'Annunzio, der die ästhetischen Kontroversen vor und während des Ersten Weltkrieges politisierte. Mit ihm hatten sowohl der Schreibtischmilitarist Thomas Mann als auch der Salonpazifist Heinrich Mann offensichtlich ein größeres Problem, als sie bereit waren, sich einzugestehen. D'Annunzio war ja nicht nur in ästhetisch-literarischer Hinsicht Gegner oder heimliches Vorbild, sondern wusste sich auch als wagemutiger Frontkämpfer und Fliegerpilot öffentlichkeitswirksam als Mann der Tat zu inszenieren. Er schwärmte vom Bombenkrieg als »poetischem Spektakel« und hatte im August 1918 in einer halsbrecherischen Einzelaktion mit einem italienischen Kampfflugzeug über dem Wiener Stephansdom Flugblätter abgeworfen und die in der Luft wirbelnden Blätter auch selbst fotografiert. Das effektvolle Bilddokument löste damals in der internationalen Presse ein großes Echo aus. Solche Aktionen konnte Thomas Mann nicht mehr, wie noch einige Jahre zuvor, als »Schönheits-Großmäuligkeit« eines »schlechten kleinen

Wagner-Imitators« abtun. Er distanzierte sich zwar von d'Annunzio, und Heinrich gab vor, ihn nicht gelesen zu haben – doch beide fühlten sich gleichermaßen angezogen und abgestoßen von diesem Prediger des »vivere pericoloso«, der die Verherrlichung von Gefahr, Sinnlichkeit und Brutalität als Erlösung aus einem sinnentleerten Leben pries.

Der Bruderstreit im Ruderboot

Der ursprünglich auch weltkriegsbegeisterte Thomas Mann, der einige Jahre zuvor noch begierig auf *Gute Feldpost* (1915) von den Schlachtfeldern gewartet hatte, war nach 1918 – wie viele andere Zeitgenossen – zu neuer Ge- und Besinnung gekommen. Bereits im letzten Teil der zwischen August 1915 und Juli 1918 entstandenen *Betrachtungen eines Unpolitischen* setzte er sich mit der »Ruchlosigkeit« eines d'Annunzio auseinander und musste über sich selbst verwundert feststellen: »Die Richtung meiner Opposition scheint sich geändert zu haben.« Bestätigung erhielt er durch einen Zeitungsartikel, der seinen »pessimistischen Moralismus« positiv von dem »üppigen Ästhetizismus des Lateiners« abhob. Nach eigener Aussage trug Thomas Mann diesen Zeitungsausschnitt ständig »in seiner Brusttasche und zeigte ihn gern.« Die Bezeichnung als »pessimistischer Moralist« gefiel ihm. »So war ich und wollte ich sein. So wollte ich auch gesehen werden.« Sicherlich muss man die *Betrachtungen*, verglichen mit seinen bellizistischen Texten von 1914, bereits als ein vorsichtiges und wortreiches Rückzugsgefecht betrachten. Dennoch ist das Buch weder »unpolitisch« noch »liberal«. Es bleibt Thomas Manns umfangreichster Text der konservativen Revolution und zugleich seine zentrale Polemik gegen Heinrich Mann. Mit dem Feindbild des »Zivilisationsliteraten« war nicht nur der

Bruderstreit, sondern auch die Idee eines deutsch-nationalen Sonderwegs radikalisiert worden, eine Idee, die bereits im 19. Jahrhundert entstanden war.

Dem Trend zur politischen Lagermentalität kam der Bruderstreit stets entgegen. Heinrich Mann nannte die wechselnden Freund- und Feindschaften Versuche, »den einen zu kränken, ohne darum den anderen zu lieben«. Für Golo Mann war das Gerede vom »rechten« und »linken« Bruder von Anfang an ein »Missverständnis, aufgebracht von den Zeitgenossen, fortgeschleppt von den Nachkommenden«. Beide, Thomas und Heinrich, seien »Konservative von Haus« aus gewesen. In der ganz frühen und in der späten Phase ihrer Entwicklung finden sich die größten Übereinstimmungen. In der kritischsten Phase ihrer Beziehung, zwischen Herbst 1914 und Januar 1922, sprachen die Brüder nicht mehr direkt miteinander und wechselten auch kaum noch Briefe. Aber mit ihren Publikationen polemisierten sie öffentlich gegeneinander. Thomas plädierte für einen Weg der machtgeschützten Innerlichkeit, die als Preis für eine vermeintliche Verfeinerung der ästhetischen Sitten, bewusst die Einschränkung politischer Freiheiten in Kauf nahm. »Politiker und Patrioten« waren für ihn »schlechte Dichter«, und »Freiheit« taugte nichts als »poetisches Thema«. Heinrich Mann hingegen kritisierte eine verfehlte deutsche Entwicklung, die sich von der europäischen Moderne immer weiter entferne.

Selten ist allerdings über die Möglichkeiten deutscher und europäischer Selbstverständigung im Übergang vom 19. ins 20. Jahrhundert so kontrovers, personifiziert und kompliziert gestritten worden wie zwischen den Brüdern Thomas und Heinrich Mann. Auch nach einer unendlichen Forschungs- und Publikationsgeschichte über die »repräsentative Gegensätzlichkeit« (Thomas Mann) fällt es immer noch schwer, die Unterschiede präzise festzuhalten. Versuche, eine griffige

Formel der Differenz zu prägen, laufen meist ins Leere. In der Weltliteratur hat es mehrfach Brüderpaare gegeben, die Brüder Grimm, die Brüder Schlegel oder die Brüder Goncourt. aber nirgendwo haben, so Hermann Kesten, »Ähnliches und Unähnliches, Verwandtes und Feindliches, Liebe und Hass, geistige Verdienste und Exzesse so aufeinander und gegeneinander gewirkt«, wie im Fall von Thomas und Heinrich Mann. Die Bindung der Brüder aneinander, ob in Zustimmung oder Ablehnung, scheint unzertrennlich. Das gemeinsame und unablässig abgewandelte Leitmotiv war – wie Klaus Mann erkannte – die »schmerzlich-stimulierende Spannung zwischen dem nordisch-germanischen und dem südlich-lateinischen Erbe in ihrem Blute«, eine »recht eigentlich erotische Beziehung, wenn man Eros, im Sinne des Sokrates, als den Dämon der unstillbaren Sehnsucht, des dialektischen Spiels versteht.« Selbst in äußerlichen Geschmacksfragen offenbarte sich dieses dialektische Verwirrspiel der Widersprüche.

Der nach eigener Aussage »nordisch-protestantische« Thomas umgab sich gern mit Tapeten aus einem Dickicht von tropisch sinnlichen Blättern, während der (ebenfalls aus der Sicht von Thomas) »romanisch-katholische« Heinrich die kalte Eleganz mit großen Freiräumen und spannungsvollen leeren Zonen vorzog.

Die erlebte Atmosphäre und Suggestivkraft Italiens hat sich – wenn auch in unterschiedlicher Intensität und Dauer – auf die literarischen Anfänge beider Mann-Brüder nachhaltig ausgewirkt. Wichtig war vor allem die fast zwei Jahre währende gemeinsame Zeit zwischen 1895 und 1898 in Rom und Palestrina und natürlich die gemeinsamen Aufenthalte und Diskussionen zwischen 1901 und 1904 in Riva. Dabei ist die Frage, ob Thomas Manns Sanatoriumsgeschichte *Tristan* wirklich detailgetreu den Hartungenschen Kurbetrieb wiedergibt ebenso unerheblich wie die, ob in Heinrich Manns *Kleine Stadt* mehr Palestrina oder mehr Riva steckt.

Schon 1893 hielt sich der angehende Schriftsteller Heinrich Mann in Riva auf und sammelte Informationen über die natürlichen Heilmethoden im Sanatorium von Hartungen. Er wollte seine ebenso »chronische« wie modische Neurasthenie behandeln lassen und zugleich die Folgen einer Lungenblutung auskurieren. In einem Brief vom 1. Oktober 1893 aus dem Rivaner »Hotel de Bavière« berichtete Heinrich Mann seinem Jugendfreund Ludwig Ewers von diesem »sehr stillen« Ort: »Der See ist wunderschön; es gibt Bootfahrt, Ausflüge, Wasserfälle, hübsches altes Städtchen, gutes Hotel und vorzügliche Verpflegung, was einem so ein unbeschreibliches Sicherheitsgefühl gibt. Die Luft ist sehr mild bisher, selbst wenn es wie heute gar nicht aufhört zu regnen. Dazu werde ich hier besser als an größeren Orten mit meiner Arbeit vom Fleck kommen.« Gemeint war die Fertigstellung seines ersten Romans *In einer Familie*, für dessen Druck die Mutter eine finanzielle Garantie übernommen hatte. Der Roman war dem französischen Dekadenzpsychologen Paul Bourget gewidmet, für dessen konservativ-romantisches und rassistisches Weltbild der junge Heinrich Mann damals noch starke Sympathie zeigte. Er verstand ihn als Anreger und Vorläufer der Kulturkritik Friedrich Nietzsches. In Texten von Bourget, wie den *Essais de Psychologie contemporaine*, ließen sich mühelos begriffliche Versatzstücke der »Krankheit des Willens« finden, die man mit Nietzsches Psychologie der Lebensschwäche zu einer eklektischen Gesamtidee zusammenfügen konnte. Generell – auch äußerlich – wollte sich der junge Dandy aus Lübeck am Pariser Dekadenzchique orientieren. »Die moralischen Dispositionen, die ich in meinen eigenen entsprechend aufsuche, finden sich nur dort«, notierte der 21-Jährige am 11. November 1893 in einem *Plan* für sein zukünftiges Leben.

Was er anstrebte, war »ein kosmopolitisches, durch die letzten kulturellen Erzeugnisse der alten Welt gebildetes und getragenes Dasein.«

Als Christl von Hartungen, der bis 1900 das deutsche Gymnasium in Trient besuchte, in der Ferienzeit Heinrich Mann zum ersten Mal in Riva begegnete, war er stark beeindruckt von der vornehmen Erscheinung des Dichters. Obwohl es ziemlich heiß war, trug der schlanke Mann unter seinem maßgeschneiderten dunklen Anzug eine enge Weste und hatte sich um den weißen Stehkragen eine Mischung aus Schal und Krawatte geschnürt. Auffällig war der durch den hochgezwirbelten Schnurrbart noch unterstrichene, von der brasilianischen Mutter geerbte, dunkle Gesichtsteint. Der den Jungen scharf musternde Blick war nicht unfreundlich aber spöttisch-herablassend. Auf einer Fotografie aus dem Jahre 1902 steht Heinrich Mann in dieser Pose vor seinem Bruder Thomas und auf schaut auf ihn herab. Offensichtlich war er bereits in jene psychologische Verfassung »eingeweiht«, die »zu verantwortungslosen Ausschreitungen des Hochgefühls« fähig machte.

In diese Zeit fiel auch ihre gemeinsame Redaktionsarbeit für die Zeitschrift *Das zwanzigste Jahrhundert*, deren Programm stark sozialdarwinistisch und antisemitisch gefärbt war. Aus dem malerisch in den Bergen bei Rom gelegenen Palestrina, dem Geburtsort des gleichnamigen Renaissancekomponisten, teilte Thomas Mann im Sommer 1895 dem Schulfreund und Kunsthistoriker Otto Grautoff mit: »Kürzlich habe ich mich zum literarischen Mitarbeiter des *XX. Jahrhunderts* aufgeschwungen; mein Bruder ist ja der Herausgeber ... Die Sache macht mir Spaß, obgleich sie gar keinen Zweck hat.« Und neun Monate später, am 23. Mai 1896, schrieb er aus München: »Seit einiger Zeit ist mein Bruder hier, ich helfe ihm feuereifrig, sein Blatt zu redigieren.« Doch bald wurde beiden die verantwortliche Mitarbeit an dem »ziemlich einfältigen Blättchen« (so Thomas im April 1897) peinlich. Allerdings verlief ihr politischer Wandel in unterschiedlichen Zeitphasen. Heinrich Mann erkannte früher als sein Bruder und andere zeitgenössische Literaten die drohende Verführungskraft, die von der Faszination der »Tat« ausging.

Thomas Mann hatte Riva wesentlich später als Heinrich »entdeckt«. Seinen ersten längeren Sanatoriumsaufenthalt verbrachte er dort im November 1901 in der Villa Christoforo II unter strenger medizinischer Aufsicht. Ähnlich wie bei Detlev Spinell im Sanatorium Einfried aus der Novelle *Tristan*, äußerte sich auch beim Patienten Thomas Mann der seelische Defekt durch Fluchten in einen »ästhetischen Zustand«. Um seine strapazierten Nerven zu beruhigen, hatte Dr. Hartungen ihm ein strenges Lese- und Schreibverbot auferlegt. Angenehmer und anregender war ganz offensichtlich der zweite Rivaaufenthalt im Oktober und November 1902. Thomas Manns Bericht an Kurt Martens, den Duz-Freund und Autor des zeitgeistigen *Romans aus der Décadence*, klingt geradezu schwärmerisch: »Hier ist es schön, und ich erhole mich merklich. Das Wetter ist sehr warm und, wenn auch unbeständig, so doch meistens gut. Morgens rudere ich immer mehrere Stunden lang auf dem See und war besonders zu Anfang wieder ganz bezaubert. Es hat etwas sonderbar Rührendes, wenn man nach langer unruhvoller Zeit zum ersten Male wieder in diesem sacht flüsternden und plätschernden, von ernsten Bergen eingehegten Sonnenfrieden umhergleitet.« Und den Münchner Künstlerbrüdern Carl und Paul Ehrenberg, mit denen ihn eine komplizierte Freundschaft verband, schilderte er am 22. Oktober den Ablauf eines Vormittags in Riva: »Ich stehe um 7 Uhr auf, und mit den üblichen Handlungen (Gymnastik, Toilette, Frühstück) vergeht die erste Morgenstunde. Um 8 Uhr lasse ich mich wahrhaftig am Schreibtisch nieder, nehme das Manuskript hervor, an dem ich gerade schustere, und sehe zu, dass ich vielleicht ein paar Zeilen schreibe oder dass sich mir die Sache wenigstens nicht entfremdet, damit ich sie in München rasch fertig machen kann. Um ½ 9 Uhr unterbricht mich der Briefbote, der Zeitungen, Correcturen, Briefe bringt. Um 9 Uhr stecke ich ein Buch in die Tasche und begebe mich zum See, der von meinem Zimmer in zwei Minuten erreichbar ist. Mein Schiffer löst mir den hübschen blau-weißen Lohengrin-Nachen von der Kette, den ich für 10 Gulden monatlich gemietet habe, elastisch schwinge ich mich hinein und gewinne mit markigen Ruderschlägen das Weite ... und wenn ich des Ruderns müde bin, lasse ich mich treiben, lese ein bisschen und denke an dies und das.«

Ein »markiger« Ruderer indes war Thomas Mann nie, ebensowenig sein Bruder Heinrich. Gern nahmen beide das Angebot des damaligen Studenten Christl von Hartungen an, sich von ihm auf den See hinausrudern zu lassen. Manchmal, wenn die Brüder gleichzeitig in Riva weilten, waren es auch Kahnpartien zu dritt. Es blieb nicht aus, dass Christl dann Zeuge intimer Diskussionen und Streitgespräche wurde – so auch im Herbst des Jahres 1902. Nach dem Erscheinen von Heinrich Manns *Göttinnen*-Trilogie und dem unmittelbar danach folgenden Roman *Die Jagd nach Liebe* äußerte Thomas drastisch seine Unzufriedenheit und erinnerte den Bruder daran, dass sie schon »in Riva, im Ruderboot« einen »Anlauf zu einer Auseinandersetzung über diesen unangenehmen Gegenstand genommen« hätten. »Im Laufe von allerlei philosophisch-psychologischen Disputen« wären ihre »entgegengesetzten Standpunkte« offenkundig geworden. (Brief vom 5. Dezember 1903)

Was waren die Gegenstände dieser Dispute? In jenem Streit »im Ruderboot« war Thomas Mann eindeutig als der Aggressivere aufgetreten – er hatte die Rolle des Angreifers übernommen und die Sexualmoral des Bruders – wie sie sich in dessen Literatur zeigte – grundsätzlich in Frage gestellt und damit auch Heinrichs Existenzberechtigung als Schriftsteller. Wohlwissend, dass der Ältere nach wie vor finanzielle Sorgen hatte, schilderte der Jüngere genüsslich sein neues Lebensgefühl als Erfolgsschriftsteller. Er beschäftige sich jetzt »sehr angenehm und aufregend mit Möbelanschaffungen«. Nach dem Erfolg der *Buddenbrooks*, deren Auflagensteigerung er mehrfach in dem Brief erwähnte, werde nun alles von ihm »mit großem Genuss« gelesen und der Verleger Samuel Fischer nehme ihm unbesehen alle neuen Manuskripte ab. Im gleichen Atemzug erfolgte dann ein demütigender Verriss von Heinrichs neuem Roman *Die Jagd nach Liebe*. »Dass ich mit Deiner literarischen Entwicklung nicht einverstanden bin, muss einmal ausgesprochen werden«, tadelte der Jüngere den Älteren herablassend. Nicht einverstanden war er vor allem damit, wie Heinrich »die Erotik, will sagen: das Sexuelle« darstellte. »Diese schlaffe Brunst in Permanenz, dieser fortwährende Fleischgeruch ermüden, widern an. Es ist zu viel, zu viel ›Schenkel‹, ›Brüste‹, ›Lende‹, ›Wade‹, ›Fleisch‹, und man begreift nicht, wie Du jeden Vormittag wieder davon anfangen mochtest, nachdem doch gestern bereits ein normaler, ein tribadischer und ein Päderasten-Aktus stattgefunden hatte. Selbst in der rührenden Scene zwischen Ute und Claude an des Letzteren Sterbebett, dieser Scene, bei der ich weich wurde, bei der ich gern vergessen hätte – selbst da muss unvermeidlich Ute's ›Schenkel‹ in Action treten, und ein Schluss war nicht möglich, ohne dass Ute nackt in der Stube umherging! Ich spiele nicht Frà Girolamo, indem ich dies schreibe. Ein Moralist ist das Gegentheil von einem Moralprediger: Ich bin ganz Nietzscheaner an diesem Punkt. Aber nur Affen und andere Südländer können diese Moral überhaupt ignorieren …«

Auch Christl von Hartungen, der bereits mehrfach Zeuge ähnlich heftiger Ausfälle Thomas Manns gegen den Bruder Heinrich geworden war, wusste, dass es um mehr als um ästhetische Literaturkritik ging. Obwohl der Jüngere sich im literarischen Erfolg der *Buddenbrooks* sonnen konnte, neidete er dem erfolglosen Älteren die unbeschwerte Lebensform. Heinrich lebte, wie er leben wollte. Sein Bruder konnte das nicht. Während Thomas mit Rücksicht auf gesellschaftliche Konventionen seine homosexuellen Neigungen unterdrückte, bekannte Heinrich sich offen zu seinen Frauenaffären im Halbweltmilieu und offenbarte in der *Jagd nach Liebe* auch seine erotischen Gefühle für die Schwester Carla. 1903 war nicht nur Thomas Manns unglückliche Beziehung zu dem Maler Paul Ehrenberg zu einem Ende gekommen, sondern auch der Versuch gescheitert, sie literarisch zu verarbeiten. Zwar sind einige Motive dieser Beziehung in die Novelle *Tonio Kröger* eingegangen – der Plan jedoch, daraus einen Roman zu machen, wurde nicht realisiert. Thomas erhob den schwerwiegenden Vorwurf, Heinrich habe ihm das durch geistigen Diebstahl »unmöglich« gemacht. Im Ruderboot auf dem Gardasee habe er ihm von seinem »Plan« erzählt, »einen Roman *Die Geliebten* zu schreiben« und musste dann feststellen: »In den *Göttinnen* fand ich den psychologischen Inhalt dieser Gespräche in oberflächlicher und grotesker Weise verwertet, vor allem aber den Gegensatz ›Die Geliebten – die Ungeliebten‹ wie etwas Gegebenes und allgemein Gebräuchliches wiederholt und wörtlich benutzt.« Außerdem verdächtigte er den Bruder, aus seinem *Tonio Kröger*-Manuskript – über das sie auch gesprochen hatten – die einfühlsamen Beschreibungen der »Wonnen der Gewöhnlichkeit« als sexuelles »Gemeingut« in den Roman *Die Jagd nach Liebe* übertragen und so ein völlig anderes »Pathos und Erlebnis« daraus gemacht zu haben.

Während Thomas Mann – und mit ihm die Literaturwissenschaft – den Zusammenhang von seinen verdrängten sexuellen Wünschen und der literarischen Produktion als eine »Notwendigkeit« bezeichnete, die mehr als nur die Bewältigung einer »homoerotischen Gefühlssträhne« sei, wollte man Heinrich keinen vergleichbaren Lebenskonflikt als literarisches Stimulans zugestehen. Mit seiner scharfen Kritik an der *Jagd nach Liebe* bestritt Thomas nicht nur die literarische »Notwendigkeit«, sondern denunzierte die Offenbarung der Geschwisterliebe (Ute/Carla und Claude/Heinrich) auch als eine Zerstörung der »Identität von Moral und Geist«. Diese Kritik stürzte Heinrich Mann zunächst in tiefe Selbstzweifel – vorübergehend sah er sogar seine Existenzberechtigung als Schriftsteller in Frage gestellt. Auf die Rückseite eines Blattes des Briefs von Thomas kritzelte er in spontaner Erregung: »Ein Charakter wie Claude darf vielleicht gar nicht Medium eines Weltbildes sein. Das Bild wird zu krank, wüst, unerträglich. Das hieße mit anderen Worten, ich hörte überhaupt auf zu schreiben.«

Es existiert ein 16-seitiger Entwurf seiner Antwort *An Tommy nach der Jagd nach Liebe*, dessen Beginn verdeutlicht, wie schwer es Heinrich gefallen ist, seine Rechtfertigung zu formulieren: »Lieber Tommy, jede ›schlechte Kritik‹ richtet in mir zunächst Verheerendes an. Ich bekomme die Kehrseite meiner heißen ästhetischen Empfänglichkeit zu fühlen, die mich auch ganz fremde Empfindungsformen z.B. Deine genießen lässt, was Dir mein Urteil liberal macht. Dein Brief übergoss mich beim ersten Lesen heiß und kalt, ich kam mir ertappt vor, entlarvt, unmöglich gemacht ...« Doch dann kehrte sein Selbstbewusstsein zurück und er war »wieder aufgerichtet«. Er wisse »besser, warum er es geschrieben habe« und könne im Hinblick auf die brüderlichen Gemeinsamkeiten »mehrere Gedächtnislücken ausfüllen« und müsse »ein paar Gedankenfehler« von Thomas »berichtigen«. Das gelte vor allem für die Vorwürfe mangelnder Geistigkeit und des Plagiats. Generell hielt Heinrich Mann es für legitim, sich auf Anleihen von klassischen Autoren – er nennt vor allem Nietzsche, Balzac, Stendhal und Zola – zu stützen. Es komme darauf an, was man mit der geliehenen »Idee« mache. Man müsse in der Lage sein, sie schöpferisch zu entwickeln. Und dann folgt der Gegenangriff: »Ich bin nicht der erste, der an diesem Punkt Dir eine Warnung zuruft. Du bist stolz auf Deine Geistigkeit; Du solltest es auf Deine Schöpferkraft sein ... Du läufst Gefahr, ein Denker aus zweiter oder dritter Hand zu werden, anstatt eines Künstlers aus erster.« Und er vermisst in Werk und Leben des Bruders nicht nur »Schöpferkraft« sonder auch umfassende Sinnlichkeit. Thomas, so der Vorwurf, sei »ein Schriftsteller, in dessen Büchern ausschließlich die Männer – die sich auf Einen reduzieren – Interessen haben.« Demgegenüber habe er – Heinrich – »sein Leben lang nichts für wichtiger gehalten als die Frau«, bei der er »innerlich zu Hause« sei. Zwar sei er mit dieser Haltung in der deutschen Gesellschaft und Literatur isoliert, fühle sich aber moralisch und künstlerisch auf sicherem Boden. »Hier bringt es mich keinen Augenblick aus dem Gleichgewicht, wenn man mich anzweifelt. Die unliterarische Anerkennung von ein paar Kennern und Frauen ist hier meinem Selbstbewusstsein zu Hilfe gekommen. Von der Literatur erwarte ich dabei nichts; sie ist in Deutschland vorwiegend männlich. Es gibt keine féministes. Der männliche Reinheitsbegriff wird an der großen Unreinen probiert, der er niemals passt. In den romanischen Literaturen ist die Bürgersfrau – welche Lächerlichkeiten und welche Traurigkeiten in dieser Kopplung von Worten – eine eingefangene und vor eine Droschke gespannte Tigerin. In der deutschen Literatur ist sie ein richtiger Droschkengaul«. Das treffe auch für die Darstellung der Toni in den *Buddenbrooks* zu. »Alle sexuelle Energie ist sauber herausgeschnitten. Diese Art Vogel-Straußen-Keuschheit bei Behandlung der Frau sehen zu wollen – ist ja germanisch, heute und früher«. Für Heinrich Mann existierte eine große europäische Verbindungslinie von der sinnlichen Befreiung zur geistigen Moral und zum aktuellen politischen Bewusstsein. Er selbst sah seine eigene literarische »Passion der Sinne« als eine Tradition der moralischen Leidenschaft, die »große Dinge gezeitigt« habe. Die »sinnliche Freiheit« und die »Emanzipation des Fleisches« seien Ergebnis der menschlichen und politischen Befreiung, seien eingeleitet worden von der Renaissance und der Französischen Revolution ebenso wie von der Erneuerungsbewegung des »Jungen Deutschland« – eine Entwicklung die Thomas vollständig negiere. »Dieser ganze geschlechtlich-amoralistische Zug der Befreier«, so Heinrich, »der die Geschichte Europas unter Triumphen und Niederlagen von einem Ende zum Anderen durchzieht, er malt sich in Deinem Kopf als ›Affen und Südländer‹. Ich weiß nicht, ob es mir an dieser Stelle gelingt, Dich für einen Augenblick stutzig zu machen. Dich auf die flüchtige Vermutung zu stoßen, dass ein Intellekt, der eine solche Ungeheuerlichkeit hervorbringt, wohl ziemlich einseitig erzogen oder gelenkt sein muss. Was Dich lenkt, Dich stärkt, Dich beherrscht wie eine Macht, ist, wie wir wissen, das heutige Deutschland, das chauvinistische und darin reaktionäre Deutschland Wilhelms II.«

Die ersten Jahre des 20. Jahrhunderts bedeuteten wohl den wichtigsten Einschnitt für den Zwist und Dialog der beiden Mann-Brüder Thomas und Heinrich. Im Streit über Kunst und Leben dieser Jahre fielen in Riva die entscheidenden moralischen, ästhetischen und politischen Stichworte, die über Jahrzehnte zwar variiert, aber im Prinzip konserviert wurden. Am 3. Januar 1918 hatte Thomas sich scheinbar endgültig vom Bruder verabschiedet mit den Worten »Man muss zu Ende leben so gut es geht. Lebe wohl.« In der nicht abgeschickten Antwort Heinrichs hieß es zwei Tage später:

»Die Stunde kommt, ich will es hoffen, in der Du Menschen erblickst, nicht Schatten, und dann auch mich.« Im Winter 1921 begann Thomas mit dem sechsten Kapitel des *Zauberbergs*, dessen erster Teil den symbolischen Titel *Veränderungen* trägt. »Die Zeit ist tätig«, heißt es da, »sie hat verbale Beschaffenheit, sie ›zeitigt‹. Was zeitigt sie denn? Veränderung! Jetzt ist nicht Damals, Hier nicht Dort, denn zwischen beiden liegt Bewegung.« Auch die Bruderbeziehung war in Bewegung geraten – allerdings unter dramatischen Umständen. Im Januar 1922 erkrankte Heinrich schwer, zu einer Grippe mit Bronchialkatarrh und Lungenkomplikation kamen zusätzlich Blinddarm- und Bauchfellentzündung. Eine Zeit lang war der Zustand sehr ernst. Katia Mann besuchte Heinrichs Frau Mimi, und der gemeinsame Freund Maximilian Brantl bewegte auch Thomas zu einem Zeichen der Anteilnahme. »Lieber Heinrich«, so die Botschaft des Bruders vom 31. Januar, »nimm mit diesen Blumen meine herzlichen Grüße und Wünsche – ich durfte sie Dir nicht früher senden. Es waren schwere Tage, die hinter uns liegen, aber nun sind wir über den Berg und werden besser gehen – zusammen, wenn Dir's ums Herz ist, wie mir.«

Das klang schön – doch eine echte Versöhnung war auch das nicht. Was Thomas wirklich über die Perspektiven einer brüderlichen Wiederannäherung dachte, vertraute er zwei Tage später dem Freund Ernst Bertram an: »Freudig bewegt, ja abenteuerlich erschüttert, wie ich bin, mache ich mir doch keine Illusionen über die Zartheit und Schwierigkeit des neu belebten Verhältnisses. Ein modus vivendi menschlich-anständiger Art wird alles sein, worauf es hinauslaufen kann. Eigentliche Freundschaft ist kaum denkbar. Die Denkmale unseres Zwistes bestehen fort ...« Die wuchtigsten »Denkmale« wurden immerhin harmonisiert. Mit seiner Rede *Von deutscher Republik*, mit deren Niederschrift Thomas im Juni 1922 begann, korrigierte er die gröbsten antiliberalen Tendenzen seiner *Betrachtungen* – und Heinrich strich für die Neuauflage seines Zola-Aufsatzes jene vom Bruder als persönliche Beleidigung empfundene Prophezeiung, dass er »früh vertrocknen« werde. Auch wenn es nur im unverbindlichen Rahmen geschah, blieben die Brüder fortan im Gespräch. Für den Betrachter ergab sich ein Bild der Bemühung um stillschweigende gegenseitige Duldung, Schonung, Neutralität, Höflichkeit und Burgfrieden. Weiter bestehende Differenzen trachtete man zu verbergen nach dem Prinzip »quieta non movere«. Erst Jahrzehnte später, in seiner Ansprache zu Heinrichs siebzigsten Geburtstag am 2. Mai 1942, war Thomas Mann zur grundlegenden Rehabilitation des Bruders bereit. »Du lieber Heinrich hast diese neue Situation des Geistes früher geschaut und erfasst, als wohl wir alle; du hast das Wort ›Demokratie‹ gesprochen, als wir alle noch wenig damit anzufangen wussten, und die Totalität des Menschlichen, die das Politische einschließt, in Werken verkündet, die vornehmste Kunst und Prophetie sind in einem. Empfinden wir nicht Bücher wie den *Untertan*, den *Professor Unrat*, die *Kleine Stadt* heute als vollendete Prophetie?«

In auffälliger Weise ist die Phase der brüderlichen Annäherung nach dem Ersten Weltkrieg auch mit einer jeweiligen Rückbesinnung an die Zeit in Riva verbunden. Unmittelbar vor der Verschlimmerung seiner Krankheit nahm Heinrich wieder Kontakt mit dem in Meran lebenden Christl von Hartungen auf und lud ihn zu einem Besuch nach München ein. »Sie wissen, wie schön es wäre, an alte Tage erinnert zu werden«, schrieb er im Einladungsbrief vom 11. Dezember 1921. Und Thomas überarbeitete wenig später für das *Zauberberg*-Manuskript seine alten Notizen über die Eindrücke vom Varone-Wasserfall.

Der nach dem bei Riva gelegenen Bergdorf Varone benannte Wasserfall ist ein einzigartiges Schauspiel der Natur.

Das Wasser hat sich über Jahrtausende in den Berg gefressen und eine 55 Meter lange Schlucht gebildet. Es stürzt sich hier mit eindrucksvollem Getöse etwa 100 Meter tief herab. Es stammt aus dem acht Kilometer entfernten Tennosee und sucht sich seinen Weg zum tiefer gelegenen Gardasee. Seit 1874 ist der Wasserfall für schaulustige Besucher über ein mit Leitern, Balkonen, Höhlen und (später auch) elektrischer Beleuchtung ausgestattetes System zugänglich. Die untere Besichtigungshöhle liegt nur wenige Meter über der ersten Brücke. Nach 115 Treppenstufen durch eine botanische Gartenlandschaft erreicht man die obere Höhle (Grotta Superior), von der aus man das Schauspiel in seiner ganzen Pracht bewundern kann. Das Eingangsgebäude wurde von dem Architekten Giancarlo Maroni entworfen, der auch Gabriele d'Annunzios Residenz Vittorale in Gardone erbaute. Bei seinem ersten Varonebesuch soll d'Annunzio sich in seiner selbstherrlichen Art zum »Herrn der Turbinen und des Wassers« erklärt haben. In seinem Roman *Die Jagd nach Liebe* beschreibt auch Heinrich Mann den Wasserfall als magischen Komplex. Das Liebespaar Claude und Gilda nähert sich ihm nach Sonnenuntergang und hörte »von fern ein Gemurmel wie von tausend Stimmen, eine feierliche Anrufung dieses ringsum von Bergen eroberten Himmels. Aus dem Schoß der Berge, mit der Stimme des Wasserfalls, drang das mystische Verlangen – wohin, nach wem.« Dann betraten sie das »elektrisch« erleuchtete »Innere des Berges«, das von »Gischt und Prasseln« erfüllt war und wechselten »den traurigsten Blick ihres Lebens«. Im Jahre 1901 führte Heinrich Mann auch seinen Bruder Thomas zum Wasserfall, der anschließend im *Notizbuch* festhielt: »Das irre und übermächtige Brausen betäubte, erregte Furcht und verursachte Gehörhalluzinationen.« Im *Zauberberg* dienten diese Notizen zur Beschreibung der akustischen »Dauerkatastrophe«, um mit »Donnern und Zischen, Gebrüll, Gejohle,

Tusch, Krach, Geprassel, Gedröhn und Glockengeläut« atmosphärisch auf den Ausbruch des Krieges vorzubereiten. Peeperkorns Versuch, eine letzte Rede zu halten, geht in diesem Inferno vollständig unter.

Gegenüber diesem bedrohlichen »Höllenspektakel« klingt der Schluss des Romans geradezu optimistisch. »Augenblicke kamen«, so schreibt Thomas Mann am Ende des *Zauberbergs*, »wo dir aus Tod und Körperunzucht ahnungsvoll und regierungsweise ein Traum von Liebe erwuchs«. Diese letzten Zeilen erschienen Christl von Hartungen wie ein demonstrativer Einspruch gegen die schwülstigen Todessehnsüchte d'Annunzios. Als »Neu-Italiener«, der d'Annunzios Fiume-Handstreich (1919) und seine Residenzgründung in Gardone (1921) am Gardasee hautnah erlebt hatte, war er durch dessen ästhetische und politische Radikalität in hohem Maße beunruhigt. Umso leichter fiel es ihm, sich mit dem intellektuellen Einspruch der *Zauberberg*-Figur des Settembrini zu identifizieren. In dessen politischer Rhetorik erkannte er sowohl den authentischen »bel canto« des Freiheitshelden Mazzini als auch das »J'accuse« des militanten Humanisten Heinrich Mann. Ideengeschichtlich repräsentiert Settembrini im Roman die Tradition des europäischen Denkens von der Antike bis zur Aufklärung. Zu seinen Vorbildern zählt Vergil ebenso wie Boccaccio und Voltaire – und wie Heinrich Mann trat auch Settembrini kämpferisch für Menschenrechte und Demokratie ein. Die Kunst, eine Republik humanistisch zu lenken, so seine Einsicht, setze voraus, dass die Politik auch mit der Literatur verbunden sein müsse. Das wahre Bündnis von Kultur und Politik entspreche der Einheit von Humanität und Literatur, denn »das schöne Wort erzeugt die schöne Tat«. Thomas Mann gefiel sich selbst in der Rolle des Hans Castorp – »hörte Herrn Settembrini zu und prüfte wohlmeinend seine Aspekte über die Vernunft, die

Republik und den schönen Stil, bereit, sich davon beeinflussen zu lassen.«

So muss man den *Zauberberg* als einen Bildungsroman lesen, der nur vor dem Hintergrund dieser Wandlung des Autors verständlich werden kann. Christl von Hartungen erkannte den dargestellten Zusammenhang zwischen der Entfremdung Hans Castorps von der bürgerlichen Welt des »Flachlandes« und dem Entstehen einer neuen Menschlichkeit. Und er dachte über die Frage des Rezensenten Julius Bab nach: »Dürfen wir jene Menschlichkeit, die im allerengsten und individuellsten Bereich des Hans Castorp heranreift, als Vortypus, als Probe gleichsam jener Kraft nehmen, die ins Große gerichtet auch einmal den Zauberberg sprengen wird?« Doch warum war diese Frage an die Zukunft gerichtet? Hatte nicht schon »der Donnerschlag des Krieges« den Berg gesprengt? Christl von Hartungen begann zu verstehen, dass der Zauberberg nicht von außen, sondern nur von innen gesprengt werden konnte. Dafür mussten – wie Bab es ausgedrückt hat – »mächtige Kräfte des Gefühls, schöpferische Kräfte ästhetischer und religiöser Art« freigelegt werden – Kräfte, in denen auch »Demokratie« und »der Wille zur politischen Selbstbestimmung« zum Ausdruck kamen.

Kunst und Leben um 1900:
Die Malerin Hermione von Preuschen (oben),
die Schauspielerin Carla Mann (unten)

II. Göttinnen

Im Zeichen der Venus

Die Kulturlandschaft des Gardasees war für Heinrich und Thomas Mann ein besonderer Ort der literarischen Inspiration und des Streites über mythologische Deutungen. So bat Heinrich Mann im Jahre 1902 den Freund Ludwig Ewers, ihm kurzfristig für seine literarische Arbeit aus dem Brockhaus Stichworterklärungen zu Begriffen wie »Aphrodite«, »Mysterien«, »Eleusische Feste«, »Saturnalien«, »Bacchanale« und »Dionysosreligion« abzuschreiben und nach Riva zu übermitteln. Wie Christl von Hartungen sich erinnern konnte, hatten die Brüder Mann während ihrer damaligen, gemeinsamen Kuraufenthalte unter anderem ziemlich laut und laienhaft über die unterschiedlichen mythologischen Bedeutungen von Venus- und Apollonkult gestritten.

Obwohl ihm Ursprung und Etymologie des Namens unklar waren, gab Thomas sich als Anhänger von Apollon aus, den er als Gott des Lichts, der Heilung, des Frühlings, der sittlichern Reinheit und der Künste, vor allem der Musik, verehrte. Heinrich hingegen interessierte sich im Zusammenhang mit dem Minnesänger Tannhäuser mehr für die Venusberg-Sage. Nach dem mittelalterlichen Sagenmotiv lockte die schöne Venus Menschen, vor allem Männer, in ihr von Nymphen und Nixen bewohntes Bergreich, um sie zur Sünde zu verführen und so der Verdammnis zu überlassen. An Christl von Hartungen richtete Heinrich auch die Bitte, ihm aus Universitätsbibliotheken Material über italienische Versionen des Venusmythos zu besorgen. Mit dieser Aufgabe war der junge Medizinstudent, wie er im Rückblick freimütig einräumte, überfordert. Seine »Archivfunde« gingen nicht über die in allgemeinen Lexika zugänglichen Informationen hinaus. Heinrich Manns Vermutung,

Venus sei ursprünglich eine italische Göttin der Bauern und Winzer gewesen, ließ sich auch durch neuere Nachschlagwerke nicht belegen. Seit dem 4. Jahrhundert v. Chr., so die übermittelte Erkenntnis, wurde Venus meist als Göttin der Liebe mit der griechischen Aphrodite gleichgesetzt, deren Kult sich als »Venus Erycina« von Sizilien, das heißt vom Berg Eryx, bis nach Norditalien ausbreitete. Die römische Mythentradition thematisierte aber auch einen Zusammenhang zwischen sinnlicher Lust und körperlichem Verfall, wie die Doppelfunktion der Göttin als »Venus Libentina« *und* »Venus Libitina« symbolisiert.

So durfte Heinrich Mann schlussfolgern, die Göttin Venus hätte auch in Riva Liebes- und Totenkulte beeinflusst. Allerdings hielt er daran fest, diese Kulte mit bukolischer Tradition in Verbindung zu bringen. Die Bauernidylle vom Gardasee kannte er aus eigener Anschauung. Landpartien gehörten zum Kurprogramm. Auf einer Fotografie aus dem Jahr 1905 posiert der Dichter zusammen mit Mitgliedern der Familie von Hartungen, schönen Frauen aus dem Sanatorium und einheimischen Bauern, Kindern und Ziegen geradezu symbolisch vor der malerischen Kulisse eines alten Gehöftes in der Nähe von Riva. Und im dritten Band der *Göttinnen*, der nicht zufällig den Titel *Venus* trägt, dient der Gardasee als Kulisse für die Lebensreform des Künstlers Jakobus Halm. Er lebt hier zurückgezogen auf einem einsamen Bauernhof am Seeufer, umgeben von Fischerbooten, Zypressen, Weinbergen und Rosengärten, und hat »was Besseres zu tun als malen«. Mit dem Auftauchen der Herzogin von Assy, der früheren Muse des Malers, wird die bukolische Idylle gestört. In der Konfrontation von schlichter Naturempfindung und »hysterischer Renaissance« treffen nicht nur unterschiedliche Welten aufeinander, sondern auch zwei gegensätzliche Frauenideale. Jakobus lebt mit der gesunden und kräftigen Bäuerin Pasqua zusammen, die »aus ihren schönen, fragenden Tieraugen gleichmütig auf die Fremde blickt«. Er versucht der Herzogin den Wandel seines Geschmacks zu erklären: »Ich hatte die klugen Frauen satt, wissen Sie. Und die liebenden gar! Immer in einem Ungewitter von Leidenschaft stehen!... Die Pasqua ist wundervoll geistlos. Auch denkt sie nicht daran, mich zu lieben.« Und was ihm besonders wichtig erscheint: »Die verlangt kein Werk von mir. Gemalt wird nicht!«

Für den *Venus*-Band konnte sich Heinrich Mann auf zahlreiche Anregungen, psychologische Skizzierungen und medizinische Informationen des Doktor von Hartungens und seiner Söhne stützen. Vor allem Christls älterer Bruder Erhard lieferte präzise klinische Beispiele des körperlichen Verfalls im »Verlauf von Herzkrämpfen«, die der Autor dann zur Beschreibung der Selbstzerstörung der Herzogin literarisch übersetzt hat. Im »Entwurf eines Waschzettels« für die *Göttinnen* heißt es:

»So ist aus der keuschen Freiheitsschwärmerin und der prachtliebenden Kunstbegeisterten im *dritten Roman* eine unersättliche Liebhaberin geworden. Die brünstige Natur Neapels steigerte ihre Erotik bis zum körperlichen Wahnsinn. Physiologisch betrachtet ist *Venus* der Roman des Climacteriums. Und das Krankhafte, das dem Lebensalter der Heldin angehört, trägt einen bitteren Geschmack in ihre überhitzten Lüste. Die Herzogin geht wie in allem, was ihr Leben bewegt hat, auch in der Liebe bis zum Äußersten. Von Liebesgeschichten mit der Schlichtheit und Naturempfindung von Hirten-Idyllen gelangt sie bis zu Orgien, die starkes antikes Leben in die raffiniertesten modernen Verhältnisse übertragen und von einer kaum zu überbietenden Fleischlichkeit strotzen. Überall in diesem merkwürdigen Liebesroman strömen Landschaft und Menschen eine erstaunliche Hitze aus. Die Herzogin genießt bis zur Selbstzerstörung. Ihr Tod ist stürmisch wie das Leben; aber sie bereut nichts. Eine Freudigkeit um jeden Preis atmet aus all diesem Leben, so viel Tragik es auch hervorbringt ...«

Aufmerksame Leser, wie der Kritiker des *Berliner Tageblatts*, erkannten, dass »die Namen« der Romanheldin zwar »auf die Antike deuten«, der mythologische Zusammenhang aber »kaum« stimmig war. »Diese Herzogin von Assy«, heißt es in der Rezension der Abendausgabe vom 20. Dezember 1902, habe »zu viel hinter sich für ein naives Götterkind. Sie ist eher eine der Zauberinnen des Mittelalters, eine Loreley, eine Armide, eine alles bestrickende, verlorene, süße Hexe, wie sie auf der Felseninsel ihres Stammschlosses umgehen.«

Dem Autor näher stehende Personen aber wussten, dass es ein lebendes Vorbild für die Herzogin von Assy gab: die Malerin und Schriftstellerin Hermione von Preuschen. Sie war weniger eine Loreley, als vielmehr eine leidenschaftliche Frau und erotische Künstlerin zwischen altgriechischen Idealen und emanzipatorischer Avantgarde. Sie übertrug »starkes antikes Leben in die raffiniertesten modernen Verhältnisse« und war bereit, »bis zum Äußersten« zu gehen – wie auch Heinrich Mann und Christl von Hartungen in Riva erfahren mussten. Obwohl der Dichter in seiner offiziellen Autobiografie die persönlichen und geistigen Beziehungen zu der wesentlich älteren Künstlerin verschweigt, hat er sie doch in chiffrierter Form für seine Literatur nutzbar gemacht. Freimütiger in der Darstellung dieser Beziehung war die Künstlerin selbst.

»Weißt Du übrigens«, informierte Thomas Mann im Februar 1905 den Bruder, »dass Du in dem letzten Buch der Preuschen eine Rolle spielst?« Gemeint war eine Neuauflage der am Luganer See spielenden Novelle *Monte Bré*, die wie folgt beginnt: »Sie saßen seit Wochen nebeneinander in der kleinen Pension am Fuße des Monte Bré. Lange Zeit kannten sie nicht einmal ihren Namen. Dann wussten sie's von einander: Er war ein bekannter deutscher Dichter und sie – war verheiratet ...« Diese Erklärung und die folgenden Liebesszenen sollten offensichtlich als demonstratives Bekenntnis zu einer intimen Beziehung mit Heinrich Mann gelesen werden. Doch entsprach der Hinweis – zumindest was die erotische Dimension betraf – mehr den Wünschen der Autorin als der Realität. In ihren posthum (1926) veröffentlichten Memoiren *Der Roman meines Lebens* ist Hermione von Preuschen ausführlicher auf ihr Verhältnis zu Heinrich Mann eingegangen. Aber auch hier mischen sich Dichtung und Wahrheit.

Unbestreitbar jedoch ist, dass Heinrich Mann sich für Person und Werk der Künstlerin interessiert hat. Er war von der außergewöhnlichen Erscheinung und dem wagemutigen Aktionismus dieser Frau beeindruckt und ließ sich um 1902 auf eine intensive Korrespondenz mit ihr ein. Auch andere Dichterkollegen wie Theodor Storm und Paul Heyse suchten den persönlichen Kontakt mit Hermione von Preuschen. Und selbst Thomas Mann hat sich – wie seine Bemerkung gegenüber dem Bruder belegt – mit »der Preuschen« beschäftigt. Und es scheint, dass die Affären der Künstlerin in Riva noch zwei Jahrzehnte später das Bild der lasziv-moribunden Madame Chauchat im *Zauberberg* beeinflussten. Hermione von Preuschens äußere Erscheinung widersprach zwar dem maskenhaften Schönheitsideal ihrer Zeit, doch sie wusste durchaus erotische Signale zu setzen, wenn sie bei passenden oder unpassenden Gelegenheiten in einem schwarzen, tief ausgeschnittenen Samtkleid, das mit natürlichem Blumenschmuck verziert war, auftauchte. Berühmt geworden ist sie aber nicht durch aufregende Kleidung oder »wilde« Lyrik, sondern durch einen politischen Skandal, den sie als Malerin verursachte. 1887 wies der Vorstand der Berliner Kunstausstellung ihr Bild *Mors Imperator* wegen »Majestätsbeleidigung« zurück, da das Werk, das einen Herrscher mit Totenkopf zeigte, als Anspielung auf den greisen Kaiser Wilhelm I. interpretiert wurde. Empört über die Zensur mietete die Künstlerin repräsentative Räumlichkeiten und initiierte eine provokative Privatausstellung. Hermione von Preuschens Bekanntheitsgrad und der Marktwert ihrer Bilder stiegen danach schlagartig, doch im Rückblick erschien ihr selbst der Skandal nicht unbedingt als ein glückliches Ereignis. »Hier hatte ich es in der Hand, mein Schicksal zu zwingen und den Geist der Zeit bei der Stirnlocke zu fassen«, schrieb sie in ihrer Autobiografie. »Ich habe es nicht richtig angefasst, es ist mir alles wieder entglitten, und der große Sensationserfolg von *Mors Imperator* erweist sich heute als der Fluch meines Lebens. Er räumte mir eine Ausnahmestellung als Außenseiter ein.«

Geboren wurde diese Außenseiterin am 7. August 1854 in Darmstadt als Tochter des Oberkonsistorial- und Regierungsrates Freiherr von Preuschen und erhielt den Namen Hermine, den sie schon bald in Hermione änderte, um der griechischen Mythologie näher zu sein als einer preußischdeutschen Namenstradition. Hermione hieß die Tochter von Helena und Menelaos, dem König von Sparta. Als junges Mädchen verkehrte Hermione von Preuschen im Haus des Bühnenautors Gustav Heinrich zu Putlitz, wo sie literarische und künstlerische Anregungen erhielt. Nach einer dreijährigen Ausbildung an der Karlsruher Malerakademie bei Ferdinand Keller folgten verschiedene Studienaufenthalte in Sizilien, Rom, Paris und Berlin. 1882 heiratete sie den Münchner Arzt Oswald Schmitt. 1889 wurde die Ehe, aus der zwei Kinder hervorgingen, wieder geschieden. Sie selbst sprach von einer »Ehetragödie«, die hauptsächlich darin bestanden habe, einen arbeitsscheuen und arroganten Dandy durchzufüttern. 1891 schloss sie eine neue Ehe mit dem Schriftsteller Konrad Telmann, einem engen Freund des Dramatikers Hermann Sudermann, und lebte mit ihm bis zu seinem Tod im Jahre 1897 überwiegend in Rom. Telmann war trotz seines chronischen Lungenleidens ein sehr produktiver Autor, der, ähnlich wie seine Frau, die Auseinandersetzung mit rückständigen Autoritäten nicht scheute. Mit seinem sozialreformerischen Roman *Unter den Dolomiten* (1893) geriet er in einen bis zu seinem Tod andauernden Konflikt mit der katholischen Kirche. Hermione unterstützte ihren Mann in dieser Auseinandersetzung und radikalisierte gleichzeitig zusehends ihre eigene Position in der Frauenrechtsbewegung. In einer kämpferischen Rede auf dem »Internationalen Kongress für Frauenwerke und Frauenbestrebungen«, der 1896 in Berlin stattfand, beklagte sie die schlechte Ausbildungssituation der Künstlerinnen und die reaktionäre Haltung der Kunstprofessoren. Frauen, so legte sie dar, wurden von den Männern vor allem als Konkurrenz gefürchtet: »Der talentvollen, hübschen Anfängerin schaut der Mann gutmütig duldsam von oben herab auf die Finger, wehe aber der Frau, die ernst genommen werden muss und die es wagt, ebenso Gutes oder gar Besseres zu leisten als der Durchschnittsmann. Da bilden plötzlich alte Feinde selbst eine brüderlich geschlossene Phalanx gegen den Eindringling, den sie boykottieren möchten durch alle Länder der Erde.«

Sie selbst hatte erfahren müssen, dass man zwar bereit war, sie als Malerin von Blumenbildern – die vor allem der bayerische Prinzregent Luitpold schätzte – zu dulden, es aber ablehnte, sie als »Erfinderin des historischen Stillebens« zu akzeptieren. Allegorische Motive finden sich in ihren Bildern schon vor *Mors Imperator* – so im Bild *Traumgott* und danach in *Leda und der Schwan*, *Lebenssphynx* oder *Moloch Liebe*. Aufschlussreich ist ihr eigener Werkkommentar *Wie meine symbolistischen Bilder entstanden* aus dem Jahr 1911. Nach dem Tode ihres Ehemannes 1897 zog sie sich zunächst in ihr Landhaus »Waldfrieden« in Berlin-Schmargendorf zurück. 1908 verlegte sie Atelier und Wohnsitz nach Berlin-

Lichtenrade, wo sie eine Villa, die sie »Tempio Hermione« taufte, in südlich stilisiertem Ambiente herrichtete. In ihrer Berliner Zeit gelang es ihr auch, sich als Schriftstellerin zu etablieren. Die vordringlichen Themen ihrer Lyrik – so in der Sammlung *Via passionis* (1895) – und ihrer Novellen – zum Beispiel in dem nach ihrem gleichnamigen Bild benannten Band *Lebenssphinx* (1901) oder in *Halbweiber* (1905) – waren Liebe und Erotik. Später kam noch die Gattung des exotischen Reiseberichts hinzu. Zwischen 1905 und 1907 unternahm sie ausgedehnte Reisen nach Indien, Ceylon und Burma, deren Erfahrungen in ihrem Buch *Durch Glut und Geheimnis* (1909) und auch in Briefen an Heinrich Mann dokumentiert sind.

Nach der Jahrhundertwende wurde Hermione von Preuschen in starkem Maß vom Werk Heinrich Manns beeinflusst. »Eines Tages«, so bekundete sie in ihren Memoiren, »las ich einen Roman von H.M. Ich las ihn wieder und wieder – ich war völlig berauscht davon, ich kannte bald die schönsten Stellen auswendig. Und ich glaubte, meiner eigenen Wesenheit nach, der Mensch, der das geschrieben, müsse mein Freund werden und sein. Das sei der einzige Mensch auf der weiten Welt, der sich hierzu eigne.« Sie schrieb ihm »in diesem Sinne« und gewann den Eindruck, dass Heinrich Mann »sehr geschmeichelt« war. Er schrieb ihr zurück, »längere und immer längere Briefe«, manchmal kopierte er sogar »ganze Kapitel aus seinem neuen Roman« (*Die Göttinnen*), um ihr Urteil zu hören, und schickte ihr auch »Novellen im Manuskript«. Von denen gefiel ihr besonders *Pippo Spano*. »Wie war dort Italien verstanden« – schwärmte sie –, »mit wenigen Strichen der Extrakt einer Landschaft wiedergegeben. Ich erinnere mich z.B., dass er die weichen Höhenzüge um Florenz mit den Schwellungen eines Frauenbusens vergleicht.« Sie »nahm« – wie sie sagte – »alles im Stil und in der Phantasie, im ganzen Schaffen des H.M., für höchste persönliche Eigenart, für die tiefsten Äußerungen des ganzen Menschen«. Doch es war nur der Autor, der sie »in einen Rausch von Seligkeit« versetzt hatte, den »Menschen« kannte sie noch nicht. Sie ahnte nicht, dass sein in den Briefen geäußertes feinfühliges Verständnis für ihre Gefühlsregungen in erster Linie literarischen Ausbeutungsinteressen entsprach. Wenig später musste sie die »schmerzensreiche« Erkenntnis machen, dass alles »doch nur die Mache eines genial Dekadenten« war. So stellte sie sich die Frage, ob es »nur leere Worte« gewesen waren, die Heinrich Mann ihr in eines seiner Bücher die Widmung geschrieben hatte: »Der, die im gleichen Tempo lebt.«

Die große Desillusionierung sollte im August 1903 erfolgen, als die fast 50-jährige Hermione von Preuschen den 17 Jahre jüngeren Heinrich Mann in Südtirol persönlich kennenlernte. Sie hatten sich zu einem Treffen verabredet, um gemeinsam das Hartungsche Sanatorium in Mitterbad aufzusuchen. »Ich vergesse nie seinen ersten Besuch bei mir in Bozen«, heißt es in ihren Memoiren. »Steif war er, als hätte er einen Ladestock verschluckt, korrekt geschniegelt und gebügelt, mit Habyschnurrbart (d.h. mit hochgezwirbelten Enden, W.J.) und pomadisiertem Haar. Seine Züge kannten das Lächeln nicht. Alles, was er sprach, war trocken und abgehackt. Mein erster Gedanke war: ›Was soll ich glühender Strom an diesem Eismeer?‹« Und was sie besonders enttäuschte, war, dass Heinrich Mann zu ihrem Treffen einen Begleiter mitgebracht hatte, Christl, den Sohn des Doktor von Hartungens. »Ich war innerlich empört«, schrieb sie, »dass M. nicht allein kam.« Der eigentliche Zweck des Bozenbesuchs Heinrich Manns schien dann auch nicht in erster Linie das Kennenlernen der Briefpartnerin zu sein, sondern eine Besichtigungstour zum nahe gelegenen Schloss Runkelstein, das den größten erhaltenen profanen Freskenzyklus des Mittelalters beherbergt. Dort angekommen, interessierten sich die beiden Männer mehr für die abgebildeten Motive der Tristan-und-Isolde-Sage sowie die Wandportraits der Katharina von Alexandrien als für die Gegenwart ihrer lebendigen und erlebnishungrigen Begleiterin.

Auch während ihres anschließenden Kuraufenthaltes in Mitterbad kam Hermione »dem Menschlichen« in Heinrich Mann »nicht näher«, wie sie in ihren Memoiren anschaulich geschildert hat. »Meist waren wir in Gesellschaft des munteren Doktors und seiner Kinder«, notierte sie. »Bei Tisch (wir saßen freilich nebeneinander) sprachen wir nur vom Essen; das heißt, er führte die Konservation darüber, was er seinem Körper anbieten dürfe und müsse, damit seine geistige Produktion vorwärts schritte. Wenn er einen Tag weniger gut gearbeitet hatte, war er überzeugt, es läge an unpassender Nahrung oder einem allzu angeregten Gespräch. – Einmal nach dem Abendbrot gingen wir beide noch bei Sternenschein spazieren. Das war viel bei seiner steten Erkältungsfurcht. Nun dachte ich, würde er endlich ein paar herzliche Worte finden, dass er dem Geschick dankbar sei, dass wir uns gefunden, dass er sich freue über mein Verständnis seines Genies, wie er das doch in seinen Briefen unaufhörlich ausgesprochen hatte. Einmal sogar hatte er sich darin zu dem Bekenntnis verstiegen, er sei durch unser Finden an seiner Theorie der absolut bedingten inneren Einsamkeit jedes Menschen irregeworden. Wir gingen am Abhang auf und nieder. Von weitem klang das Grammophon, um das die Kurgäste sich drängten. Nun muss es kommen, dachte ich: Ein freundliches, herzliches Wort.« Doch stattdessen kam Heinrich Manns kühle Begründung seiner Unnahbarkeit, die sie aus der Erinnerung zitiert: »Ich wollte Ihnen schon lange sagen, dass Sie mich völlig verkennen. Sie erwarten viel zuviel von mir als Menschen. Ich schrieb es Ihnen ja – ich lebe nur für mein Werk. Dem hüte ich meine ganze Seele, meine ganze Kraft. Wenn ich sie teilen würde in Kunst und Leben, käme meine Kunst zu kurz – denn ich gehöre nicht zu den Starken, den Überschäumenden – ich bin ein Dekadent, der letzte Sprössling einer müden Rasse. Meine Mutter war eine Spanierin. Diese letztere gab mir die glühende Phantasie. Aber weiter nichts. Und mir wird es immer klarer – ich kann gar keinen Menschen brauchen, der mir irgendwie näher steht – denn das würde mich viel zu sehr ablenken; ich kann im höchsten Fall nur ›annehmbare Fremde‹ brauchen, die mir über eine arbeitsunfähige Stunde forthelfen, weiter nichts.«

Mag diese Selbstcharakterisierung Heinrich Manns von der enttäuschten Hermione von Preuschen auch verzerrt wiedergegeben sein, im Kern deckt sie sich mit anderen Äußerungen des Autors. Noch 1906 hatte er gegenüber Ludwig Ewers erklärt: »Richtiges Lebensgefühl habe ich nur, solange ich schreibe.« Auch der Freund und Lektor Wilhelm Herzog hatte beobachtet, dass Heinrich Mann sich nur am Schreibtisch »erwärmen« konnte. Und es war seine »Verlobte« Inès Schmied, der auffallen sollte, dass die Schriftstellerbrüder Thomas und Heinrich Mann sich – trotz inhaltlicher Differenzen – in den Ausdrucksformen einer bestimmten Gefühlskälte sehr glichen.

Hermione von Preuschen fand für Heinrich Manns Selbstdarstellung ein ebenso anschauliches wie polemisches Bild: »Also sind Sie eigentlich gar kein Mensch, sondern ein Kunstwerkautomat«, lautete ihre Einschätzung. »Der Nickel wird hineingeschoben. Dann drücken Sie auf den Knopf, und das Kunstwerk fällt heraus. Sie sind das Gegenteil von allen großen Künstlern in und vor Ihrer Zeit, die durch Leiden, Zerren und Kämpfen unter tausend Schmerzen ihr Schaffen eruptiv emporschleudern wie der Vulkan die glühende Lava. Sie sind wirklich der Künstler der Zukunft. Wie die künstliche Kinderbrutmaschine ist Ihr Körper nur die künstliche Brutmaschine für Ihre Werke.« Dem soll Heinrich Mann zugestimmt haben mit der Bemerkung: »Es ist so, ich kann es nicht leugnen, nur Sie wollten das niemals glauben. Zum Freund bin ich nicht geschaffen.«

Diese kalte Zurückweisung habe sie in einen Zustand tiefer »Trostlosigkeit« versetzt, gestand Hermione. Die »seelische Rettung« brachte ihr eine Schreibtherapie. »Mit fliegenden Pulsen« schrieb sie in einer Woche alles nieder, was ihr zur Analyse ihrer Gefühlsverwirrung einfiel. Heraus kam die Textvorlage für ein Buch, das sie später anonym unter dem Titel *Die Tragödie des Weibes* veröffentlichte. Doch – was noch wichtiger war – sie fand in Riva ein »Ersatzobjekt« für den sich verweigernden Heinrich Mann. Der junge Christl von Hartungen, den sie anlässlich ihres gemeinsamen Ausflugs nach Schloss Runkelstein nicht nur mit den Augen einer Malerin als »schönen, draufgängerischen Naturburschen« wahrgenommen hatte, willigte ein, ihr Modell zu stehen. Offensichtlich fühlte der 21-jährige Student sich mehr als Heinrich Mann von den erotischen Reizen der exotischen Künstlerin und wesentlich älteren Frau angezogen. Später jedoch war ihm die Sache peinlich, und in seinen autobiografischen Notizen verschwieg er diese Affäre. Von Hermione von Preuschen aber erfahren wir: »Mit seinen dunklen Augen schmeichelte er sich in mein trostloses Herz. Dann nahm er mir fast gewaltsam Seele und Sinne. Ich wusste es wohl, dass es kein dauerndes Glück werden konnte, die reife Frau und der Jüngling.« Es begann eine verwickelte Dreiecksbeziehung. Hermione von Preuschen machte den jungen Hartungen zu ihrem Geliebten und behielt Heinrich Mann gleichzeitig als Partner für den geistigen Gedankenaustausch. Während das Verhältnis mit Hartungen junior nur ein Jahr dauerte (sie verbrachten zusammen »selige Tage« in Riva, Trento, Korfu und Berlin), blieb Heinrich Mann noch für längere Zeit ihr wohl wichtigster Brieffreund. In ihren Memoiren allerdings soll der Eindruck erweckt werden, dass das »Kapitel Heinrich Mann« mit jener denkwürdigen Begegnung im August 1903 in Mitterbad abgeschlossen worden sei – über die Fortsetzung ihrer Korrespondenz schweigt die Autorin demonstrativ.

Während die Briefe Heinrich Manns verloren gingen, sind die von Hermione von Preuschen an ihn – allein aus den Jahren 1904 bis 1906 über zwanzig – erhalten. Sie informieren über verschiedene Ausstellungen, berichten ausführlich über ihre Weltreisen und offenbaren vor allem die nach wie vor noch vorhandenen Gefühle für den Dichter. Anlässlich der Vorbereitung ihrer großen Ausstellung in München zum Beispiel teilte sie Heinrich Mann am 7. Mai 1904 aus dem Hotel Schweizer Hof nicht nur mit, dass Prinz Ludwig, der spätere König, ihr die Eröffnung zugesagt habe, sondern schrieb gleichzeitig auch mit anzüglicher Koketterie: »Eigentlich hatte ich über Riva kommen und Sie dort verführen wollen.« Auch Heinrichs Novellen hatten es ihr weiterhin angetan, den unvermittelt kam die Frage: »Und was macht *Pippo Spano*?« In weiteren Briefen vom Sommer und Herbst 1904 berichtete sie über ihre Reisen mit Christl von Hartungen, so vor allem über den gemeinsamen Aufenthalt auf Korfu. Und unverhohlen ließ sie durchblicken, dass sie viel lieber mit Heinrich gereist wäre als mit dem jungen Studenten. »Dass Sie nicht mit mir in Griechenland waren«, so ihre wehmütige Klage, »ist mir ein Schmerz«. Es war ihr auch ein Anliegen, noch einmal das unglückliche Rendezvous in Bozen und Mitterbad zu thematisieren. Sie bedauerte, den Autor Heinrich Mann als Menschen damals nicht besser erkannt zu haben. So seien ihre Gespräche zu einer »Parodie« geraten. Gern hätte sie Heinrich noch einmal unter anderen Umständen getroffen, um den falschen Eindruck von Mitterbad zu revidieren. »Ach lieber Freund«, heißt es am Schluss des Briefes, »es wäre schön trotz allem, wenn Sie diesen Winter nach Berlin kämen.« Aber Heinrich kam nicht, und auch Christl hatte ihr inzwischen einen Abschiedsbrief geschrieben: »Liebe Mio! Ich habe mich verlobt, bitte sieh nun wieder in mir einen gewöhnlichen Herrn von Hartungen.«

Das Landhaus »Waldfrieden« in Schmargendorf war ein schlechter Ort, um mit Trennungsschmerzen und dem Problem des Älterwerdens fertig zu werden. Es kam selten vor, dass sie Heinrich Mann über glückliche Augenblicke informieren konnte, so wie über jenen Julisonntag, den sie »im Garten in der Hängematte unter blühenden Linden« verbracht hatte. Meist war es in ihrem Haus »feucht und kalt«. Hermiones Flucht aus der Einsamkeit des Hauses »Waldfrieden« führte im Winter 1904/1905 zunächst an die Riviera. In San Remo war sie Gast in dem luxuriösen »Palazzo« einer Freundin, der Fürstin Baratow, und in Nizza folgte sie den Spuren der Erinnerung an gemeinsame Aufenthalte mit ihrem verstorbenen Mann. Als Abschluss dieser Mittelmeerreise verbrachte sie noch vier Wochen auf Korsika – »zum menschlichen Erfassen Napoleons«, wie sie sagte, und um korallenumsäumte Grotten zu malen. Über weitere kleinere Kreuzfahrten informierte die abenteuerlustige Künstlerin Heinrich Mann regelmäßig mit Briefpost der Dampfer »Bremen« oder »Schleswig«. Nachdem sie schweren Herzens ihrem Schwager das Sorgerecht für die beiden Töchter Helga und Inge überlassen hatte, plante sie ihre große, mehrmonatige Reise nach Ceylon, Indien und Burma. Heinrich Mann war der erste, der Details erfuhr. Am 14. November 1905 sollte die Fahrt von Genua aus mit dem Dampfer »Der große Kurfürst« beginnen. Mit verschiedenen Zeitungen hatte sie Feuilletonberichte verabredet und wollte auch unterwegs »fleißig malen«, um anschließend durch eine »Indische Ausstellung« die Reisekosten wieder

»hereinzubekommen«. Der eigentliche Grund dafür, dass sie Heinrich Mann so früh über ihre Reisepläne informierte, war offensichtlich die heimliche Hoffnung, ihn als Begleiter gewinnen zu können. So schloss sie dem verlockenden Hinweis »I. Klasse-Kabine – Außendeck – allein!!!« die Frage an: »Hätten Sie diesmal keine Lust, mitzukommen?«

Aber Heinrich Mann verspürte auch diesmal keine »Lust«, die Kabine mit der exzentrischen Künstlerin zu teilen. Es war nicht nur seine hypochondrische Veranlagung, die ihn von den Strapazen einer mehrmonatigen Überseereise abhielt, sondern vor allem seine damalige emotional-erotische Bindung an Italien. Heinrich Manns Ablehnung, sie zu begleiten, schien Hermione erwartet zu haben und versicherte ihm: »Bedenken Sie, dass Sie trotz allem auf der ganzen Welt keine treuere Freundin und Kämpferin haben für sich, wie mich.« Sie verabschiedete sich mit der dringlichen Bitte, die Korrespondenz nicht abreißen zu lassen, und nannte ihm als Kontaktadressen die Büros der Reiseagentur Cook in Colombo, Madras, Kalkutta, Delhi und Bombay. Nach ihrer Rückkehr im Juni 1906 meldete Hermione von Preuschen sich noch einmal bei Heinrich Mann und informierte ihn über die Vorbereitung ihrer großen »Indischen Ausstellung«. Es lag vermutlich an dessen Desinteresse, dass die Korrespondenz in der Folgezeit abbrach. So wäre auch zu erklären, warum die über diesen Beziehungsverlust verbitterte Künstlerin das Konzept der Ausstellung kurzfristig veränderte, um »darin, als ›Clou‹ außer siebzig indischen ›Farbenräuschen‹ in Landschaft, Blumen und Interieur (ihr) großes, letztes, symbolistisches Bild: *Leda und der Schwan*« zu präsentieren. Dieses Motiv symbolisierte zugleich Mythos und Autobiografie. Hermione von Preuschen wollte mit der »reinen Sinnlichkeit« des weiblichen Eros über die »Schweine-Sinneslust des Mannes« – wie sie es nannte – triumphieren: »Das Weib auf dem goldenen Thron des

Lebens, vor einem Dickicht leuchtender Hesperiodenäpfel mit dem Wunder in ihrem Schoß, dem schwarzen Schwan, in höchster Verzückung.«

Im Frühjahr 1908 hatte Hermione in Berlin-Lichtenrade ihr neues Domizil entdeckt und gekauft. Doch schon bald nach Umbau und Einrichtung der Villa »Tempio Hermione« umfing sie dort die gleiche Einsamkeit, vor der sie aus Schmargendorf geflohen war. Und wieder folgten zur Ablenkung lange Reisen – unter anderem nach Südafrika, Kambodscha, China und Nordamerika. Zurück in Berlin erregte sie noch einmal öffentliches Interesse, das aber schon auf ihr Vermächtnis ausgerichtet war: Nach antikem Vorbild baute sie eine riesige Gemäldehalle, in der sie am 2. Juni 1911 zur Eröffnung mehr als zweihundert ihrer Bilder ausstellte. Zur Eröffnung kamen prominente Gäste aus der ganzen Welt, unter anderem aus Amerika, Afrika und Japan – viele Repräsentanten der Berliner Gesellschaft waren allerdings nicht erschienen. Im heutigen Heimatmuseum Tempelhof kann man im Gästebuch der Ausstellung blättern – einen Eintrag Heinrich Manns sucht man vergeblich. Ein kleiner Kreis von Freunden und Verehrern hielt der Künstlerin aber bis in ihre letzten Jahre die Treue. Das gab ihr die Kraft, künstlerisch immer wieder Neues zu wagen – zuletzt war es der Film, der sie zum Experimentieren anregte. Erst die Kriegsereignisse nach 1914, die auch ihre Reisemöglichkeiten drastisch einschränkten, haben ihren Lebensmut gebrochen. Hermione von Preuschen starb am 12. Dezember 1918 in Lichtenrade. Am Ende ihres Lebensromans hat sie die vorsichtige Hoffnung geäußert, dass ihr »Bild« vielleicht noch »eine kleine Weile in die Zukunft hinein« strahlen werde – »nicht weil es groß, sondern weil es echt war«.

Für Heinrich Mann war ihr Bild zumindest vorübergehend »echt« genug, um ihm jenen »Reflex von außen« zu vermitteln, den er benötigte, um in Riva die Venusidee für den *Göttinnen*-Roman zu realisieren. Danach interessierte ihn die Künstlerin nicht mehr. Der Autor verstand sich zwar als avantgardistischer »Féministe« – hatte aber Schwierigkeiten mit der weiblichen Rollenzuordnung in Leben und Literatur. Heinrich Mann benutzte Frauen als Aufzeichnungsinstanzen oder sensible Registratoren und scheute sich nicht, das ihm Anvertraute öffentlich zu machen.

Mit brutaler Sachlichkeit hat er diese Haltung im autobiografischen Rückblick beschrieben und zu rechtfertigen versucht: »Es ist möglich, dass ich diese oder jene Frau wenig und schlecht geliebt habe, nur gerade als die Gefährtin einer Gestaltung, die entstehen wollte, und die heimliche Hauptgestalt war sie. Oder nicht einmal die Arbeit selbst verband mich mit ihr, nur die Pause zwischen den Werken, das Austragen des nächsten, sein Dasein vor dem Beginn. Das hinderte nicht, dass ich diese schönen Personen wirklich liebte, dass sie allenfalls erwiderten, soviel ich ihnen entgegenbrachte, und dass der Rest meine Dankbarkeit war.«

Die Entstehungsgeschichte der den *Göttinnen* nachfolgenden Novelle *Pippo Spano* ist ein besonders anschauliches Beispiel dafür, wie Heinrich Mann Frauen als temporäre »Gefährtinnen« seiner literarischen »Gestaltung« benutzte und wechselte. Hermione von Preuschen, die in ihren zitierten Briefen mehrfach ein argwöhnisches Interesse am Fortgang der Geschichte der Novelle bekundet hatte, schien frühzeitig die Konkurrenz einer neuen »Gefährtin« des Autors zu fürchten. Auf den ersten Blick erscheint die Novelle als ein unerklärtes Intermezzo, das die Arbeit Heinrich Manns am Roman *Die Jagd nach Liebe* kurz nach Beginn (Februar 1903) in Florenz »unterbrochen« hat. Über die Gründe für diese »Unterbrechung« wird in der Literaturwissenschaft bis heute gerätselt. Der Hinweis, dass es sich um eine »Bekenntnisnovelle« handele, ist wohl der informativste. Aber was wollte der Autor »bekennen«? Er hat die persönliche Bedeutung dieser Novelle mehrfach betont, ohne konkret zu werden. Am informativsten ist seine Erinnerung aus dem Jahr 1948: »*Pippo Spano* schrieb ich 1903 in einem lieblichen Frühling, als ich am Lugarno delle Grazie wohnte, inmitten des besten Florenz. Abends, bei leeren Straßen, spazierte ich nach den Brücken, bis auf die Piazza della Signoria, immer produzierend. Die Figur [gemeint ist der historische Türkenbezwinger Philippus Hispanus, W.J.], die ich in ihrem Kloster Santa Riparata vorher oft besucht hatte, drängte sich von selbst vor den kürzlich begonnenen Roman *Die Jagd nach Liebe*. Ich gehorchte, schrieb zuerst die Novelle, mir war wohl dabei.«

Erst wenige Wochen zuvor hatte er den dritten Teil der *Göttinnen* abgeschlossen und litt noch an der geistigen Erschöpfung, zu der dieser literarische Kraftakt geführt hatte. Bei seinen abendlichen Spaziergängen zu den Arnobrücken müssen ihm nicht nur steinerne Statuen, sondern auch sinnliche Erscheinungen aus Fleisch und Blut begegnet sein, die sich in seine literarische Projektplanung drängten und halfen, sein Unwohlsein zu überwinden. In der Kontroverse mit seinem Bruder Thomas über Kunst, Geist und Leben hatte Heinrich erklärt: »So trainiere ich mich nicht der Arbeit zuliebe, sondern arbeite, um nur Leben zu spüren.« So steht im Mittelpunkt der Novelle *Pippo Spano* das psychologische Portrait eines Schriftstellers namens Mario Mavolto, der sich an seinem Schreibtisch, inspiriert und überwacht von einem überlebensgroßen Bildnis des Pippo Spano, in die »Übermenschen« der Renaissance hineinträumt, in jene »Condottieri des Lebens, die in einer einzigen Stunde ihr ganzes Leben verschlingen und glücklich sterben«. In diesem florentinischen Traum bilden Kunst und Leben noch die ersehnte Einheit, auch für jene Künstler, »die zwei Frauen gleichzeitig vollauf befriedigten, eine auf der Leinwand ihrer Staffelei und eine auf der ihres Bettes«. Das war auch der Traum des jungen Schriftstellers (und Malers) Heinrich Mann gewesen – der aber bereits in dem vorangegangenen Romanwerk *Die Göttinnen* begonnen hatte, sich ironisch mit dem zeittypischen »Renaissancismus« eines d'Annunzio auseinanderzusetzen. Im zweiten Teil der *Göttinnen* (*Minerva*) analysiert der »Damenmaler« Jakobus Halm im Gespräch mit der Herzogin von Assy spöttisch die Machart seiner eigenen Bilder: »Ich habe ein eigenes Genre entdeckt, ich nenne es heimlich: die hysterische Renaissance! Moderne Ärmlichkeiten und Perversitäten verkleide und schminke ich mit so überlegener Geschicklichkeit, dass sie an dem vollen Menschentume des goldenen Zeitalters teilzuhaben scheinen.«

Verschweigen der Wahrheit, Verstellung und versteckte Hinweise auf die Existenz eines zweiten Lebens spiegeln sich auch in der Selbstreflexion des Dichters Malvolto in *Pippo Spano*. Er repräsentiert nicht nur die Künstler der vergangenen »hysterischen Renaissance«, sondern ebenso die modernen, sentimentalistischen Typen, die sich, wie Nietzsche sagte, »zusehen, indem sie leben«. Auch Heinrich Mann betrachtete sich selbst und sein Werk mit stilisierter Raffinesse durch einen »Spion« aus »convexem Glas, damit es unterhaltsamer wäre«. Er sehnte sich, wie seine Figur Mavolto, nach »trunkener Hingabe« an eine »üppigere und jähere Welt«, wobei er sich dieses »mächtige« »zweite Leben« nur über die kreative Schriftstellertätigkeit erschaffen konnte. So wie Heinrich Mann damals das Abhängigkeitsverhältnis von Kunst und Leben sah, informiert Mario Malvolto die Geliebte Gemma über seine Absicht, sie als erotisches Medium und literarisches Opfer zu benutzen:

»Bedenke, dass mir die Welt nur Stoff ist, um Sätze daraus zu formen. Jeder goldene Abend, jeder weinende Freund, alle meine Gefühle und noch der Schmerz darüber, dass sie so verderbt sind – es ist Stoff zu Worten. Du selbst wärest eine Gemma, das ist unerträglich. Ich werde nicht bei meiner Frau sitzen, sie betrachten und glücklich sein. Ich werde sinnen, wie ich dieses Profil zu kennzeichnen habe, wie und auf welche unerhörte Art ich es ansehen muss, damit ein überraschendes Bild in mir entsteht und ein merkwürdiges Wort. Wenn ich Dein wunderbares Fleisch – ich gebrauche ein recht dürftiges Wort: wunderbar –, wenn ich es unter meinen Händen spüre, werde ich nach einem kunstvolleren suchen, nach einem, worin Dein Fleisch, und nur Deines, ganz gefangen ist. Oh, ich werde sehr beflissen sein bei Dir, Du wirst mich oftmals fiebern sehen vor Gefühl, vor Drang zu Dir. Glaube nicht, das sei Liebe! Ich habe es nötig, mich in Empfindungen hineinzuschwindeln, damit ich sie darstellen kann. Aber noch Schlimmeres: Ich werde Dich mit Dir betrügen, mit einer gefälschten Gemma.«

Wer war die »gefälschte« und wer die »echte« Gemma? Kunst und Leben, Fiktion und Realität gehen ineinander über. In der Novelle wird uns eine Gemma Cantoggi aus Florenz vorgestellt. Sie ist eine standesgemäß verlobte Adlige, die sich langweilt und heimlich die Nähe des aufregenderen Schriftstellers Mario Mavolto sucht und findet. Kein Wunder, dass der Dichter ihren Reizen erliegt, denn Gemma war »eine der sehr schönen Frauen, die eine Zeitlang von allen Männern begehrt, von allen Frauen gehasst werden; um die ein Knabe Selbstmord begeht; die zwanzig Jahre lang an der Spitze der Mode tänzeln, und wenn sie vorüber sind, Unzähligen Glück versprochen, ein paar Geliebten ihr Versprechen gehalten und in dem Gedächtnis einiger Alten den Rest eines berauschenden Duftes hinterlassen haben«. Und Gemma kommt ihm entgegen, sie verlangt von ihm mehr als körperliche Liebe, sie will auch seine Muse sein. »Er begriff. Sie wollte ihn ganz: auch am Schreibtisch.« Gemma fordert Mavolto auf, in ihrer Anwesenheit die Arbeit am unterbrochenen Manuskript wieder aufzunehmen. »Er gehorchte.

Er blätterte unklaren Kopfes in dem Fertigen, besann sich mühsam auf den nächsten Satz, den er schon gewusst hatte. Er schrieb ihn hin, dann war's aus. Wie er aufsah, stand Gemma da, nackt und die Arme halb erhoben.« Es war »der Kampf zwischen der Frau und dem Buch«, wie Heinrich Mann formuliert. Zunächst gewinnt die Frau – das Manuskript bleibt unfertig und verbrennt. Am Ende ist sie aber doch ein Opfer der Kunst. Der geplante gemeinsame Liebestod wird zum Mord an Gemma, der Dichter hat nicht den Mut, der Getöteten zu folgen. »Ein steckengebliebener Komödiant«, so lautet das Fazit der Novelle. Auch wenn es sich bei der Geschichte Gemmas um eine »Fälschung« handelt, die Selbstcharakterisierung des Autors am Schluss ist echt. »Ein steckengebliebener Komödiant«, dieses Bild beschreibt exakt die Situation Heinrich Manns gegen Ende des Jahres 1902. Er hatte das Gefühl, sich »überboten zu haben und vorläufig nichts Neues und nichts von Belang zu können«. Er spürte den »Drang zum Erleben« und glaubte, einem »Instinkt« folgen zu müssen, um »all die Empfindungen wieder einzubringen«, die ihn das letzte, abgeschlossene Werk gekostet hatten. Diesen Seelenzustand teilte Heinrich dem Freund Ewers am 5. Dezember 1902 aus dem Hartungschen Sanatorium Riva mit, wo er soeben – aus Florenz kommend – eingetroffen war.

Der Sanatoriumsleiter Dr. von Hartungen war ein verständnisvoller Gastgeber, der die sittenstrenge Anmeldepflicht für Begleitpersonen seiner Kurgäste souverän umging. Diese Großzügigkeit wusste offensichtlich vor allem Heinrich Mann zu schätzen. Auch Anfang Dezember des Jahres 1902, als er in Riva mit dem Drang »zum Erleben« eintraf, befand er sich in weiblicher Begleitung. Christoph von Hartungen war informiert und hatte Heinrich Mann in einem Brief empfohlen, seine Freundin nicht als Ehefrau auszugeben, sondern als »Schwägerin«. Saisonbedingt, so sein Hinweis, seien jetzt »wenig Gäste« in der Villa Christoforo, daher werde er »die beiden Zimmer 7 und 8 im I. Stock reservieren. Sie haben dann Alles viel bequemer und gemüthliches Frühstück gemeinsam am Zimmer, Speisen mittags und abends mit den Gästen. Meiner Discretion können Sie versichert sein.«

Wer war diese Frau, die dem Autor offensichtlich behilflich sein sollte, »all die Empfindungen wieder einzubringen«, die er für sein neues Romanprojekt benötigte? Eine bisher nur auszugsweise veröffentlichte Korrespondenz lüftet den Schleier des Geheimnisses. Vor seinem Aufbruch nach Riva und nach seiner Rückkehr nach Florenz (im Zeitraum von November 1902 bis April 1904) erhielt Heinrich Mann mehrere intime Briefe einer gewissen Gina Pratesi. Die Briefe sind mit filigraner Handschrift in italienischer Sprache abgefasst und beginnen stets mit der schönen Anrede »Mio carissimo Enrico«. Gina schwärmt von »innigen Küssen«, erkundigt sich nach dem Romanmanuskript und erinnert Heinrich Mann im Januar 1903: »Wir, mein Geliebter, sprechen über das, was wir in Riva gemacht haben, dass wir Freunde im eigentlichen Sinn des Wortes waren« und bittet ihn: »Wenn Du dem Doktor schreibst, bestelle ihm viele Grüße von mir.«

Man kann also vermuten, es waren Ginas Erinnerungsbriefe an den gemeinsamen Aufenthalt in Riva, die Heinrich Mann dazu veranlassten, »den kürzlich begonnenen Roman *Die Jagd nach Liebe*« für das Intermezzo *Pippo Spano* zu unterbrechen. Diese Novelle thematisiert nicht nur zeittypische und abstrakte Allegorien, sondern war in erster Linie ein authentischer Werkstattbericht über jene Dezemberwochen des Jahres 1902, als in Riva der »Kampf zwischen der Frau und dem Buch« begann. Wir wissen nicht viel über Ginas Herkunft und ihr Leben. Aber ihrer Korrespondenz mit Heinrich Mann ist zu entnehmen, dass sie aus Florenz stammte, eine Tochter und einen Lebensgefährten namens William hatte, den sie wegen ihrer Leidenschaft für den deutschen Dichter verließ. Doch nach dem Liebesabenteuer mit Heinrich kehrte Gina zu William zurück. Sie selbst und das Verhältnis hatten sich verändert, wie sie Heinrich in einem Brief vom 13. April 1903 offenbar glücklich mitteilte:

»Wie oft muss ich daran denken, was Du für mich getan hast! Du hast für mich eine so wahre und starke Liebe empfunden, dass dieses Gefühl mich vor mir selbst wertvoller gemacht hat. Wenn ich jetzt eine solche soziale Stellung habe, dass niemand etwas Negatives über mich sagen kann, wem sollte ich dafür dankbarer sein als Dir, der das gefördert hat? Als Du mich entführt hast, hast Du ein Rad der Gefühle in Bewegung gesetzt, das sich nicht bewegen wollte. Wenn ich weiter an der Seite meines William geblieben wäre, hätte er daran gezweifelt, ob er mich noch lieben sollte. Ich ging mit Dir weg. – Durch meine Abwesenheit verstand er das Geheimnis des Herzens. Nach meiner Rückkehr nach Florenz fand er in meiner Gesellschaft all das, was ihm vorher gefehlt hatte. Und er wollte das ›Werk beenden‹, das Du angefangen hattest. Er liebte mich so sehr, dass mich seine Liebe gereinigt hat. Heute bin ich stolz darauf, mich ehrenhaft und respektiert an seiner Seite zu sehen. Ich liebe ihn sehr und freue mich, ihm ganz zu gehören [...]. Sag mir mein guter Freund, wie weit Du mit Deinem Roman vorangekommen bist, in den Du einige Teile meines einfachen Lebens eingefügt hast. Ich glaube, Du solltest auch alle Launen meiner zu temperamentvollen Persönlichkeit aufnehmen.«

Es ist nicht eindeutig, ob Gina hier die Novelle *Pippo Spano* meinte oder auch eine Rolle im Roman *Die Jagd nach Liebe* beanspruchte. Vielleicht erkannte sie sich in jenen Liebesszenen zwischen Gilda und Claude, die im winterkalten

San Vigilio und am Wasserfall von Varone spielen. Für Heinrich Mann war die Affäre mit Gina und das anschließende Novellen-»Protokoll« auf jeden Fall Therapie und Trainingsprogramm, um für sein literarisches Großprojekt *Die Jagd nach Liebe* emotional in Schwung zu kommen. Diesen Anreiz hat ihm Gina geboten, selbst wenn sie nicht die Seele seiner Kunst war. Ähnlich wie Gemma in der Novelle eine Doppelrolle spielen musste, verwischten sich auch für Gina die Unterschiede von Fiktion und Realität. Das »Rad der Gefühle«, das der Autor bei ihr »in Bewegung« gesetzt hatte, drehte sich weiter und schien außer Kontrolle geraten zu sein. Nicht nur Ginas literarisches Schicksal verlief tragisch, auch ihr von Heinrich Mann beeinflusstes Leben.

So bedankte sie sich im Januar 1904 für ein Weihnachtspaket, dessen Inhalt offensichtlich erneut Erinnerungen an Riva hervorgerufen hatte: »Dein nettes Geschenk war ein süßer Trost und Deine Worte waren gut für mein Herz. Jener in diesem Stück Paradies verbrachte Monat Dezember hat in meiner Seele schöne und wichtige Spuren hinterlassen.« Und dann eröffnete sie ihm unvermittelt, dass sie aus Florenz weggehen wolle, »aber nicht mit Männern«, sondern »als Gesellschaftsdame bei einer sehr reichen englischen Dame«. Sie werde sich von ihrem »Geliebten« trennen. »Schrecklich ist das für mich, aber ich selbst wollte es so, ich habe es mir gewünscht: Ich habe es getan, um mich völlig zu reinigen, nicht nur vor mir selbst, sondern auch vor der Welt, vor der Gesellschaft.« Wenige Tage später traf ein letzter Brief ein: »Verzeih es mir, wenn ich Dir zu Weihnachten nichts schenken konnte, aber ich habe viel Geld ausgeben müssen; weißt Du, dass ich meine Tochter ins Kloster bringen musste? Glaub mir, ich bin heute sehr verwirrt im Kopf, meine Seele ist wie betäubt, mein Herz ist zugeschnürt. Gerade heute habe ich meine Kleine weggebracht, und Du wirst wohl verstehen, wie ich darunter leide. Verzeih mir also für den zusammenhanglosen Brief. Ich habe mich sehr gefreut, als Dein Paket kam; ein Beweis dafür ist das Papier, auf dem ich diesen Brief schreibe ...«

Die tragische Komödiantin

Heinrich Manns feinfühliges Verständnis für verzweifelte Lebensäußerungen ihm nahestehender Frauen ging meist einher mit direkten literarischen Ausbeutungsinteressen. So war es nicht nur im Fall von Gina Pratesi, sondern auch bei der Verwertung von privaten Briefen der Schwester Carla oder seiner späteren »Verlobten« Inès Schmied. Nicht immer folgte die Literatur dem Leben, manchmal war es auch umgekehrt. Die 1881 geborene Carla Mann scheint sich sogar bemüht zu haben, ihre reale Existenz als Schauspielerin nach den Regieanweisungen des älteren Bruders auszurichten. Ihre »Gefährtinnen«-Rolle in der »Pause zwischen den Werken« und dem »Austragen des nächsten« sollte sich besonders tragisch gestalten. Sie nahm sich im Alter von 28 Jahren das Leben. »Das Wesen, das ich mir am nächsten gewusst habe«, erklärte Heinrich Mann 1911 in seinem *Autobiographischen Abriß*, »war meine Schwester. Sie war Schauspielerin, schön und elegant, ein Kind des Lebens, so voll Bereitschaft, es ganz durch ihr Herz gehen zu lassen – und doch nahm sie es im Tiefsten nur wichtig als beherrschtes Spiel; und da sie dies endlich aus den Augen verlor und vollkommen ›ernst‹ sein wollte, musste sie sterben.«

Über das Problem der Rollenteilung von Kunst und Leben hat sie früh und oft mit dem Bruder diskutiert – so auch im Spätsommer des Jahres 1902, unmittelbar vor der Annahme ihres ersten Bühnenengagements. Anlässlich gemeinsamer Erholungstage in den Bergen Bayerns führten die Geschwister quälende Gespräche, wie sie im Roman *Die*

Jagd nach Liebe so realistisch wiederzufinden sind. Nur weil das Verhältnis zwischen den Romanfiguren Ute und Claude als Geschwisterbeziehung zu deuten ist, wird mancher Exzess verständlich. Claude, der sich in immer neue sexuelle Abenteuer stürzt, sehnt sich in Wirklichkeit nach dem »Frühling des vorigen Jahres, mit seinem still wie bei Bruder und Schwester dahingerauschten Glück ...« Das Bruder-Schwester-Verhältnis ist als illusionäre Form der Liebe in verschiedenen Werken Heinrich Manns dargestellt, aber nur in dem Roman *Die Jagd nach Liebe* wird der Tabubereich so unmittelbar und heftig berührt, wie eine Schlüsselszene belegt:

»Ich halts nicht länger aus. Ich habe zuviel gelitten [...]. Oh, oh, ich will dich, weiter weiß ich gar nichts, ich will dich!‹ [...] Er wütete als Empörer ... Ute lag auf der Seite ganz zusammengekrümmt. Plötzlich warf sie sich auf den Rücken, streckte die Glieder aus. Er erschrak, verlor auf einen Augenblick den Gedanken an seine zu stillende Gier, beugte sich über ihr Gesicht. Ihre Wimpern fielen tief herab. Unversehens erhob sie ein wenig den Kopf und legte auf seine Wange einen leisen Kuss. Darauf öffnete sie die Augen, und sie sahen einander an, aus der Nähe von Geliebten. Ute sagte sanft: ›Da liegen wir nun. Weißt du noch, wenn du im Salon deiner Mutter mir gegenüber saßest – die allererste Zeit! Ich habe dich geliebt, weil du zärtlich und voll Verehrung warst‹ – ›Du hast mich geliebt?‹ Er fuhr zusammen, von Entsetzen getroffen. Sie war das kleine Mädchen, dem er, aus der Einsamkeit seines Knabenlebens heraus, seine ersten Zärtlichkeiten gebracht hatte, das sie mit einem Prinzessinnenlächeln angenommen hatte ...«

Heinrich Mann, der den Roman *Die Jagd nach Liebe* »mit einer Heftigkeit der inneren Anteilnahme wie sonst kaum etwas von mir« verfasst hatte, schien im Nachhinein die Intimität einzelner Darstellungen zu bereuen: »Mein nächstes Werk werde ich sehr viel kälteren Bluts schreiben müssen, sehr viel vorsichtiger.« Doch die Schwester Carla war nicht »vorsichtig«. Demonstrativ akzeptierte sie in Ute ihr literarisches Ebenbild: »Dein Buch habe ich jetzt erhalten – besten Dank! Und schon ausgelesen. Die Ute hat mich außerordentlich interessiert, besonders da ich künstlerisch mehr Ähnlichkeit mit ihr habe, als Du glaubst ...«

Carla, die nicht zu wissen schien, wo die Realität aufhörte und wo die Fiktion begann, war aber an der Fortsetzung ihrer öffentlichen Rollengeschichten interessiert. Ihre Korrespondenz mit dem Bruder Heinrich war ausdrücklich für die literarische Verwendung gedacht. In einem längeren Brief aus dem böhmischen Reichenberg vom 18. Oktober 1904 etwa liefert sie ihm neues Affärenmaterial, verbunden mit einer energischen Gebrauchsanweisung: »Wenn die Heldin Deiner Novelle, wie Du andeutest, ich bin, kannst Du diesen Erguss ja gebrauchen. Warum solltest Du sie nicht veröffentlichen? Wer weiß denn genug von mir, um mich wiederzuerkennen!«

Heinrich Mann machte von dem Angebot hemmungslos Gebrauch. In der Novelle *Schauspielerin* aus dem Jahre 1906 zum Beispiel heißt die Heldin Leonie und lebt als Schauspielerin unter ähnlichen Umständen wie Ute in *Die Jagd nach Liebe*. Aber anders als bei Ute wächst in Leonie die Bereitschaft, zugunsten eines bürgerlichen Geliebten auf ihre Theaterkunst zu verzichten. Sie scheint zwischen zwei Welten zu wandern, sie ist weder echte Schauspielerin noch bürgerliche Tochter. Ihre »Theatersucht« allein macht sie nicht zur Künstlerin. Ihr Lebensversuch ist die eigentliche Bühne, »auf der sie selbst, noch einmal und verkleinert, ihre Erlebnisse spielte, sich müde spielte. Sie sah sich zu, dieser Puppe unten; gab sich Nachdruck; klatschte sich Beifall« und erklärte wehmütig und stolz: »Ich bin eine Komödiantin.«

Der Komödienalltag, auf den Carla sich seit ihrem 21. Geburtstag eingelassen hatte, war ganz sicher nicht die große Bühnenwelt, von der sie geträumt hatte. Die Enttäuschung über erste, eher burleske Rollen teilte sie offensichtlich mit anderen Eleven. Auch die gleichaltrige Tilla Durieux beklagte sich damals, statt der erhofften tragenden Rollen zunächst wochenlang jeden Abend »im Chor Tiroler Bergbauernbuben oder blondbezupfte Germaninnen« darstellen zu müssen. Carlas Engagements wurden in der Regel nicht verlängert, und sie war gezwungen, sich erneut an eine Vermittlungsagentur wenden. Dabei musste auch sie, wie andere junge Schauspielerinnen, die Erfahrung machen, dass man nicht nur an ihrem schauspielerischen Talent interessiert war. Nicht nur der Kampf um eine Rolle, sondern auch die trotz Einstellung fortdauernde soziale Not zwang damals viele Schauspielerin zur Prostitution. So wurde Carla nicht selten mit dem unverschämten Hinweis von Agenten und Direktoren konfrontiert, dass eine hübsche Schauspielerin eigentlich gar keine Gage benötige. Anfängerinnen an kleinen Bühnen verdienten während der Spielzeit monatlich nicht mehr als 80 Mark. Das reichte vielleicht für ein karges Zimmer und die übliche Bestechung von Vermittlungsagenten, aber nicht für die Anschaffung der Garderobe, für die die Schauspielerinnen damals selbst aufkommen mussten. Immer wieder bat sie den Bruder Heinrich, ihr Geld zu leihen. »Du kannst besser als ich von Mama Vorschuss erbitten«, lautete die Begründung – und: »Ich weiß sonst keine Seele mehr.« Heinrich gab der Schwester stets die gewünschte Summe – auch wenn er nicht wusste, ob und wann er das Geld zurück erhalten würde. Er kümmerte er nicht nur um ihre Garderobenprobleme, sondern beriet sie anfangs auch und unterstützte sie in ihrer Karriere. So gelang Carla für die Spielsaison 1903/04 immerhin der Sprung von der Provinzbühne Zittau zum Großstadttheater Düsseldorf. Hier erwies sich, dass ihr eigentliches Problem nicht die immer vermuteten Intrigen hinter den Theaterkulissen waren, sondern die Unfähigkeit, Kunst und Leben auseinanderzuhalten. Auf der Bühne lebte sie, und im Leben spielte sie. »Augenblicklich führe ich ein Leben«, schrieb sie ihm nach Riva, »das mit Literatur, Ästhetik und Sekt getränkt ist. Der Karneval war wild, und um mich von allen Theater-Ärgernissen zu erholen, stürzte ich mich mit Macht hinein, geriet in Abenteuer und erlebte Dinge, die man besser nicht erlebte ...«

Dann folgten fast jede Woche Briefe mit flehentlichen Bitten um seelischen Beistand und Wünschen nach persönlicher Nähe. Heinrich Mann schien Verständnis für Carlas Probleme zu haben – aber er saß in Riva und verspürte keine große Neigung, das luxuriöse Ambiente der Hartungschen Villa Leonardi gegen eine strapaziöse »Wohngemeinschaft« im Düsseldorfer Künstlermilieu einzutauschen. Doch schließlich alarmierte ihn ein Brief vom 28. April, in dem die Schwester erstmals die Möglichkeit des Selbstmords andeutete, wenn auch noch als theatralische Drohung: »Es gibt Leute, die andere aus reiner Ästhetik zu Tode quälen, ohne etwas davon zu ahnen. Und darum brauche ich einen Menschen, der mich eventuell festhält, wenn ich dem Rhein zu nahe kommen sollte. Also komm so schnell wie möglich ...« Heinrich kam und begleitete die Schwester nach München und nach einigen gemeinsamen Tagen am Ammersee konnte er sie auch zu einem anschließenden Aufenthalt im Hartungschen Sanatorium im Ultental (Mitterbad) überreden – direkt nach Riva aber wollte sie nicht.

In der Beziehung zwischen Heinrich Mann und Carla spielte Riva eine besondere, eine ambivalente Rolle. Die meisten der Briefe Carlas an den Bruder waren an dessen Kuradresse in Riva gerichtet. Und der Sanatoriumsleiter Dr. von Hartungen fand seit der Jahrhundertwende fast regelmäßig Erwähnung. Dennoch ist ein merkwürdiges Distanzverhältnis Carlas zu dem Sanatoriumsmilieu zu spüren. Sie klagte zwar ständig über Halsbeschwerden und den Zustand ihrer Nerven, scheute jedoch offensichtlich einen Aufenthalt in Riva. Auch ihre Anwesenheit in Mitterbad war nicht von längerer Dauer, denn im August des Jahres weilte Heinrich schon wieder allein in Riva, und Carla bemühte sich nach dem seelischen Desaster in Düsseldorf um ein neues Engagement am Kasseler Stadttheater. Der »blonde und christliche« Direktor war zwar im Vorstellungsgespräch »nett«, aber nicht interessiert.

In depressiver Stimmung schrieb Carla dem Bruder nach Riva: »Es geht mir nicht sehr gut. Sage das dem Doktor. Ich werde ihm schreiben, wenn ich kann.« Wenig später muss sie Christoph von Hartungen in München getroffen haben. In einem Brief an Heinrich vom 14. September heißt es: »Finde ich nichts Annehmbares, so komme ich nach Riva. Das habe ich dem Doktor schon gesagt. Er war hier und war sehr nett.« Eine Woche später erhielt sie ein Engagement am Reichenberger Theater in Böhmen: »Gott weiß, wie alles kommt. Meine erste Rolle ist Christine in der *Liebelei*. Nach München schreibe ich, dass ich auf unbestimmte Zeit hier gastiere. Bitte sage auch dem Doktor so. Ich lasse ihn um Pulver bitten. Wenn ich Zeit habe, werde ich ihm schreiben«. Besorgt meldete sich die Mutter am 20. November bei Heinrich: »Hörst Du zuweilen von Carla? Ich fürchte immer für ihre Gesundheit; sie irrt seit September von einem Ort zum anderen, was mich traurig macht; überhaupt wegen Carla entfliehen mir kleine Seufzer die von Herzen kommen. Hoffentlich geht sie wirklich im Frühjahr zu Hartungen ...«

Aber auch in der Kommunikation zwischen Bruder und Schwester war die bisherige Vertrautheit verloren gegangen. Der sonst so spontane und freimütige Gedankenaustausch war förmlicher geworden. In jenem kalten Winter 1904/1905, den Carla allein durchstehen wollte, brach nicht nur ihr Kontakt mit der Mutter ab – auch ihre Briefe an Heinrich verloren an Vertraulichkeit und Wärme. Seit ihren Affären in Düsseldorf und Reichenberg wurde sie von der Familie als »Gefallene« betrachtet, eine Stigmatisierung, zu der nicht zuletzt die indiskreten Hinweise in Heinrichs Novelle *Schauspielerin* beigetragen hatte. Und ihr peinlicher Bühnenauftritt als »französische Salondame« (das heißt als Prostituierte) in Frank Wedekinds Drama *Totentanz*, das im Mai 1906 im Nürnberger Intimen-Theater uraufgeführt wurde, war nicht dazu angetan, ihr moralisches Ansehen zu bessern. Es war nicht nur »eine Dummheit des Agenten« (so Carlas Rechtfertigungsversuch), die zu diesem entwürdigenden Auftritt geführt hatte, sondern die Resignation einer perspektivlosen Provinzschauspielerin. Die alten Träume von glanzvollen Auftritten am Wiener Burgtheater waren einer bitteren Ernüchterung gewichen, wie sie im Frühjahr 1905 dem Bruder offenbarte.

Die Desillusionierung wurde zur Verzweiflung, als sich auch Heinrich, der einzige Mensch, dem sie bisher vertraut hatte, von ihr abzuwenden schien. Zu Beginn des Jahres 1905 war eine neue Frau in Heinrichs Leben getreten, die seine ganze Aufmerksamkeit beanspruchte. Es war die damals 22-jährige Deutsch-Argentinierin Inès Schmied (Nena), die er im Februar in Florenz kennengelernt hatte und die seine »Verlobte« werden sollte. Die eifersüchtige Carla wollte Heinrichs neue Damenbekanntschaft unbedingt persönlich in Augenschein nehmen und kündigte ihren Besuch in Florenz an. Noch schwang die Hoffnung mit, Einfluss auf Dauer und Charakter des neuen Verhältnisses des Bruders nehmen zu können, die Hoffnung, dass es bei einer flüchtigen, literarisch verwertbaren Episode bleiben werde: »Also fahre ich direkt nach Florenz. Du erzählst mir sehr viel von Inès und machst baldmöglichst eine glänzende Novelle aus ihr. Sollte aber wider Erwarten die Sache noch eine andere Wendung genommen haben und meine Anwesenheit unerwünscht sein, so bleibe ich gern im Hintergrund ...«

Ende April traf Carla in Florenz ein und lernte dort nicht nur Inès Schmied kennen, sondern auch deren Bruder Rudolf und die Mutter. Während sie sich mit Rudolf und Mutter Schmied zu verstehen schien, war ihr Verhältnis zu Inès (Nena) von Anfang an durch Eifersucht bestimmt. Natürlich wirkte sich das auch auf die Beziehung zwischen Heinrich und Carla aus. Inès Schmied fühlte sich äußerst unglücklich und erklärte gegenüber Heinrich Mann: »Ich kann dir nicht sagen, wie leid es mir tut, dass du und deine Schwester Euch nicht mehr vertragt und ich daran Schuld bin.« Als die Gruppe dann Anfang Juni zu einem Kuraufenthalt nach Riva aufbrach, blieb Inés – um weitere Spannungen zu vermeiden – allein in Florenz zurück. Erbaulich war dieser einzige gemeinsame Rivaaufenthalt für das Geschwisterpaar dennoch nicht. Carla verließ das Sanatorium am Gardasee vorzeitig, und der genervte Heinrich bedurfte einer »Nachkur« in Nußdorf am Inn, ein Örtchen bei Rosenheim, das seinen malerischen Ortskern mit barocken Kirchen und ursprünglichen Bauernhäusern bis heute bewahrt hat. Hier entwarf er im August und September 1905 die Novellen *Jungfrauen* und *Heldin*, in denen er versuchte, das Eifersuchtsdrama der Schwester zu verarbeiten. Kulisse für beide Erzählungen sind die Landschaft und das Milieu des Gardasees zwischen Riva und Torbole, die Konfliktlösungen jedoch völlig unterschiedlich.

Zu Beginn von *Jungfrauen* werden fröstelnde Hotelgäste in Torbole vorgestellt. Das Wetter ist nicht so, wie sie sich das erhofft hatten. »Auf dem Monte Baldo hatte es geschneit! Italien erfüllte alle mit Bitterkeit.« Im Zentrum der

Handlung stehen die beiden Schwestern Ada und Claire, deren jungfräulich-harmonisches Verhältnis durch das Auftauchen eines jungen und stattlichen Sängers namens Schumann bedroht wird. Das Entstehen von erotischen Gefühlen, Eifersucht und erbitterter Rivalität lässt die Schwestern spüren, »wie es sie auseinanderriss«. Eine Kahnfahrt, zu der Schumann beide Schwestern trotz Sturmhimmel und »schwarzer« See einlädt, nimmt einen gefährlichen Verlauf und symbolisiert nahezu klassisch die Nähe von Eros und Tod. Die Bewusstwerdung der zerstörerischen Folgen von ungezügelten Leidenschaften führt bei Ada und Claire zum Schock und zu Versöhnungstränen. Die Schwestern treffen sich »vor dem Sonnenaufgang über dem See« zur Aussprache. »Die Bergkulissen öffneten sich weit dem Endlosen, und in ein Blau, das an schöne Morgenträume erinnerte, rannen ein Rot und Gold, bei denen man an Glück dachte.« Ada und Claire finden wieder in das alte, heile Geschwisterverhältnis ihrer frühen Jugend zurück. Sie »retten sich«, schwärmt Heinrich Manns Dichterkollege Rudolf Leonhard, »noch einmal aus dem Sturm in den heiteren Kreis ihres schwesterlichen Lebensmorgens – welche Anfänge!« Nach dieser wunderbaren Versöhnung musste sich auch das Wetter am Gardasee freundlich zeigen. »Nun waren alle mit Italien zufrieden; es war blau und gelind, es sang, fächelte und plätscherte mit seinem See, seiner Luft und seinen Menschen ... Ada und Claire fanden es so mild, als wären sie vorher durchs Feuer gegangen.«

Offenbar hat Carla Mann diese Novelle als Versöhnungsangebot des Bruders missverstanden. Doch der wusste, dass es eine märchenhafte Rückkehr zu den kindlichen Anfängen der Geschwisterliebe nicht geben konnte. Daher entwarf er in der parallel entstandenen Erzählung *Heldin* eine weitaus tragischere Variante, deren schreckliche Prognose sich wenige Jahre später fast detailgenau erfüllen sollte. Auch darin geht es um eine Dreiecksgeschichte mit Freundschaft, Liebe und Eifersucht zwischen einem jungen Mann (Roland) und zwei Mädchen (Grete und Lina), die der damaligen Konfliktsituation des Autors und seiner Schwester sehr ähnlich ist. Ort der Handlung ist Riva, markiert durch den alten »grauen Wachturm« (Torre Apponale) am Hafen, der dort »seit tausend Jahren« steht und für den Schutz und »das Heil« der Bürger sorgt, die sich in südlicher Lebendigkeit auf der Piazza tummeln: »Lastträger, Zollleute, Schiffer schoben sich, die Hände in den Taschen, durcheinander, verwickelten sich plump in den leichten, schwankenden Gewinden lachender Mädchen. Kleine, behände Hausfrauen auf klappernden Holzschuhen, in den Haaren noch den Staub der Woche, machten unter den Steinlauben, feilschend und jammernd, ihre Einkäufe für den Sonntag. Die blonden, langen Soldaten in ihren graublauen Joppen sprachen ernsthaft deutsch über die Köpfe der kleinen, lauten Italiener hinweg. Höher als das Volk und seinem Qualm entrückt, blickte der heilige Bischof – und sein steinernes Chorhemd flatterte – auf die im Hafen leis knarrenden Lastbarken hernieder.«

Eine auffällige Erscheinung in diesem bunten Milieu ist Roland, ein neurasthenischer Sanatoriumsgast und nihilistischer Décadent. Eigentlich ist er zum »Schwimmen und Rudern« nach Riva gekommen, doch davon lenken ihn die leidenschaftlichen Nachstellungen der Hoteliersтochter Grete und ihrer Freundin Lina ab. Roland nutzt die Konkurrenz der Freundinnen, um sie seinem gespaltenen Frauenbild zuzuordnen. Grete ist für ihn ein »gewöhnliches Geschöpf«, an dem ihn die sinnliche Körperlichkeit interessiert, während er in Lina nur eine »heilige Seele« sieht. Lina jedoch kann die Verpflichtung auf ein solches Reinheitsideal nicht mit der Realität ihrer erotischen Wünsche in Einklang bringen. Als sie dann Zeugin der nächtlichen Liebesspiele zwischen Roland und Grete in der »Badehütte« wird, ist sie völlig verzweifelt – ein Zustand, der sich durch ihren Vaterkonflikt (er hatte sie als Vorbild enttäuscht) noch verschärft. Sie verfällt in einen Zustand der lethargischen und mystischen Depression. »Welch eine Närrin ich war! Güte? Liebe? Es gibt keine! Mein Vater ist böse. Ich bin böse. Böse sind jene beiden dort hinten. Keine Tat keines Helden vermöchte uns alle zu erlösen. Nur mein ewiges Träumen ist schuld, dass ich es glaubte – glauben konnte, mit meinem reinen Herzen wünschten alle die vielen sich eine erlösende Tat. Denn es gibt keine!« Sie beschließt, ihren eigenen Tod als »Heldin« des Martyriums zu zelebrieren. Unbewusst erleichterte der Vater ihr die wahnhafte Tat. Er hatte hinter dem Haus im Olivenhain eine Polenta mit Strychnin als Rattengift ausgelegt. »Lina setzte den Fuß an. Sie tat einen gleitenden Schritt, einen strengen und heiteren Tanzschritt. Sie gelangte zu dem Teller, hob ihn mit einer glücklichen, raschen Bewegung vom Boden und führte einen Bissen an die Lippen.«

Schon in dem Roman *Die Jagd nach Liebe* sagte Heinrich über seine Heldin – und damit war die Schwester gemeint – sie sei nur noch »Kunstwerk« und »gar kein Mensch mehr«, sie ersticke »eine echte Empfindung nach der anderen« – »bis sie alle absterben.« Und auch auf ihre letzte »Empfindung«, auf die Beziehung zu dem elsässischen Industriellensohn Arthur Gibo in Mülheim, haben andere Menschen Einfluss genommen. Kurz vor ihrem schrecklichen Freitod gab es eine von außen gesteuerte, dramatische Eifersuchtsszene. Der Versuch einer Aussprache am 30. Juli 1910 scheiterte. Als Arthur Gibo in äußerster Erregung Carlas Zimmer verließ, verschloss sie die Tür und nahm unmittelbar danach das Zyankali. Bevor sie grausam starb, hatte sie für Arthur noch eine Botschaft in französischer Sprache formuliert: »Ich liebe Dich. Ich habe Dich einen

Abend betrogen, dennoch liebe ich Dich, Carla« Sie wollte durch einen selbst herbeigeführten Tod die Echtheit ihrer Empfindung demonstrieren und doch spielte sie eine tragische Rolle wie im Theater. So oder so ähnlich sind auch die Heldinnen in Heinrichs frühen Novellen gestorben. Heinrich hat sogar behauptet, in Carlas Todesstunde, als er sich im Hartungschen Zauberreich Riva/Mitterbad befand, mit ihr in einer übernatürlichen Seelenverbindung, einem »Fluidum zwischen Getrennten«, gestanden zu haben: »Gegen Mittag erging ich mich in einem kahlen Garten, dem einzigen auf diesem Südtiroler Berg. Es war still, da wurde ich gerufen: Ich meinte, aus dem Haus. Ich war so wenig vorbereitet, dass mir im ersten Augenblick nicht einfiel: Hier ruft niemand mich bei meinem Vornamen. Später am Tage kam das Telegramm mit der Nachricht.« Und als er wenige Wochen nach Carlas Tod in seinem Notizbuch die letzte Phase ihres Lebens rekonstruiert, stilisiert er sie zur Heldin wie in der Rivanovelle:

»Endlich des Lebens sich würdig erweisen, dadurch dass sie stirbt. Ist an dem Ernst einer, die stirbt, zu zweifeln? Und in dem ungeheuren Willensakt, als sie das Gift trinkt, nicht um Hilfe ruft, nur mit Gurgeln den Schmerz lindert, und sich zum Sterben hinlegt, allein, bei verriegelter Tür – darin ist auch zum Schluss noch die gewollte Rolle, die Losgelöstheit vom Leben, das *Übersein des Lebens*, dessen, was sie mehreren fühlenden Menschen antat, das harte Spiel, die tödliche Komödie.«

»Ins Weibliche übersetzen«

Schon in Heinrich Manns Roman *Zwischen den Rassen* war kein Platz mehr für »Komödiantinnen« wie Carla. Geschildert werden hier die Stationen einer weiblichen Selbstfindung, die auf ein neues Frauenbild des Autors hinweisen. Die Heldin Lola, eine Deutsch-Brasilianerin (in der sowohl Heinrichs Mutter Julia als auch Inès Schmied erkennbar sind), muss sich aufspalten in Zuneigung zu dem deutschen Träumer und Dichter Arnold (der kein Held sein will) und in Leidenschaft für ihren Ehemann Pardi, einem italienischen »Tatmenschen«. Um sich aus dieser »dumpfgeistigen« Herrschaft zu befreien, durchbricht Lola die Zwänge der traditionellen Frauenrolle und erklärt: »Ich bin eigentlich ein verkleideter Mann«. Diese Botschaft hat der Autor ganz offensichtlich direkt aus einem Brief Nenas übernommen, in dem sie schreibt, dass die Frauenexistenz ihr »zu dumm« erscheine. »Es fängt bald an mich zu langweilen. Im Grunde genommen fühle ich mich oft wie ein verkleideter Mann. Ungemütlich.« Diese Zeilen wirken wie die Erläuterung zu einer Fotografie, auf der Nena – ausgestattet mit Männerkleidung und Pfeife – in einem Biwak in der argentinischen Wildnis zu sehen ist. Und der Autor selbst bringt die Quintessenz seines Romans *Zwischen den Rassen* auf die Formel: »Ich übersetze mich darin ins Weibliche (als Künstler hat man beide Geschlechter).« Doch nach ihrer ersten Liebesnacht, die Heinrich und Nena vom 28. auf den 29. Mai 1905 in einem Hotel in La Spezia verbrachten, ließen sich ihre Gefühle nicht mehr auf eine »androgyne« Formel bringen.

Nach ihrer heimlichen »Verlobung« reisten sie in getrennte Richtungen weiter. »Wie geht es Ihnen? Sind Sie gut angekommen?«, fragte Nena am 29. Mai aus Turin und gestand: »Um mich zu trösten, trinke ich Kaffee und denke an Sie. Es ist das Einzige was mich aufrechterhält.« Heinrich war nach Riva in seine Burg, die Sanatoriumsvilla Miralgo, geflüchtet. Christl von Hartungen konnte sich erinnern, dass der Dichter dort Anfang Juni in völlig aufgelöstem Zustand erschien und mit niemandem sprechen wollte. Erst nach einer Woche klausurähnlicher Zurückgezogenheit war er in der Lage, sich ernsthaft mit seiner neuen Gefühls- und Lebenssituation auseinanderzusetzen.

»Ich machte heute früh einen einsamen Spaziergang, einen Olivenhügel hinan und staunte wieder einmal«, teilte er am 9. Juni 1905 seiner »lieben, lieben« Nena mit. »Nun gehöre also auch ich zu denen, die mit Zuversicht an etwas Liebes denken dürfen! Ich erinnerte mich genau, wie unmöglich ich immer eine wirklich intime Annäherung an eine Frau gefunden hatte. Dass es bei Dir gegangen ist! Dass ich mich Dir ganz richtig habe erklären können! Dass Du Alles an mir genehmigt hast; und dass Du die bist, die Zug für Zug mit mir übereinstimmt! (So weit man übereinstimmen muss, wenn man einander lieb hat. Eine völlige seelische Gleichheit wäre, glaube ich, nicht wünschenswert; sie würde das Interesse vermindern.) Einem jungen Mädchen nahe zu sein; ihr fast ohne mein Dazutun, scheint es mir jetzt, und durch die Macht unseres inneren Drängens mit jedem Wiedersehen näher gekommen zu sein: Das ist für mich noch immer etwas, ich kann es Dir nicht klarmachen, wie Unbegreifliches und Zauberhaftes. Das heißt: Das Unbegreifliche, Zauberhafte bist Du, meine Nena! Ich habe jetzt Muße, über den Stand der Dinge nachzudenken. Ich arbeite nichts, und was meinen Geist anregen kann, führt schließlich immer zu Gedanken an Dich …«

Doch unübersehbar mischen sich in diese leidenschaftliche Liebeserklärung auch Zweifel, ob eine gegenseitige Verpflichtung zu permanenter Nähe überhaupt realistisch sei. Und er äußert seine »Furcht«, Nena »irgendwie zu enttäuschen«, ihr »nicht zu genügen«, ihr »manchmal flau vorzukommen« oder gar ihr »Misstrauen« zu erregen und fragt: »Hältst Du das für möglich? Bin ich Dir auf jeden Fall recht? Schreibe mir, wie Du jetzt, aus der Ferne über uns Beide denkst, und ob Du jetzt, nach einigem Besinnen,

Dich mir noch so stark verbunden weißt, wie ich mich Dir. Sage mir's!...« Nena, die eigentlich eine direkte Art besaß, hatte aber offensichtlich große Schwierigkeiten, ihre Gefühle und Zweifel schriftlich zu artikulieren. Ihr Brief vom 14. Juni, in dem sie mehrfach vom förmlichen Sie zum vertraulichen Du wechselte, dokumentiert ihre Unsicherheit: »Weißt du, ich bin sehr schlecht, und ich denke immer, du müsstest *einen* Kapitalfehler besitzen, weil du so wenige besitzest. Ich habe eine wahre Angst davor. Ich weiß gar nicht, warum ich dich so vollkommen will, während du gar nichts von mir verlangst, und mich, glaube ich, gern hast, trotz meiner Schwächen ...«

Gern hätte sie über ihre Gefühle und Zweifel direkt und persönlich gesprochen – aber Heinrich hatte einen vermeintlichen Grund, Nena und ihre Emotionen vorläufig auf Distanz zu halten. Er wollte sicherstellen, dass sie vor einer Konkretisierung der Heiratspläne, ihre in Florenz begonnene Gesangsausbildung zu Ende bringen würde. Dafür hatte er auch bei ihrer Mutter, die sich immer noch mit ihrem Sohn in Riva aufhielt, volles Verständnis gefunden. Von ihr erfuhr er aber auch, dass Nenas Ausbildung zur Sängerin durch ein akutes Halsleiden bedroht war und sie bereits angedeutet habe, vielleicht doch lieber »Literatin« oder Schauspielerin zu werden. Heinrich war schockiert und veranlasste Christoph von Hartungen, – gestützt auf die Informationen der Mutter – zu einer »Ferndiagnose« des Leidens Nenas. »Wie steht's mit Deiner Stimme?«, fragte er sie unvermittelt, um dann mitzuteilen, dass er sich zur »Einmischung« in ihre »Gesundheitsprobleme« entschlossen habe. Er versuchte Nena zwar bei Laune, aber auf therapeutische Distanz zu halten. So schickte er ihr mit Gruß von Dr. Hartungen homöopathische Tropfen und fügte dem Päckchen eine Lageskizze der Trattoria »Belvedere« an der Piazza in Fiesole bei (»Lass es Dir dort gut schmecken und denke an mich; willst Du?«), klagte über seinen eigenen »Katarrh« und schloss mit der weniger appetitlichen Empfehlung: »Gehe spazieren, meine liebe Nena, und erhole Dich! Gurgele mit 15 Tropfen in einem halben Glase Wasser, und schnupfe das Wasser auch auf. Wenn ich nachher gleich ein Mittel für den Kopf bekommen kann, lege ich es bei; sonst folgt es. In Liebe Dein Heinrich.«

Doch Nena wollte nicht mehr länger ihre Zeit in der Toskana mit Gurgeln, Schnupfen, Tablettenschlucken und allein mit einer launischen Gesangslehrerin verbringen, während der Verlobte mit ihrer Mutter in Riva über ihren Kopf hinweg Zukunftspläne besprach. Sie drang daher ungewöhnlich energisch auf ein Treffen noch vor Heinrichs Aufbruch nach München. Er willigte ein, wollte Nena aber nicht in Riva treffen, sondern schlug ein mythenärmeres, »neutraleres« Bergmilieu vor: »Bitte gehen wir auf den Apennin; Dort werden wir uns beide wohl befinden. Ich schlage Pracchia vor, nur 2 Stunden von Florenz, auf dem Wege nach Bologna. Das ist eine schöne Gebirgsgegend, und wir können Ausflüge machen.« Wie aus Heinrichs Notizbuch hervorgeht, trafen sie sich am 5. Juli 1905 in Pracchia. Der zur nordtoskanischen Provinz Pistoia gehörige Ort liegt im oberen Flusstal des Reno und verfügte seit der Jahrhundertwende über einen Bahnhof. Kurgäste schätzten schon damals das mineralreiche Wasser und die hervorragenden Speiseeisprodukte.

Nena schien der Ort aber nicht sehr zu gefallen, denn das Paar suchte bereits am nächsten Tag im nahegelegenen Luftkurort Abetone ein neues Quartier und blieb dort bis zum 11. Juli. Heinrich Mann hat zwar später von den »allzuschönen Tagen – und Nächten – in Abetone« geschwärmt, doch so romantisch wie ihre Verlobungsnacht in La Spezia ist das Zusammensein in Abetone wohl nicht gewesen. Den Briefen und Andeutungen Nenas kann man entnehmen, dass das Liebespaar sich im Hotel heftig über die moderne Literatur gestritten hat, wobei Nena die ästhetische und moralische Tendenz von Romanen wie Heinrich Manns *Göttinnen* grundsätzlich ablehnte. Der Autor war gekränkt und verunsichert. Eine solch heftige Kritik seiner literarischen Arbeiten hatte er von seiner Freundin nicht erwartet – und vor allem nicht an diesem Ort.

»Einen Augenblick« sah Heinrich Mann mit theatralischer Drohung die »Trennung« von Nena und »völlige, endgültige Vereinsamung« voraus, doch dann lenkte er ein, schien bestimmte Einwände zu akzeptieren, betonte seine Lern- und Veränderungsfähigkeit und versprach für die Zukunft »bessere« Literatur. In seinen anschließenden Briefen aus Riva ging er wieder zum Gesundheitsthema über, empfahl neue »Nasendouchen« und warnte die Freundin davor, solange sie »die homöopathischen Mittel« nehme, Wein und Kaffee zu trinken. Und falls sie das Klima von Florenz nicht mehr vertrage, solle sie mit ihrer Mutter einen Erholungsort in den Bergen »in der Nähe von München« aufsuchen. Zwar möchte er sie »dann bald wiedersehen können«, aber nicht wenn das zu Lasten ihrer Erholung gehe. »Ich will lieber, dass Du Dich pflegst und ganz gesund wirst; wenn wir dann auch erst Ende August zusammenkommen. Sage mir, wie Du über Alles denkst!« In Heinrichs Wunschvorstellungen blieb Nena auf ein harmloses und harmonisches Wesen mit bürgerlichen Kunstinteressen reduziert: »Dann denke ich immer wieder, dass Du nun auch so allein in einer Stube sitzt (hoffentlich aber mit blauem Himmel draußen) und in den Kunstbüchern liest, die ich dir geschickt habe, und vielleicht auch manchmal ein Viertelstündchen im Geist bei mir bist.«

Aber Nena wollte nicht allein gelassen in Kunstbüchern blättern, sondern wünschte sich körperliche Nähe und intellektuelle Anregung. Sie hatte eine negative Rezension über Heinrichs Novelle *Schauspielerin* gelesen und wollte mit ihm darüber diskutieren. Doch Heinrich schien sich in Riva bequem in einer Distanzbeziehung eingerichtet zu haben. Eine kunstsinnige Harmonie mit Nena erschien ihm vorstellbar, nicht aber eine literarisch-intellektuelle Arbeitsgemeinschaft. »Darum bin ich sehr froh«, erklärte er freimütig, »dass meine Nena einen so regen Geist hat; aber auch sehr froh, dass Du so schön singst, und nicht zur Literatin werden willst; denn die ist mir ein unausstehlicher Typus.« Heinrichs skurriler schriftlicher Glückwunsch zu Nenas 22. Geburtstag im August 1905 wirkt wie ein Gruß von einem anderen Stern:

»Liebe Nena, wir wollen Deinen Geburtstag feiern. Champagner haben wir wohl nicht; aber ich werde ein Himbeercompote auf Deine Gesundheit essen, weil das hier das Beste ist. Iss Du eine süße Feige oder Traube auf die meinige, ja? Ich wünsche uns, dass wir in deinem neuen Lebensjahr recht viel beisammen sein können; und wenn wir noch nicht ganz vereinigt werden, dann wenigstens sicher im nächsten Jahr, nicht?«

Die Phasen der Trennungen wurden immer länger und der Tonfall ihrer Briefe förmlicher. 1907, als Heinrich in seinem Roman *Zwischen des Rassen* die Beziehung bereits literarisch gestaltete, hielt Nena sie sich in Buenos Aires auf und besuchte eine Schauspielschule. Singen wollte oder konnte sie nicht mehr. Bis zu Beginn des Jahres 1909 wurden noch einige Briefe und Karten gewechselt, in denen es um die Debatte ging, ob sie sich weiter im Zustand der »Verlobung« befänden.

Am 2. Dezember 1909 schrieb Nena einen Abschiedsbrief an Heinrich, in dem sie aus ihrer Sicht die Perspektivlosigkeit ihrer Verbindung erläuterte. Eine wesentliche Ursache dafür sei die abweisende Haltung der Familie Mann. »Sie können einen Menschen wie mich nicht begreifen, sie wollen es auch nicht.« Gemeint waren weniger Heinrichs Schwester Carla und die Mutter Julia, sondern vor allem Thomas Mann und die Seinen. »Die Luft, die dort weht«, so Nena, wirke »deprimierend« auf sie. »Es ist besser, Du heiratest eine Frau, die Dir und Deiner Familie passt – am Besten eine Deutsche, eine andere würde in Deine Familie nicht hineinpassen.« Ein »wirkliches Zusammengehörigkeitsgefühl« bestehe zwischen ihr und Heinrich nicht. »Verwechsele es nicht mit Zärtlichkeit. Dass Du die für mich fühlst, davon bin ich überzeugt, aber es genügt mir nicht. Dass wir uns im Grunde ganz fremd gegenüberstehen, ist mir oft zum Bewusstsein gekommen. Warum sich das ganze Leben durch einen Irrtum verderben lassen. Freunde können wir deshalb doch bleiben ...«

Nena hatte erkannt, dass ihr die von Heinrich entgegengebrachte Form der »Zärtlichkeit« nicht genüge. Hatte sie Angst, dass ihre Beziehung ähnlich enden könnte wie die Mesalliance zwischen Professor Unrat und der Künstlerin Fröhlich? Im Roman ist die Rede von dem »überreizten Zärtlichkeitstrieb des Menschenfeindes« Unrat, der vom Tyrannen zum Anarchisten wird und sich doch nicht verändert. Beide Existenzformen sind – psychologisch gesehen – nichts anderes als die gleichen destruktiven Verhaltensweisen, die Liebe nicht zulassen.

1909, im Jahr der Trennung, erschien Heinrich Manns Roman *Die kleine Stadt*, eine Eloge auf Riva und Palestrina und zugleich ein Abschiedsgruß an Nena, die im Roman Nino heißt. Eine ganze Stadt gerät durch Puccini-Musik in einen Rausch, erotische Anarchie verdrängt verklemmte Untertanenmentalität. Nicht die Kleinstadtidylle wird beschworen, sondern eine Menschheitsutopie. Die *Kleine Stadt* verklärt die Mythen und ist zugleich ein Hymnus auf die Zukunft. Die leitmotivische Verbindung von Politik und Eros zeigt sich nicht nur in der Namenssymbolik bei den weiblichen Figuren wie etwa »Italia«, sondern auch in der Bedeutung androgyner Elemente. Im Café »Zum Fortschritt« erinnert man sich daran, dass der mutigste Soldat Garibaldis eine verkleidete Frau war. Der Advokat fragt: »War er eigentlich ein schönes Weib, jener Nino?« Und der Apotheker antwortet: »Solche Frauen gibt es nicht mehr!«

Es ist nicht bekannt, ob Heinrich Mann und Inès Schmied sich noch einmal wiedergesehen haben. Beider Leben wurde durch ihre Beziehung verändert – allerdings mit unterschiedlichem Ergebnis. Während Heinrich als Mann und Schriftsteller überwiegend von der Beziehung profitieren konnte, haben Nenas Seele und Körper offensichtliche Verwundungen erlitten. Wie ihr weiteres Leben verlaufen ist, konnte bisher nur bruchstückhaft ermittelt werden. Sie hat lange in Berlin gelebt und verkehrte im Kreis der Max Reinhardt-Schüler. Offensichtlich ist Nena in Berlins Künstlerkreisen wechselnde Verhältnisse eingegangen. Im Januar 1912 brachte sie eine uneheliche Tochter, Lilly, zur Welt. Ihr Wunschtraum, eine erfolgreiche Bühnenschauspielerin zu werden, ist nicht in Erfüllung gegangen. Am Theater hatte sie offensichtlich mit ähnlichen Problemen zu kämpfen wie Carla Mann. Ihre finanziellen Verhältnisse müssen bedrückend gewesen sein, denn sie lebte auch in den zwanziger Jahren noch zur Untermiete in einem einzigen Zimmer. Ihr nervöses Leiden scheint auffällig stärker geworden zu, wie es der Erinnerung einer Besucherin aus dem Jahre 1927 zu entnehmen ist. Nenas Zimmer war, so der Bericht, »meist verdunkelt und voller Zigarettenqualm. Sie selbst war wunderschön, von blasser Hautfarbe, mit leuchtend goldblondem, natürlich gewelltem, lose aufgestecktem Haar und großen dunkelblauen Augen. Ihre Züge waren fein und zart geschnitten, wie ihre Hände, die sich unausgesetzt in nervöser Bewegung befanden. Sie zündete sich eine Zigarette nach der anderen an ...«

Ihre Suche nach dem wahren Berg der »Venus Libentina« hat Nena nie aufgegeben. Ende der zwanziger Jahre zog sie von München in das malerisch am Lago Maggiore gelegene Ascona, »wo sie nur noch barfuß lief und geistig immer mehr umnachtete.« Sie suchte Zuflucht in einem Tessiner Künstlerdorf, das als ein Mekka der esoterischen Lebensreform-Bewegung galt. Ob sie wieder gesundete oder früh ein Pflegefall wurde, ist nicht bekannt – auf jeden Fall erreichte sie ein biblisches Alter. Den letzten Abschnitt ihres Lebens verbrachte sie in dem am italienischen Ostufer des Lago Maggiore gelegenen Luino, wo sie am 2. März 1976 gestorben ist.

Unheimliche Moderne:
Schiffe in der Luft (Plakat der Luftschau in Brescia, »Circuito Aero«)
und Franz Kafka in der Badeanstalt (mit Otto Brod, 1909)

III. Kafkas Träume

Nachruf auf eine Badeanstalt

Als Heinrich Manns Roman *Die kleine Stadt* erschien, in dem Riva als romantisches Erlebnis des »Fortschritts« gefeiert wird, zeigten sich auch im Hartungschen Sanatorium »fortschrittliche«, moderne Veränderungen. Bereits 1907 hatte Christoph von Hartungen die Leitung des Unternehmens an seinen ältesten Sohn Erhard übergeben, der noch im gleichen Jahr das neue Kurhaus »Villa Belriguardo« direkt am Gardasee errichten ließ. Die alten »Christoforo«-Villen wurden aufgegeben, und 1909 erfolgten großflächige Anbauten, um die vollständige Verlagerung des Sanatoriums an das Seeufer vorzubereiten. Das Zentrum der neuen Anlagen bildete die Wasserheilanstalt, die aus zahlreichen »Lufthütten« jeweils für zwei Personen und einer Liegehalle unmittelbar am Strand bestand. Die »Villa Belriguardo« war nicht nur Kurhaus, sondern bot einschließlich des Nebentrakts maximal fünfzig Gästen auch die Bequemlichkeiten eines Luxushotels: südlicher Seeblick aus fast allen Zimmern, elektrisches Licht, Zentralheizung, Musikzimmer, Konversationsraum, Bibliothek, Arbeitsräume und Spieltische. Die Umbauten und Erneuerungen sollten in erster Linie zur Steigerung des Komforts und Modernisierung der medizinischen Einrichtungen führen, weniger zur Erhöhung der Auslastung. Die Zahl der Sanatoriumsgäste hatte sich seit der Jahrhundertwende zwar fast verdoppelt, doch auch für die Hauptsaison des Jahres 1909 (Mai bis Oktober) erwartete die Familie von Hartungen insgesamt nicht mehr als etwa dreihundert Stammgäste, die sich für jeweils vier- bis sechswöchige Kuren angemeldet hatten. Darüber hinaus war man allerdings auch auf Tagesbesucher eingerichtet, welche die »Lufthütten« am Strand benutzen wollten, aber kein Luxuszimmer in der

»Villa Belriguardo« gebucht hatten. Betreuer dieser Besucher war damals Christl von Hartungen, der 1908 und 1909 seinen Bruder Erhard als Assistenzarzt unterstützte. Die relative Exklusivität des Hartungschen Sanatoriums erklärt sich vor allem durch den homöopathischen Reformanspruch und einen Ausschluss von Tuberkulosekranken.

Anfang September des Jahres 1909 gehörten auch drei junge Prager Freunde zu den Tagesgästen. Verbunden durch ähnliche kulturelle und literarische Interessen, verbrachten sie einige, gemeinsame Urlaubstage am Gardasee: der 26-jährige Franz Kafka, der 25-jährige Max Brod und dessen vier Jahre jüngerer Bruder Otto. Obwohl sich alle drei als Literaten fühlten, gaben sie als »Beruf« ihre bürgerlichen Broterwerbstätigkeiten an. Kafka stellte sich als Versicherungsangestellter vor, Max Brod als Mitarbeiter der Prager Postdirektion und Otto Brod als Banklehrling. Doch Christl von Hartungen wusste mehr, er hatte Max und Otto Brod bereits im Vorjahr kennengelernt, als sie das erste Mal in Riva weilten. Damals hatte Otto Brod auch den anwesenden Heinrich Mann getroffen, wie ein Foto dokumentiert, auf dem beide in touristischem Outfit auf einem Segelboot posieren. Der berühmte Dichter hatte das Foto gönnerhaft signiert: »Nichts kann einem Schriftsteller so wichtig sein wie die Liebe der Jungen, die sich noch nicht oft hingegeben haben«. Der 17 Jahre jüngere Otto Brod fühlte sich sehr geehrt – sollte selbst jedoch erst drei Jahrzehnte später unter tragischen Umständen im »Künstler-KZ« Theresienstadt als »Schriftsteller« wahrgenommen werden. Dort schrieb er zwei Schauspiele, von denen *Der Erfolg des Kolumbus* noch vor seiner Deportation nach Auschwitz aufgeführt wurde.

Max Brod zählte gleichfalls zu den frühen Anhängern Heinrich Manns. Über die Riva-Begegnung seines Bruders Otto mit dem verehrten Autor berichtet er: »Wie beglückend, dass mein Bruder zugleich auch durch Zufall den

Dichter antraf, der für uns nichts anderes als eine südlichmythische Figur, einen Exorzisten der Leidenschaft darstellte. Das Sanatorium Hartungen war der Ort der Begegnung. Dort mag mein Bruder dem Verehrten von unserer gemeinsamen Schwärmerei erzählt haben.« Auch wenn Max Brod gehofft haben sollte, selbst ein Jahr später in Riva ebenfalls Heinrich Mann zu treffen – auf eine gönnerhafte Anerkennung durch ihn als Schriftstellerkollege war *er* indes nicht mehr angewiesen. Nach der Veröffentlichung von mehreren Novellenbänden war es ihm 1908 mit dem Roman *Schloß Nornepygge* gelungen, in die Reihe der bekannten Persönlichkeiten der deutschsprachigen Literatur aufzurücken. Vor allem in Berlin hatte man diesen Roman enthusiastisch als Meisterwerk des Expressionismus gefeiert.

Franz Kafkas persönliche Motive für einen Urlaub am Gardasee sind nicht ganz deutlich. Ein mögliches Treffen mit Thomas Mann hätte ihn vielleicht interessiert – eine Begegnung mit dessen Bruder Heinrich wohl weniger. Das italienische Grenzgebiet war ihm bisher noch keine Reise wert gewesen – obwohl sein Arbeitgeber, die »Assicurazione Generali«, in Triest ihren Hauptsitz hatte. Anders als sein Freund Max Brod befand Kafka sich als Schriftsteller noch in den Anfängen. Zwar waren zwischen 1905 und 1907 schon kürzere Textsammlungen wie *Beschreibung eines Kampfes* oder *Hochzeitsvorbereitungen auf dem Lande* entstanden, und im März 1908 hatte die Zeitschrift *Hyperion* acht kleine Prosastücke von ihm veröffentlicht, doch Kafka selbst beklagte seine »Unfähigkeit« zu etwas Größerem. Die gemeinsame Reise in den Süden ging vermutlich von dem im Sommer 1909 geäußerten Vorschlag Max Brods aus, einen literarischen »Zweikampf« durchzuführen. Mit der Idee, ein gemeinsames Reiseerlebnis der konkurrierenden essayistischen Betrachtung zu unterziehen, wollte er Kafka aus seiner Lethargie reißen.

Am 4. September 1909, einem Sonnabend, trafen sich Franz Kafka und Max Brod auf dem Prager Hauptbahnhof, um in der Mittagszeit mit dem Schnellzug nach München zu fahren. Otto Brod konnte die Reise erst einen Tag später antreten. Auf dem Bahnsteig, so die Erinnerung von Max Brod, habe er dem Freund »ein kleines braungebundenes Notizbuch« überreicht und erklärt: »Wir werden parallele Reisetagebücher führen.« Kafka habe seinen Vorschlag »begeistert« aufgegriffen. In München müssen die Freunde den um 22.50 Uhr abgehenden Nachtzug nach Venedig genommen haben, der gegen 2 Uhr morgens Innsbruck erreichte. Dann ging es weiter mit der Brennerbahn bis Mori und von dort schließlich mit der Lokalbahn noch eine kurze Strecke bis Riva. Völlig übermüdet und erschöpft kamen Kafka und Max Brod am 5. September gegen 10 Uhr an ihrem Reiseziel an und ließen sich in die reservierten Betten der »Hotel-Pension Riva« fallen, die den Brüdern Brod schon im Vorjahr als »deutsches Haus von altbewährtem Ruf« mit »Wiener Küche« und »Tiroler Weinen« empfohlen worden war. Auch wenn die Prager Freunde sich kein Zimmer im vierstöckigen, herrschaftlichen Hauptgebäude auf der Piazza Giardino (heute Piazza Battisti) leisten konnten, sondern in einem der einfacheren Nebentrakte in der Viale della stazione (heute Viale della liberazione) direkt am Bahnhof untergekommen waren, bot sich ihnen dort ebenfalls ein südlich-romantischer Ausblick auf Palmen und Magnolien.

Am nächsten Tag, nach dem Eintreffen von Otto Brod, machten sie zu dritt ihren ersten Besuch in den öffentlichen »Bagni alla Madonnia«. Zwar war der etwa ein Kilometer lange Weg über die befahrene und staubige Ponalestraße, die von Riva in das Ledrotal führte, in der Sonnenhitze lästig – doch man wurde für diese Strapaze reichlich entschädigt. Die Badeanstalt lag malerisch unterhalb der Straße in einer Felsenbucht, in der sich auch »funkelnde« Eidechsen sonnten. Max Brod hat hier »die friedlichsten Stunden« seines Lebens verbracht, wie er sich später erinnerte:

»Friedlich war es zu jener Zeit überall, im Gehen und im Stehn, wo immer man sich bewegte; aber am friedlichsten im Liegen auf den alten rissigen, von der Sonne durchglühten Steinen und Brettern der Badeanstalt mit dem klangvollen Namen *Bagni alla Madonnina* unterhalb der Ponalestraße bei Riva. Schon den heißen staubigen Weg bis zum Bad marschierte man in der frohen Erwartung der Ausruhestunden. Dann ging es seitlich abwärts zum Seespiegel hinab. Unter Weinblattlauben trat man in den Schatten. Ein alter Ölbaum glänzte silbern. Eidechsen liefern über den Weg. Wir bildeten uns damals ein, eine Eidechse sei auch das Wappen der Stadt Riva, denn überall lagen die klugen zierlichen Tierchen im Halbschlaf, erstarrten gleichsam in der Wonne der Sonnenwärme, hoben das flinke Köpfchen, wenn man näher kam, schlüpften sie rasch vorbei. Trägheit und Frische vereint, Genuss und Gesundheit zugleich – es könnte für unser Bad kein besseres Symbol geben, kein besseres für das Arbeitsjahr, das wir durch die Verjüngungskraft des reinen Gardawassers vorzubereiten gedachten [...]. Wie lud das alles zur Ruhe ein! Wie war es heiter, sorglos, gütig und in Gottes Hand! Man zählte die Stunden nicht, die man hier an der Schwelle von Natur und Menschenwelt, von Land und Wasser verbrachte; hier schied sich nichts, durch die Ritzen der Bretter, auf denen man lag, blickte man lange, lange ins blaugrüne, klare Wasser und sah die Millionen winziger strichförmiger Fischlein vorüberziehen. So ging auch das Denken in Träumen über, der Traum in Weisheit. Nur gegen Mittag, ganz regelmäßig, kam der Gardaseewind, die Ora, schüttelte die Wasserfläche zu Wellen, stieg an, spielte Sturm. Dann schlugen schön und melodisch die Glocken von den Türmen Rivas. Der würdige Besitzer der Badeanstalt ließ erst seine Rede ertönen: E mezzogiorno, signore – und wir freuten uns über den schönen italienischen Wortklang.«

Der symbolträchtige *Nachruf auf eine Badeanstalt*, der 1926 im *Prager Tagblatt* erschien, war nahezu eine naturreligiöse Verklärung des Gardasees zum »Diesseitswunder« und zugleich eine Eloge auf den messianischen Freundschaftsbund des Autors mit dem zwei Jahre zuvor verstorbenen Franz Kafka. Erkennen lässt dieser Artikel aber auch eine gewisse Nähe Max Brods zu der Naturmystik des Kulturphilosophen Carl Dallago, den er in jenen Septembertagen des Jahres 1909 in den »Bagni alla Madonnina« traf. Dallago tauchte, wie es in Brods Artikel heißt, mit seinem »kraftvollen bronzebraunen Leib aus dem Wasser« auf und setzte sich zu den jungen Prager Badegästen.

Der 1869 in Bozen geborene Dallago, ein gelernter Kaufmann, lebte nach der Jahrhundertwende als freier Schriftsteller zunächst in Riva und nach einem kurzen Münchener Aufenthalt wieder am Gardasee – in Nago, oberhalb Torboles. Schon seine ersten Gedichte spiegelten die lebenslange zivilisationskritische Grundüberzeugung, sich von der christlichen Moral und scholastischen Vernunft befreien zu müssen. Der Heuchelei und Korruption in der urbanen Gesellschaft zu entfliehen, erschien ihm nur durch den Rückzug in ein naturgemäßes Leben möglich. Die Brüder Brod und Kafka waren – wie viele andere junge Literaten damals auch – fasziniert von Dallagos Persönlichkeit und seiner antibürgerlichen Existenz, die er als meditierender Wanderer in den Südtiroler Bergen eindrucksvoll verkörperte. In den 1909 am Gardasee mit der Prager Gruppe geführten Gesprächen schien Dallago hauptsächlich an Max Brod interessiert. Kafka hat er merkwürdigerweise kaum wahrgenommen. Es ist zu vermuten, dass Brod als Mitarbeiter der von Dallago und dessen Mentor Ludwig von Ficker geplanten Kulturzeitschrift *Der Brenner* gewonnen werden sollte. Mit dem symbolischen Namensbezug auf die kulturgeografische Schnittstelle zwischen Deutsch-Österreich und Italien konnte sich diese Halbmonatsschrift, deren erste Ausgabe im Juni 1910 erschien, als ein mitteleuropäisches Ideenforum entwickeln, das beide Weltkriege überdauern sollte.

Der Organisator und Finanzier des Projektes, Ludwig von Ficker, vertraute anfangs darauf, dass Carl Dallagos »impulsives künstlerisches und geistiges Temperament allein« schon ausreiche, um »ein Unternehmen dieser Art« mit »Aussicht auf Erfolg« zu versehen. Und in den ersten Jahren prägte Dallago tatsächlich mit seiner an Nietzsche und Laotse orientierten antibürgerlichen Kritik der traditionellen Institutionen unverkennbar die Linie des *Brenners*. Sein Motto lautete: »Der Gesellschaft opfern und Philister werden, oder sein Leben leben und vielleicht ein Meister werden und zugrunde gehen.« Obwohl Dallago sich in seinen *Kulturlichen Streifzügen eines Einsamen* als der große Einzelgänger stilisierte, suchte die *Brenner*-Redaktion die Verbindung mit anderen österreichischen Avantgardekreisen, so auch mit Karl Kraus. Und erstaunlicherweise empfand der *Fackel*-Herausgeber, der in der Regel alle Annäherungsversuche zurückwies, den *Brenner* nicht als Konkurrenz, sondern bemühte sich um Zusammenarbeit. Als später nicht nur die expressionistische Lyrik von Else Lasker-Schüler und Georg Trakl, sondern auch der katholische Existenzialismus eines Theodor Haecker im *Brenner* zu Wort kamen, zog sich Dallago wegen dieser »christlich-religiösen Fehlentwicklung« enttäuscht zurück. Mitte der zwanziger Jahre begann er fast zeitgleich mit seinen öffentlichen Polemiken gegen Mussolini eine intensive Korrespondenz mit dem jüdischen Religionsphilosophen Martin Buber. 1926 flüchtete er vor den italienischen Faschisten nach Nordtirol und erhielt die österreichische Staatsbürgerschaft. 1931 brach Dallago definitiv mit dem *Brenner*-Herausgeber Ludwig von Ficker – traf ihn aber noch einmal kurz vor seinem Tod im Jahre 1949 zu einer Aussprache. Nach dem nationalsozialistischen »Anschluss« Österreichs war Dallago als Publizist verstummt. Er verdiente seinen Lebensunterhalt als Bauschreiber und arbeitete zurückgezogen an seinem letzten großen Werk *Der Begriff des Absoluten*, das posthum (1964) erschien.

Offensichtlich ist es Dallago 1909 in Riva nicht gelungen, Max Brod für das *Brenner*-Projekt zu gewinnen – vermutlich war das Programm der geplanten Zeitschrift noch zu undeutlich. Trotz großem Respekt vor der antibürgerlichen Unabhängigkeit des Südtirolers schreckte dessen alternative Lebensform im Konkreten doch ab. Dallago »hause« auf den Holzpritschen der Bagni, kommentierte er später. Überreden konnte Dallago die Prager Freunde aber zu einem gemeinsamen Ausflug zum Castel Toblino im Sarcatal. Sachkundig wusste er darüber informieren, dass die Ursprünge dieses idyllischen Wasserschlosses nicht in der mittelalterlichen Festungstradition zu sehen seien, sondern im antiken Tempelkult für Natur- und Schicksalsgöttinnen. Eingebettet in eine üppige Vielfalt der Flora und Fauna – mit seltenen Wasservögeln, Olivenbäumen, Zitronen, Rosmarin oder Lorbeer –, machte das Castel auf die Besucher den Eindruck eines heiligen Biotops.

Am nächsten Tag – es war der 9. September – waren die drei Freunde zu einem Treffen mit Christl von Hartungen in der neuen Wasserheilanstalt des Sanatoriums verabredet. Christl, der Max und Otto Brod bereits aus dem Vorjahr kannte, war nun vor allem gespannt auf die Begegnung mit dem angekündigten Schriftsteller Franz Kafka. Er hatte zwar von dessen besonderer menschlichen Sensibilität und bescheidenen Zurückhaltung gehört – wurde aber dennoch von der geheimnisvollen Aura des Autors überwältigt. Kafka strahlte etwas Besonderes aus, das ihn von seinen beiden Begleitern abhob. Christl konnte sich später noch sehr genau an den modischen Anzug, das weiße Hemd und die korrekt gebundene Fliege Otto Brods erinnern und auch an die vornehme Bohème-Gestalt des Bruders Max, der einen lässig nach hinten geschobenen Strohhut trug – nicht aber an die Kleidung Kafkas. Von ihm blieb allein der Gesamteindruck seiner faszinierenden Erscheinung haften. Er war ein schmaler, hoch gewachsener Mann mit großen dunklen Augen unter dichten Brauen, einer auffälligen Nase und schwarzen über der Stirn zurückgekämmten Haaren. Den Mund umspielte ein melancholisches Lächeln, das von den sensiblen Muskelbewegungen der sonnengebräunten Wangen gesteuert wurde. Kafka machte auf sich aufmerksam, ohne ein Wort zu sprechen.

Luftschiffe

Die Vorinformationen, die Christl von Hartungen über Kafka hatte, stammen offensichtlich von Max Brod, denn der scheint ihm berichtet zu haben, dass die beiden Autoren einen Wettstreit um das beste Reisefeuilleton verabredet hatten. Und so war es kein Zufall, dass Christl ihnen gleich nach Ankunft in der Wasserheilanstalt am Gardasee die aktuelle Ausgabe der Zeitung *La Sentinella Bresciana* vorlegte, in der über die Eröffnung der internationalen Flugschau (»Circuito Aero«) in Montichiari bei Brescia berichtet wurde. Brescia, die zweitgrößte Stadt der Lombardei, war und ist nicht nur wegen der erhaltenen Bauwerke, die Aufschluss über die Entwicklung der einzelnen historischen Epochen seit der Antike geben, berühmt, sondern auch wegen der langen und vielfältigen Tradition von Theater- und Konzertaufführungen, historischen Festen und Sportveranstaltungen. Zu letzteren gehörten auch Autorennen und Flugtage. Um den Ruf als aufstrebende Industrieregion zu festigen und sich gegen die Konkurrenten Mailand und Bologna als Veranstalter von Autorennen zu behaupten, plante der Gemeinderat von Brescia vom 8. bis 20. September 1909 auf dem Aerodrom von Montichiari die erste internationale Luftschau Italiens. Vorbild und Ansporn war die nur wenige Wochen zuvor im französischen Reims durchgeführte Flugwoche. Doch wie schon für die Veranstaltung in Reims war auch für Brescia die Bezeichnung »international« etwas hochgestochen. Mit Ausnahme des Amerikaners Glenn Curtiss kündigte das Programm ausschließlich französische und italienische Piloten an. Die neben Curtiss und Louis Blériot wohl bekanntesten Flieger waren Henri Rougier und Graf Henri de la Vaulx (Frankreich) sowie Mario Calderara und Mario Facciolo (Italien). Für den schnellsten Flug über eine Strecke von fünfzig Kilometern sollte der »Große Preis von Brescia« verliehen werden. Daneben waren aber auch kleinere Auszeichnungen vorgesehen: ein »Modigliani-Preis« für den höchsten Flug oder der »Internationale Passagierflugpreis« für den schnellsten Lufttransport über eine Distanz von zehn Kilometern.

Während Kafka diese »sensationellen« Ankündigungen mit großem Interesse studierte, schien Max Brod bereits über die wesentlichen Fakten informiert zu sein. Er war mit den aktuellen Ereignissen im Fliegermilieu vertraut – hatte er doch erst kürzlich in der Berliner Wochenschrift *Die Gegenwart* über den spektakulären Flug Louis Blériots von Calais nach Dover berichtet. Anlass seines Artikels war die Streitfrage, wann Blériot während seiner Kanalüberquerung wohl »am glücklichsten« gewesen sein mochte. Brod konnte diese Frage nicht eindeutig beantworten, sondern reflektierte generell über Einsamkeit und Glück des erfolgreichen Piloten. Offensichtlich hatte er aber geplant, diese Gedanken durch eine Teilnahme an der Flugschau von Brescia zu vertiefen und Kafka dabei einzubinden. Damit war auch das Thema für den verabredeten literarischen Wettstreit vorgegeben. Kafka stimmte sofort zu, auch Otto Brod hatte keine Einwände, und so nahm man gern Christl von Hartungens Angebot an, den Ausflug zu organisieren. Schon am frühen Morgen des nächsten Tages, also am 10. September, fand sich die Reisegruppe auf der Piazza Benacense in Riva ein, um an der Anlegestelle das Dampfschiff nach Desenzano zu besteigen. Die Fahrt zum Südende des Gardasees mit Zwischenstationen in Torbole, Limone, Gargnano und Malcésine dauerte etwa viereinhalb Stunden. Für die anschließende Bahnfahrt von Desenzano nach Brescia benötigten sie noch einmal zwei Stunden und erreichten am späten Nachmittag ihr Ziel. Kafka notierte später in sein Tagebuch, dass er anlässlich ihres Spazierganges in Brescia noch »am hellen Tag« Geldmünzen an bettelnde Kinder verteilt hätte. Über den weiteren Verlauf der Ereignisse in Brescia und Montichiari haben Franz Kafka und Max Brod in sich ergänzenden und zum Teil aber auch sich widersprechenden Essays berichtet.

Kafkas Artikel *Die Aeroplane in Brescia* wurde in gekürzter Form bereits am 29. September 1909 in der deutschsprachigen Prager Zeitung *Bohemia* abgedruckt, während Max Brods umfangreichere Reportage *Die Flugwoche in Brescia*, nach Ablehnung durch die *Neue Rundschau*, erst im März 1910 in der *Gegenwart* erscheinen konnte. Schon im Bericht über die Ankunft in Brescia und in der Beschreibung der zugewiesenen Unterkunft zeigen sich unterschiedliche Sichtweisen der Autoren. »Brescia war überfüllt«, heißt es bei Brod. »Da wir sehr sparen mussten, übernachteten wir schließlich in einem Zimmer, das wir für eine Räuberhöhle hielten und in dessen Fußbodenmitte ein kreisrundes Loch in die darunter liegende Wirtsstube blicken ließ. Wir glaubten, jeden Augenblick müsse Sparafucile (so heißt der gedungene Mörder in Verdis Oper *Rigoletto*, W.J.) bei uns eintreten.« Kafka hatte eine etwas andere Vision, deren

Ausformulierung allerdings der Redaktionsschere zum Opfer fiel: »Die Herberge, in die wir gewiesen werden, scheint uns auf den ersten Blick die schmutzigste zu sein, die wir je gesehen haben, aber es ist bald gar nicht mehr übertrieben arg. Ein Schmutz, der nun schon einmal da ist, von dem nicht mehr gesprochen wird, ein Schmutz, aus dem unser Wirt hervoreilt, stolz für sich, demütig für uns, immerfort die Ellbogen rührend und mit den Händen (jeder Finger ist ein Kompliment) über sein Gesicht neue und neue Schatten werfend, mit lauter Beugungen des Körpers, die wir alle später auf dem Flugfeld z.B. an Gabriele d'Annunzio wiedererkennen; wer hätte, muss man fragen, gegen diesen Schmutz noch etwas auf dem Herzen?«

Am Morgen des 11. September sind die merkwürdigen Nachtvisionen vergessen, und die Freunde erreichen mit der Lokalbahn das Flugfeld von Montichiari, wo sich bereits mehr als 40 000 Schaulustige erwartungsvoll drängeln. Vor Beginn der Veranstaltung und in den Pausen stellen sich die Repräsentanten der italienischen Gesellschaft auf den Tribünen zur Schau. »Man begrüßt einander, verneigt sich, erkennt einander wieder, es gibt Umarmungen, man steigt die Treppen zu den Tribünen hinauf und hinab. Man zeigt einander die Principessa Laetitia Savoie Bonaparte, die Principessa Borghese, eine ältliche Dame, deren Gesicht die Farbe dunkelgelber Weintrauben hat, die Contessa Morosino. Marcello Borghese ist bei allen Damen und keiner, er scheint von der Ferne ein verständliches Gesicht zu haben, in der Nähe aber schließen sich seine Wangen über den Mundwinkeln ganz fremd. Gabriele d'Annunzio, klein und schwach, tanzt scheinbar schüchtern vor dem Conte Oldofredi, einem der bedeutendsten Herren des Komitees. Von der Tribüne schaut über das Gelände das starke Gesicht Puccinis mit einer Nase, die man Trinkernase nennen könnte.« Kafkas forschende Augen entdecken in der Menge, soweit es ihm die sperrigen, modischen Damenhüte erlauben, aber nicht nur die Prominenz des europäischen Hochadels, sondern auch »ungeheure in ihren Wägelchen fett gewordene Bettler«, die ihm ihre Arme »in den Weg strecken«.

Während Brod sich mehr als professioneller Reporter verstand und mit seinen impressionistischen Bildern den Eindruck zu erwecken versuchte, er habe die gesamte »Flugwoche« (so auch die Überschrift) erlebt und ausgewertet, konzentrierte sich Kafka auf literarische Miniaturaufnahmen des Zusammenspiels von Mensch und Maschine. Der Mensch ist für ihn in diesem Zusammenhang »klein und einsam«. Glenn Curtiss, der Gewinner des Großen Preises von Brescia, kommt nur schemenhaft in den Blickwinkel und verschwindet gleich wieder. Kafka widmet ihm nur wenige Zeilen: »Kaum sieht man hin, schon fliegt er von uns weg, fliegt über die Ebene, die sich vor ihm vergrößert, zu den Wäldern in der Ferne, die jetzt erst aufzusteigen scheinen. Lange geht sein Flug über jene Wälder, er verschwindet, wir sehen die Wälder an, nicht ihn. Hinter den Häusern, Gott weiß wo, kommt er in gleicher Höhe wie früher hervor, jagt gegen uns zu; steigt er, dann sieht man die unteren Flächen des Biplans dunkel sich neigen, sinkt er, dann glänzen die oberen Flächen in der Sonne. Er kommt um den Signalmast herum und wendet, gleichgültig gegen den Lärm der Begrüßung, geradeaus dorthin, von wo er gekommen ist, um nur schnell wieder klein und einsam zu werden.« In gewisser Weise setzt Kafkas Text die *Beschreibung eines Kampfes* fort. Auch der Rekordflieger Louis Blériot ist kein strahlender Held, sondern ein ohnmächtiger Existenzkämpfer. »Was geschieht denn hier? Hier oben ist 20 M. über der Erde ein Mensch in seinem Holzgestell verfangen und wehrt sich gegen eine freiwillig übernommene unsichtbare Gefahr. Wir aber stehn unten ganz zurückgedrängt und wesenlos und sehen diesem Menschen zu.« Und die Beschreibung des startenden Doppeldecker-Piloten Henri Rougier gleicht schon jenen grotesk-kafkaesken Szenen, wie sie typisch sind für die späteren Romane: »Rougier sitzt an seinen Hebeln wie ein Herr an einem Schreibtisch, zu dem man hinter seinem Rücken mit einer kleinen Leiter kommen kann.«

Das Ende des Fluges und des Tages erleben die Freunde nicht mehr in Montichiari. »Wir bekommen glücklich einen Wagen«, schreibt Kafka, »der Kutscher hockt sich vor uns nieder (einen Kutschbock gibt es nicht) und endlich wieder selbständige Existenzen geworden, fahren wir los.« Da die Hotelübernachtung nach ihrer Ankunft in Brescia sehr unangenehm war, bemühen sie sich bei der Rückfahrt um ein Quartier im Hafen von Desenzano. Doch die Nacht dort war noch schlimmer, wie Max Brod sich erinnerte. Sie wurden von Wanzen, die sich hinter Heiligenbildern versteckt hatten »auf die Straße getrieben« und »frösteln auf den Bänken am Quai des Sees dem Morgen entgegen.« Sie nahmen den ersten Dampfer nach Riva, erholten sich ein wenig am Badestrand und fuhren am nächsten Tag, dem 13. September, zurück nach Prag. Nun begann der »Wettkampf« zwischen Kafka und Max Brod am Schreibtisch. Während Kafka sich – nur gestützt auf seine eigenen Notizen – gleich an die Reinschrift des Textes machte, wertete Max Brod zunächst noch die von Christl von Hartungen nach Prag geschickten italienischen Zeitungsberichte über die späteren Flugereignisse, also über den Zeitraum vom 12. bis 20. September, aus.

Was hatte man versäumt? Vor allem natürlich das pomphafte Finale am 20. September mit der Verleihung des Großen Preises. Dazu war eigens der italienische König Viktor Emanuel III. mit Gefolge angereist und hatte es sich nicht nehmen lassen, den Siegern persönlich zu gratulieren. Eine weitere Sensation war der majestätische Aufstieg des Flugschiffes »Zodiac III«. Nach mehreren aus Witterungsgründen abgebrochenen Starts und einem kurzen Testflug, erhob sich schließlich das vom Grafen Henri de la Vaulx gesteuerte riesige Luftschiff am 16. September doch noch zu einem offiziellen Rundflug in den Himmel. Zuschauer und Reporter fühlten sich an Szenen in den utopischen Romanen eines Jules Verne erinnert. Theatralisch hantierten der Graf und sein Mechaniker an geheimnisvollen elektrischen Drähten und verlagerten ständig die Ballastpakete und Gaskanister, um den Aufstieg zu beschleunigen. In kurzer Zeit hatten sie eine Höhe von fast fünfhundert Metern erreicht und nahmen Kurs auf Castenedolo. Begeistert wurde die Rückkehr und die Ehrenrunde des Luftschiffes vom Publikum auf dem Aerodrom beklatscht – der Beifall galt aber nicht nur dem Technikwunder, sondern auch der italienisch-französischen Freundschaftsgeste, die sich im Hissen beider Nationalflaggen zeigte. Der mitfliegende Journalist Luigi Barzani berichtete am nächsten Tag im *Corriere della Sera* von »einer unvergleichlichen Parenthese von Träumen mitten im Leben«, von »einer Zeit der Ekstase«, aus der er bei der Landung »nur ungern erwachte«.

Mag sein, dass für Kafka und die Brüder Brod der Flug eines mit Gas getriebenen Luftschiffes im September 1909 nicht mehr unbedingt als Sensation empfunden wurde und sie deshalb den »Zodiac«-Start in Brescia bewusst nicht im Besuchsprogramm hatten. In Friedrichshafen am Bodensee war schon 1900 das erste von Ferdinand Graf von Zeppelin konstruierte Luftschiff erfolgreich aufgestiegen. 1909 galt der »Zeppelin« bereits als ein bewährtes Langstreckentransportmittel für zivile *und* militärische Einsätze. Belegt wurde dieser »Fortschritt« vor allem durch die anschauliche Vorführung im August des gleichen Jahres auf der ersten Luftfahrtsmesse (ILA) in Frankfurt/Main. Hier geriet sogar das offizielle Plakat zum Werbeträger für den neuen Zeppelin. Spektakuläre Reklameflüge gab es schon Monate vorher an verschiedenen Orten. Als das Luftschiff am 1. April 1909 auch über München auftauchte, teilte Thomas Mann dem Bruder Heinrich mit: »Heute Morgen, als ich in mein Zimmer trat, manövrierte das Zeppelinsche Luftschiff gerade vor meinen Fenstern. Die Dächer schwarz von Menschen, die ganze Stadt auf den Beinen, große Begeisterung. Immerhin imposant.«

Waren also »imposante« Luftschiffmanöver im Jahre 1909 nicht an die Veranstaltung von Brescia/Montichiari gebunden, so galt das aber in jedem Fall für den großen Auftritt von Gabriele d'Annunzio. Sein Flugabenteuer vom 12. September wurde zur Legende. Als Kafka und Max Brod die entsprechenden enthusiastischen Presseberichte lasen, bedauerten beide gleichermaßen, dieses Ereignis verpasst zu haben. Doch in Wirklichkeit war dieses Ereignis nur ein literarisches. Wie Kafka und Max Brod hatte auch d'Annunzio die Luftschau vor allem deshalb besucht, um davon als Autor zu profitieren. 1910 sollte sein Roman *Forse che sì, forse che no* (*Vielleicht – vielleicht auch nicht*) erscheinen, dessen zentrale Handlung sich auf die in Brescia gewonnenen Eindrücke stützt. Für seinen neuen Roman musste d'Annunzio große geistige und körperliche Kraft opfern. Von dem Gelingen hing viel ab. Der Autor befand sich damals in einer für ihn katastrophalen persönlichen Lage. Sein rauschhafter, fürstlicher Lebensstil, zahlreiche Affären und gescheiterte Liebesverhältnisse – so mit der Schauspielerin Eleonore Duse – hatten zu einer geistig-seelischen und finanziellen Zerrüttung geführt. Der Schuldenberg war erdrückend. Im Sommer 1909 musste er seine luxuriöse Villa »Capponcina« verlassen und war vorübergehend im Haus eines Freundes an der Arnomündung in der Nähe von Pisa untergekommen. »Sie haben hier meine Pferde beschlagnahmt«, klagte er. »Morgen werden sie vielleicht die überflüssigen Schuhe und Hemden mitnehmen.« Er leide nicht darunter, sich »von den alten Sachen zu trennen«, sondern unter der Angst, dass »diese Sorgen« seinen Gedanken »die Kraft und Frische rauben ... und das schöne Buch nicht entstehen« könnte. Daher fasste er den genialen Entschluss, sich selbst als »fliegenden« Nationaldichter in Szene zu setzen und so in Brescia für sein Buchprojekt zu werben. Schon vor der Veranstaltung sprach d'Annunzio in verschiedenen Interviews über seinen neuen »Fliegerroman« und machte die Öffentlichkeit rechtzeitig auf das geplante Abenteuer aufmerksam. Seine Hoffnung jedoch, dass der Kanalüberquerer Louis Blériot ihn in Brescia als Co-Pilot akzeptieren würde, erfüllte sich nicht. Obwohl d'Annunzio im Bewerbungsgespräch am Hangar pathetisch seine *Ikarus*-Elegie rezitierte, zeigte Blériot sich unbeeindruckt und verwies auf unwägbare Risiken. Mehr Glück hatte er bei dem Amerikaner Glenn Curtiss, der ihn am 12. September zu einer gemeinsamen Flugrunde einlud. Ein historisches Foto dokumentiert den Start des ungleichen Fliegerpaars. Während der hochgewachsene, sportliche Glenn Curtiss am Steuer wie ein souveräner Rennfahrer aussieht, wirkt der kleine, am Gestänge Halt suchende d'Annunzio mit seiner Krawatte, der gebügelten weißen Hose und den Lackschuhen eher wie ein verzweifelter Zirkusclown. Es ging wohl auch nur um das Foto, denn der angekündigte »Flug« geriet zur PR-Luftnummer. Die Maschine hoppelte eine längere Strecke auf dem holprigen Terrain, hob den Schwanz und senkte ihn wieder, verlor dann tatsächlich unter großem Motorenlärm einige Sekunden die Bodenhaftung, vollzog in einer Höhe von höchstens zehn Metern eine halbe Drehung und hoppelte zum Hangar zurück. D'Annunzio sprang aus der Maschine und zerriss sich zu allem Überfluss noch an Draht und Gestänge seine feine Hose – aber er strahlte wie ein Held, und das Publikum applaudierte gnädig. Nach seinen Eindrücken befragt, diktierte er den Pressevertretern: »Fliegen ist göttlich und zugleich unbeschreiblich!« Er selbst aber wusste zwischen PR-Gag und wirklicher Flugerfahrung zu unterscheiden. Für seinen Roman benötigte er authentische Beschreibungen. Den Mut dafür besaß er. Am frühen Abend des gleichen Tages gelang es ihm, den ihn verehrenden italienischen Piloten Mario Calderara noch zu einem gemeinsamen Sonderflug zu überreden. Als die Dämmerung bereits eingebrochen war, befand sich d'Annunzio dann tatsächlich an Bord eines Wright-Doppeldeckers hoch in der Luft und umkreiste innerlich triumphierend die bereits leeren Tribünen des Aerodroms.

Natürlich hat er dieses beglückende Erlebnis auch literarisch verarbeitet. Der Leser soll in der mythischen Verbindung von Technik und Übermensch die Autobiografie des Dichters erkennen. Der Flug des Romanhelden Paolo Tarsis über alle Grenzen hinaus symbolisiert d'Annunzios große Heldentat in Leben und Werk, die für ihn zugleich auch als sexuelle Befreiung dargestellt wird. »Sexuelle Befreiung« bedeutet für den »männlichen« Übermenschen d'Annunzio aber nicht Emanzipation, sondern Gewalt und Leidenschaft. In der theatralischen Geste des Romans, den Luftraum zu erobern und Frauen zu erniedrigen, offenbaren sich bereits Elemente einer imperialen und profaschistischen Rhetorik. Der Roman verkaufte sich gut, doch Vorschuss und Einnahmen reichten bei weitem nicht, um den Forderungen der Gläubiger zu genügen. Im März 1910 musste d'Annunzio angesichts drohender Prozesse sogar nach Frankreich flüchten, zunächst nach Paris und dann nach Arcachon an die Atlantikküste. Reiche Gesellschaftsdamen, wie die russische Aristokratin Daniela de Goloubeff oder die amerikanische Malerin Romaine Brooks, unterstützten ihn. Man reichte ihn in den Salons herum, er arbeitete erfolgreich für das Theater – unter anderem zusammen mit dem Komponisten Claude Debussy –, doch die Schulden wurden auch in

Frankreich nicht geringer. Erst nach Ausbruch des Ersten Weltkrieges kam für d'Annunzio die große Wende. Noch in Frankreich trommelte er für den Kriegseintritt des anfangs neutralen Italiens. Am 13. August 1914 erschien in der Zeitung *Figaro* seine *Ode für die lateinische Auferstehung*, in der er vehement den Schulterschluss der beiden romanischen Länder Italien und Frankreich »gegen die Barbaren« und eine Wiedereroberung der Adria propagierte.

In besonderer Weise war d'Annunzio vom Gardasee fasziniert – doch es war nicht die Landschaft und das Klima, die ihn anzogen, sondern die Bergfestungen und die Militärgeschichte – der Blutgeruch von Solferino. Er kam nicht als geladener Gast, sondern als brutaler Eindringling, dessen bombastische »città morte« das nationale Gedenken pervertieren und die natürliche Umgebung beschädigen sollten. Allein, um den kanonenbestückten Bug des Kriegsschiffes »Puglia« symbolisch im »Vittoriale« zu verankern, wurden 20 Eisenbahnwaggons mit Stahl und Beton benötigt.

Der Jäger vom Gardasee

Franz Kafka, der 1913 ein zweites Mal nach Riva reiste, kam nicht nur wegen des südlichen Flairs – auch ihn faszinierten Todessehnsüchte und Mythen der Vergangenheit. Aber er kam nicht als brachialer Kämpfer mit einem stählernen Kriegsschiff, sondern schickte einen geheimnisvollen Jenseitsboten auf einer Segelbarke:

»Eine Barke schwebte leise, als werde sie über dem Wasser getragen, in den kleinen Hafen. Ein Mann im blauen Kittel stieg ans Land und zog die Seile durch die Ringe. Zwei andere Männer in dunkeln Röcken und Silberknöpfen trugen hinter dem Bootsmann eine Bahre, auf der unter einem großen blumengemusterten, gefransten Seidentuch offenbar ein Mensch lag. Auf dem Kai kümmerte sich niemand um die Ankömmlinge, selbst als sie die Bahre niederstellten, um auf den Bootsführer zu warten, der noch an den Seilen arbeitete, trat niemand heran, niemand richtete eine Frage an sie, niemand sah sie genauer an.« Dann wurde er ins Gemeindehaus getragen, und Salvatore, der »Bürgermeister von Riva«, dem die Ankunft des »toten Jägers Gracchus« von einer Taube gemeldet worden war, empfing ihn feierlich und sie führten ein seltsames Gespräch. »Glauben Sie aber Herr Bürgermeister, dass ich in Riva bleiben soll?«, fragte der Jäger Gracchus. »Das kann ich noch nicht sagen«, antwortete der Bürgermeister und fragte: »Sind Sie tot?« »Ja«, sagte Gracchus, »wie Sie sehen« und erzählte seine Geschichte: »Vor vielen Jahren, es müssen aber ungemein viel Jahre sein, stürzte ich im Schwarzwald – das ist Deutschland – von einem Felsen, als ich eine Gämse verfolgte. Seitdem bin ich tot.« »Aber Sie leben doch auch«, entgegnete der Bürgermeister. »Gewissermaßen«, musste Gracchus zugestehen, »gewissermaßen lebe ich auch.« Sein Todeskahn habe das Ziel verfehlt, »eine falsche Drehung des Steuers, ein Augenblick der Unaufmerksamkeit des Führers, eine Ablenkung durch meine wunderschöne Heimat« – er wusste es nicht, »was es war«, nur dass er auf der Erde blieb und der Kahn »seither die irdischen Gewässer befährt«. »Und Sie haben keinen Teil am Jenseits?«, fragte der Bürgermeister irritiert. »Ich bin«, so Gracchus, »immer auf der großen Treppe, die hinaufführt. Auf dieser unendlich weiten Freitreppe treibe ich mich herum, bald oben, bald unten, bald rechts, bald links, immer in Bewegung. Aus dem Jäger ist ein Schmetterling geworden. Lachen Sie nicht.« Doch dem Bürgermeister fand die Situation nicht komisch und fragte eher besorgt: »Und nun gedenken Sie bei uns in Riva zu bleiben?« »Ich gedenke nicht«, erklärte Gracchus lächelnd und legte, »um den Spott gutzumachen«, seine Hand beruhigend auf das

Knie des Bürgermeisters: »Ich bin hier, mehr weiß ich nicht, mehr kann ich nicht tun. Mein Kahn ist ohne Steuer, er fährt mit dem Wind, der in den untersten Regionen des Todes bläst.«

Das Bild der steuerlosen Barke mit einem Passagier, der weder leben noch sterben kann, verweist nicht nur auf antike Mythen und christlich-jüdische Legenden, wie *Ahasver*, sondern ebenso auf die Poesie der Moderne. So »segelt« auch bei Heinrich Heine eine »schwarze Barke trauervoll dahin« und transportiert einen »toten Dichter«, dessen blaue Augen »immer noch zum Himmelslicht schauen«. Und zu den verschiedenen modernen Hadesboten, die Thomas Mann in der Lagune von Venedig kreuzen lässt oder auf den *Zauberberg* schickt, gehört auch Hans Castorp, der sich an eine orientierungslose »einsame Kahnfahrt im Abendzwielicht auf einem holsteinischen See« erinnern konnte: »Um sieben Uhr war es gewesen, die Sonne war schon hinab, der annähernd volle Mond im Osten über den buschigen Ufern schon aufgegangen.« Da hatte, »während Hans Castorp sich über die stillen Wasser dahin ruderte, eine verwirrende und träumerische Konstellation geherrscht. Im Westen war heller Tag gewesen, ein glasig nüchternes, entschiedenes Tageslicht; aber wandte er den Kopf, so hatte er eine ebenso ausgemachte, höchst zauberhafte, von feuchten Nebeln durchsponnene Mondnacht geblickt.« Bevor »das sonderbare Verhältnis« sich »zugunsten der Nacht und des Mondes ausgeglichen« hatte, »waren Hans Castorps geblendete und vexierte Augen von einer Beleuchtung und Landschaft zur anderen, vom Tage in die Nacht und aus der Nacht wieder in den Tag gegangen.«

Man kann nicht einfach aus dem Leben Kafkas seine Werke erklären. Bei ihm ahmte die Literatur das Leben nicht nach, sondern entwickelte sich aus den Räumen des Unbewussten – aus Träumen und Märchen. Auch die Geschichte vom *Jäger Gracchus* hat eine märchenhafte Quelle: die aus einer Sammlung der Gebrüder Grimm stammende Sage *Der Gemsjäger*. Dennoch sind in der Erzählung beziehungsweise in den verschiedenen Textfragmenten, die Max Brod aus den Tagebuchnotizen von 1913 bis 1917 rekonstruiert hat, autobiografische Bezüge unübersehbar. Schon die Namensverwandtschaft zwischen Gracchus und Kafka ist auffällig. Die lateinisch/italienische Bezeichnung für Krähe oder Dohle lautet »Graculus«/»Gracchio« und die tschechische »Kavka«. Die Beschreibung topografischer Details (der Hafen, der Rathausplatz, die Treppen, das Denkmal, der Kirchturm, die Felswand oder der Palazzo Municipio) – sowie die Ähnlichkeit des Bürgermeisters Salvatore (der »Erlöser«) mit dem Sanatoriumsdirektor Christoph von Hartungen – lassen Riva erkennen, wie Kafka es vor dem Ersten Weltkrieg für sich entdeckte.

Ursprünglich wollte er im Sommer 1913 gemeinsam mit Felice Bauer, der er soeben einen Heiratsantrag gemacht hatte, »an den Gardasee fahren«, um dort über das Problem zu sprechen, wie man Literatur und Leben zusammenbringen könnte. Doch je näher der Reisezeitpunkt heranrückte, desto mehr kam er zu der Überzeugung, dass das Problem nicht lösbar sei. Im Juli gestand er der Freundin seine »unsinnige Angst« vor ihrer gemeinsamen Zukunft. Er habe den »Wunsch nach besinnungsloser Einsamkeit« und glaube, die nur zu finden, wenn er sich allein nach Riva ins Sanatorium begebe. Die Tatsache, dass Felices Vater auf Kafkas offizielle Brautwerbung noch nicht geantwortet hatte, nahm dieser zum Anlass, einen zweiten Brief zu entwerfen, in dem er mögliche ablehnende Gründe selbst anführte:

»Diesen Brief aber schreibe ich aus Furcht, dass Ihr Zögern oder Ihre Überlegung mehr allgemeine Gründe hat, als dass es, wie es allein notwendig wäre, von jener einzigen Stelle meines ersten Briefes ausgeht, die mich verraten könnte. Es ist die Stelle, die von der Unerträglichkeit meines Postens handelt. Sie werden vielleicht über dies Wort hinweggehen, aber das sollen Sie nicht, Sie sollen vielmehr ganz genau danach fragen, dann müsste ich Ihnen genau und kurz Folgendes antworten. Mein Posten ist mir unerträglich, weil er meinem einzigen Verlangen und meinem einzigen Beruf, das ist die Literatur, widerspricht. Da ich nichts anderes bin als Literatur und nichts anderes sein kann und will, so kann mich mein Posten niemals zu sich reißen, wohl aber kann er mich gänzlich zerrütten. Davon bin ich nicht weit entfernt. Nervöse Zustände schlimmster Art beherrschen mich ohne auszusetzen und dieses Jahr der Sorgen und Quälereien um meine und Ihrer Tochter Zukunft hat meine Widerstandslosigkeit vollständig erwiesen. Sie könnten fragen, warum ich diesen Posten nicht aufgebe und mich – Vermögen besitze ich nicht – nicht von literarischen Arbeiten zu erhalten suche. Darauf kann ich nur die erbärmliche Antwort geben, dass ich nicht die Kraft dazu habe und, soweit ich meine Lage überblicke, eher in diesem Posten zugrundegehen, aber allerdings rasch zugrundegehen werde. Und nun stellen Sie mich Ihrer Tochter gegenüber, diesem gesunden, lustigen, natürlichen, kräftigen Mädchen. Sooft ich es ihr auch in etwa fünfhundert Briefen wiederholte und sooft sie mich mit einem allerdings nicht überzeugend begründeten ›Nein‹ beruhigte – es bleibt doch wahr, sie muss mit mir unglücklich werden, soweit ich es absehen kann. Ich bin nicht nur durch meine äußerlichen Verhältnisse, sondern noch viel mehr durch mein eigentliches Wesen ein verschlossener, schweigsamer, ungeselliger, unzufriedener Mensch ...«

Das könne er zwar für sich – so Kafkas Fazit – nicht als »ein Unglück bezeichnen«, wohl aber im Hinblick auf eine gemeinsame Zukunftsplanung mit Felice: »Eine Ehe könnte mich nicht verändern, ebenso wie mich mein Posten nicht verändern kann.«

Kafka hat diesen Brief nicht abgeschickt – aber Felice wurde über den Inhalt informiert. Um die ursprünglich mit ihr gemeinsam geplante Reise an den Gardasee abzusagen, fand er aber auch noch eine zusätzliche Motivation. Angesichts der berufsbedingten Verpflichtung, vom 9. bis 13. September an einer »Konferenz für Rettungswesen und Unfallverhütung« in Wien teilzunehmen, entschied Kafka sich aus vermeintlich pragmatischen Gründen, die Kur unmittelbar danach alleine durchzuführen. Eine solche Flucht nach Riva ins Sanatorium erschien ihm als die wohl eleganteste und einfachste Möglichkeit, das Heiratsversprechen rückgängig zu machen.

Kafka verließ Prag schon am 6. September, um auch einer Session des zu diesem Zeitpunkt ebenfalls in Wien stattfindenden »XI. Internationalen Zionistenkongress« beiwohnen zu können. Unmittelbar vor Sitzungsbeginn fand er noch Zeit, sich auf dem Pratergelände zusammen mit dem Kongressdelegierten Robert Weltsch, dessen Schwester Lise und einer weiteren Person in einer Flugzeugattrappe fotografieren zu lassen. Eine euphorische Erinnerung an Brescia oder eine enthusiastische Einstimmung auf das Motto »nächstes Jahr in Jerusalem« war das aber keineswegs. Die abgebildeten »Fluggäste« blicken allesamt missmutig drein – als ob sie schon ahnten, dass der bevorstehende Zionistenkongress ihnen keine Freude bereiten würde. Während der Sitzung am 8. September muss Lise Weltsch sich schrecklich gelangweilt haben, sie rollte kleine Papierkügelchen und warf sie in den Saal. Kafka empfand den Verlauf als »trostlos«. Im Sprachenstreit gab es keine Einigung, auch wenn der Beschluss gefasst wurde, eine Hebräische Universität zu gründen. Man habe zwar »viel Hebräisch« gesprochen, aber »ergebnislose deutsche Reden« gehalten, lautet sein Tagebuchfazit. Die anschließende viertägige »Konferenz für Rettungswesen und Unfallverhütung« erhob zwar keinen

Anspruch auf geistig-ideelle Konzentration der Teilnehmer, war aber dennoch sehr anstrengend, weil der von seinen Vorgesetzen begleitete Kafka regelmäßig teilnehmen und von Anfang bis Ende Interesse heucheln musste.

Erschöpft und innerlich leer reiste er schließlich am 14. September ohne Begleitung von Wien nach Triest, um von dort aus mit dem Dampfer über das Mittelmeer Venedig zu erreichen. Eine Seekrankheit verschlechterte seine ohnehin düstere Laune noch mehr. Von Venedig aus teilte er Felice völlig niedergeschlagen mit: »Wir müssen Abschied nehmen.« Der anschließende Aufenthalt in Verona brachte keine Besserung, und die depressive Stimmung hielt auch noch an, als Kafka am 21. September in Desenzano am Gardasee eintraf. Die Wartezeit auf das Boot nach Riva verbrachte er sitzend im Gras und versuchte, seine trüben Gedanken zu ordnen. Auf zwei Zetteln, die er einem späteren Brief an Felice beifügte, notierte er: »Mein einziges Glücksgefühl besteht darin, dass niemand weiß, wo ich bin. Wüsste ich eine Möglichkeit, das für immer fortzusetzen! Es wäre noch viel gerechter als Sterben. Ich bin in allen Winkeln meines Wesens leer und sinnlos, selbst im Gefühl meines Unglücks.«

Mit diesen selbst beschriebenen Gefühlen der Einsamkeit, Verzweiflung und Ziellosigkeit, die denen des Gracchus sehr ähnlich waren, erreichte Kafka am 22. September 1913 den Hafen von Riva. Im Sanatorium wurde er von den beiden Brüdern Erhard und Christl von Hartungen sehr freundlich empfangen, man besaß bereits Informationen über den schlechten Nervenzustand des neuen Gastes. Doch dann wirkte Kafkas äußere Erscheinung, wie Christl sich erinnerte, weit weniger depressiv, melancholisch und verzweifelt, als man das aus seiner Selbstdarstellung und den Hinweisen seiner Freunde hätte schließen müssen. In einem einführenden Therapiegespräch empfahl der neue Direktor Erhard von Hartungen nervenschonende Maßnahmen wie Diät, Luft- und Wasserkuren sowie Gymnastik und regelmäßiges Rudern. Kafka willigte ein, in der ersten Woche eine der direkt am See gelegenen »Lufthütten« zu beziehen, auch wenn er etwas pikiert nach Prag meldete, er »wohne« jetzt, »wenigstens solange Sonne ist, in einer elenden Bretterbude am See«, die ihm allerdings erlaube, dort »ganz allein« zu sein und sich »schamlos herum(zu)wälzen«. Dass er sich relativ wohl fühlte, ist auch den Briefen und Postkarten mit Gardaseemotiven an die Schwester Ottla zu entnehmen. So teilte er ihr zum Beispiel am 24. September mit, im Sanatorium seine Ruhe gefunden zu haben. Und vier Tage später berichtete er über einen Ausflug: »Heute war ich in Malcésine, wo Goethe das Abenteuer gehabt hat, das Du kennen würdest, wenn Du die *Italienische Reise* gelesen hättest, was Du bald tun sollst.« Welches Abenteuer meinte Kafka?

Am 13. September 1786 war Goethe mit einem kombinierten Ruder- und Segelboot auf dem Gardasee unterwegs. Man hatte früh am Morgen Torbole verlassen und segelte in Richtung Limone, als plötzlich – wie im *Tagebuch* des Dichters vermerkt – »der Wind sich völlig umkehrte, seinen gewöhnlichen Tagweg nahm und nach Norden zog. Das Rudern half wenig gegen die übermächtige Gewalt und wir mussten in den Hafen von Malcésine einlaufen.« So hatte der Gast aus dem Norden das Glück, gewissermaßen durch Zufall beziehungsweise durch die Launen des Windes Ora, einen der romantischsten Orte am Gardasee nicht zu verpassen. Vom Hafenbecken aus erreicht man schnell die pittoreske Altstadt mit ihren kleinen Gassen und Gewölbegängen, die unmittelbar zu Füßen des beeindruckenden Monte Baldo-Massivs liegt. Und dann blieb Goethes Blick unweigerlich, wie auch der Kafkas und der heutiger Touristen, an der malerischen Ruine der alten Skaligerburg hängen, die sich auf einem Felsvorsprung über den See und die Stadthäuser erhebt. Die genauen Ursprünge dieser Burg (Goethe nennt sie »Schloss«) sind unklar. Sie wurde mehrfach zerstört und wieder aufgebaut. In den Besitz der Skaliger, jener mächtigen Familie Veronas, kam sie erst im Jahr 1277 und wurde zu einer Festung erweitert. Vom 16. bis zum 19. Jahrhundert wechselten die Besitz- und Machtverhältnisse zwischen Mailand, Venedig, den Franzosen und Österreichern. Als Goethes Schiff (1786) von den widrigen Winden in den Hafen von Malcésine getrieben wurde, gehörten Burg und Territorium zur venezianischen Republik, die Grenze zum feindlichen Österreich verlief aber nur wenig weiter nördlich.

Der auf diese Weise glücklich-unglücklich Gestrandete begab sich spontan in einen der drei terrassenförmig angelegten »Schloss«höfe, um die Turmruine der alten Festung als Andenken für Charlotte von Stein zu zeichnen, dort geriet er in ein »gefährliches Abenteuer«, über das er die Freundin informierte: »Die Lust, Dir das Schloss zu zeichnen, das ein echter Pendant zu dem böhmischen ist, hätte mir übel bekommen können. Die Einwohner fanden es verdächtig, weil hier die Grenze ist und sich alles vor dem Kaiser fürchtet.« Eine Menschenmenge umringte ihn und nahm eine bedrohliche Haltung ein. Schließlich drängte sich ein Mann zu ihm und fragte, was er da mache. »Ich erwiderte ihm«, so Goethe, »dass ich den alten Turm abzeichne, um mir ein Andenken von Malcésine zu erhalten. Er sagte darauf, es sei nicht erlaubt, und ich sollte es unterlassen. Da er dies in gemeiner venezianischer Sprache sagte, so dass ich ihn wirklich kaum verstand, so erwiderte ich ihm, dass ich ihn nicht verstehe. Er ergriff darauf mit wahrer italienischer Gelassenheit mein Blatt, zerriss es, ließ es aber auf der Pappe liegen.« Man holte den Gemeindevorsteher und jemanden, der Deutsch verstand, und so gelang es Goethe, den Spionageverdacht zu entkräften und sich als »ein braver, kunstreicher Mann aus Frankfurt« vorzustellen. Als sich dann auch die Winde auf dem Gardasee wieder drehten, konnte er unbeschadet seine Schiffsreise nach Limone und entlang der »Riviera di Salo« fortsetzen. Hier begann jenes Sehnsuchtsland, »wo die Zitronen blühn«.

Als Kafka von seinem Malcésineausflug Ende September nach Riva zurückkehrte, war die südliche Wärme bereits einer herbstlichen Kühle gewichen, so dass er sein Sommerquartier in der Lufthütte aufgab und in das Hauptgebäude des Sanatoriums wechselte. Zwar war der Ruhesuchende bemüht, unnötige Gespräche zu vermeiden, beobachtete aber seine neue Umgebung mit wachen Augen. »Im Sanatorium rede ich allerdings nicht«, informierte er den Freund Max Brod, »bei Tisch sitze ich zwischen einem alten General (der auch nichts spricht, wenn er sich aber einmal zum Reden entschließt, sehr klug spricht, zumindest allen anderen überlegen) und einer kleinen, italienisch aussehenden Schweizerin mit dumpfer Stimme, die über ihre Nachbarschaft unglücklich ist.«

Zu dieser Nachbarschaft gehörte auch eine elegante und attraktive Russin, die Karten legte und die Zukunft anderer Gäste mit eindringlicher Stimme zu deuten wusste. Was sie nicht vorhersagte, war der dramatische Suizid des von Kafka erwähnten »alten Generals«. Am 3. Oktober 1913 erschoss sich im Hartungschen Sanatorium unter mysteriösen Umständen der 66-jährige Generalmajor a.D. Ludwig von Koch. Er hatte noch bis vor kurzem im aktiven Dienst eines österreichisch-ungarischen Husarenregiments gestanden. Der Fall ließ sich zwar nicht vertuschen, wurde aber heruntergespielt als depressive Folge einer schweren Neurasthenieerkrankung des Offiziers.

Aufschlussreicher sind die schriftlichen Erinnerungen Christl von Hartungens. Er erwähnt den mysteriösen Suizid im Sanatorium zwar auch nicht explizit, macht aber deutliche Anspielungen auf Parallelen zu der damals hochaktuellen Spionageaffäre um den österreichisch-ungarischen Generalstabsoffizier Alfred Redl. Der aus Lemberg stammende Oberst hatte als Generalstabschef des VII. Korps Zugang zu wichtigen Militärgeheimnissen und wurde von den Russen aufgrund seiner Homosexualität und des Drangs zu einem aristokratischen Lebensstil erpresst und zugleich bestochen. So lieferte er dem russischen Geheimdienst seit 1904 (und später auch den Engländern und Franzosen) nahezu alle seine Informationen über Mobilmachungspläne, Truppenstärken, Inspektionsberichte oder Festungspläne der k.u.k-Armeen. Erst 1913 wurde Redl als Spion enttarnt, seine Karriere endete am 25. Mai mit einem unfreiwilligen Selbstmord. »Unfreiwillig war er«, so Christl von Hartungen, »weil zwei beauftragte Offiziere ihm die Waffe selbst in die Hand drückten und die Schwelle des Wiener Hotels erst verließen, als sie den erlösenden Schuss hörten.«

Vier Monate später fiel in Riva der tödliche Schuss aus dem Revolver des Generalmajors Ludwig von Koch. Kann man hier einen »unfreiwilligen« Selbstmord ausschließen? Die Spionagehysterie im österreichisch-italienischen Grenzgebiet war seit dem erwähnten Abenteuer Goethes nicht geringer geworden. In Wien wurde die Stimmung von der großen Sorge um die Zukunft der Doppelmonarchie beherrscht, deren Zusammenhalt nicht nur von außen, sondern auch immer mehr durch das wachsende Selbstbewusstsein nationaler Minderheiten bedroht war. Schon vor dem Attentat von Sarajewo im Juni 1914 legten verschiedene regionale Krisen nahe, dass ein bewaffneter Kampf zwischen den europäischen Großmächten im vermeintlichen Interesse nationaler Freiheitsbewegungen wahrscheinlich sei. In den militärischen Hauptquartieren der späteren Kriegsgegner waren die gegenseitigen Aufmarschpläne längst ausgearbeitet. So erscheint das Jahr 1913 weniger als letzte Phase einer harmonischen Friedensepoche, sondern eher als Beginn aufregender Ereignisse, zu denen eben auch eine wachsende Zahl von Spionagefällen gehörte.

Schenkt man Christl von Hartungens Erinnerungen Glauben, dann gingen in der Hochsaison des Jahres und in den folgenden Vorkriegsmonaten die Spione im Rivaner Sanatorium ein und aus. Im Mai gehörte auch der stellvertretende Chef des österreichischen Generalstabs und spätere Sektionschef im Kriegsministerium, Franz Höfer von Feldsturm, zu den neugierigen Gästen, die nicht nur Erholung suchten. Er habe die fast täglichen Dampferausflüge in das Gebiet des damals noch verbündeten und befreundeten Italien als »besonders nervenberuhigend« empfunden. Und ein Hauptmann der italienischen Alpini-Gebirgsjäger aus Malcésine wollte zur gleichen Zeit »um jeden Preis ein Ostzimmer beziehen«. Er sei Frühaufsteher und liebe über alle Maßen die ersten Strahlen der Morgensonne. Interessanterweise lagen aber seinem Zimmer gegenüber am Monte Brione auch die modernen Festungswerke Rivas. Andere Gäste hätten den im Krieg bis zum General beförderten, »hochintelligenten« Offizier vor allem wegen seiner »hervorragenden Leistungen auf dem Gebiete der Fernaufnahmen« bewundert. Auch »eine junge, mit ihrem tizianroten Haar und faszinierenden grau-grünen Augen blendende englische Schöne« zählte zu den Verdächtigen. Ihr »schweres Verhältnis mit einem der Anstaltsärzte« habe sie durchaus nicht daran gehindert, dem Offizierskorps der in Riva stationierten Garnison »bemerkenswertes Interesse« entgegenzubringen. Ihr Lieblingsbegleiter sei »ein junger Pionierleutnant« gewesen. Doch »auch die Kaiserschützen, die unstreitig die hübscheste Uniform trugen und stramme Jungen zu ihren Offizieren zählten, durften sich nicht weniger ihrer Gunst erfreuen.« Zwei Tage vor der Kriegserklärung Englands an Österreich verschwand die Schöne »ohne großes Abschiednehmen«.

Merkwürdig ist, dass Kafka nicht näher auf den Suizid seines früheren Tischnachbarn eingegangen ist, und auch sonst keine verdächtigen Verhaltensweisen von Sanatoriumsgästen registriert hat. Pazifist war er keineswegs, aber vielleicht hatte er Sorge, dass im Fall seiner öffentlichen Einmischung in geheime k.u.k.-Staatsangelegenheiten am Ende sogar seine *Gracchus*-Erzählung als Agentengeschichte missverstanden werden könnte.

So hat sich Kafka während seines Rivaaufenthalts im Herbst 1913, gewissermaßen aus Neutralitätsgründen, ausschließlich um eine »kleine Schweizerin« gekümmert, die seinen Märchengeschichten naive Zuhörerfreude entgegenbrachte. Sie dachten sich Kinderspiele aus und kommunizierten heimlich miteinander. Er klopfte an ihre Wand und lauschte ungeduldig auf ihre Antwort, die in einer unverständlichen Morsesprache erfolgte. Manchmal, wenn sie sich unbeobachtet fühlten, lehnten sie sich – ohne Verabredung – gleichzeitig aus ihren Zimmerfenstern, um im Winde flatternde gegenseitige Botschaften zu erhaschen. Und in späteren Tagebucheintragungen erinnerte Kafka sich an die Glückseligkeit gemeinsamer Ruderpartien auf dem Gardasee: »Die Süßigkeit der Trauer und der Liebe. Von ihr angelächelt zu werden im Boot. Das war das Allerschönste. Immer nur das Verlangen zu sterben und das Sich-noch-halten, das allein ist Liebe.« Die »kleine Schweizerin« gab dem Verzweifelten vorübergehend so viel Hoffnung, dass er sich »an dem Pfosten des Sanatoriums festhalten« wollte, »um nicht abreisen zu müssen.« Das waren ganz andere Gefühle, als er sie bisher aus Beziehungen mit Frauen kannte. Er hatte sich verliebt und diese Liebe war seelisch und auch körperlich erwidert worden. Wie er seinem Tagebuch anvertraute, hatte diese kurzzeitige Glückseligkeit für ihn sogar eine religiöse Dimension. Denn er »verstand zum ersten Mal ein christliches Mädchen und lebte fast ganz in seinem

Wirkungskreis.« Sein späteres Geständnis gegenüber Felice Bauer klingt etwas nüchterner:

»Ich habe mich im Sanatorium in ein Mädchen verliebt, ein Kind, etwa 18 Jahre alt, eine Schweizerin, die aber in Italien bei Genua lebt, im Blut mir also möglichst fremd, ganz unfertig, aber merkwürdig trotz Krankhaftigkeit sehr wertvoll und geradezu tief. Es hätte ein viel geringfügigeres Mädchen sein können, um sich meiner in meinem damaligen leeren, trostlosen Zustand zu bemächtigen, meinen Zettel aus Desenzano hast Du ja, er ist etwa 10 Tage vorher geschrieben. Es war mir wie ihr klar, dass wir gar nicht zueinander gehören und dass mit dem Ablauf der 10 Tage, die uns zur Verfügung standen, alles zuende sein müsste ...«

Der qualvolle Widerspruch in Kafkas Beziehung zu Felice Bauer war natürlich durch das Liebesabenteuer in Riva nicht aufgelöst. Er konnte »nicht mit ihr leben« und auch nicht »ohne sie«. Dieses Dilemma hatte in der Vergangenheit in Prag immer wieder zu Bekanntschaften mit Weinkellnerinnen und zu Bordellbesuchen geführt, eine Neigung, die nach seiner Rückkehr neuen Auftrieb erhielt. Am 13. November 1913 hielt Kafka im Tagebuch fest: »Ich gehe absichtlich durch die Gassen, wo Dirnen sind. Das Vorübergehen an ihnen reizt mich, diese ferne, aber immerhin bestehende Möglichkeit, mit einer zu gehen. Ist das Gemeinheit? Ich weiß aber nichts Besseres und das Ausführen dessen scheint mir im Grunde unschuldig und macht mir fast keine Reue.«

Felice Bauer dachte darüber verständlicherweise anders, wollte aber ihre Beziehung zu Kafka fortsetzen und bat die Freundin Grete Bloch um Vermittlung. Die plädierte »mit Gewalt« für eine Verlobung der beiden, ließ aber zu, dass Kafka auch mit ihr eine intime Korrespondenz begann. Dennoch – im Mai 1914 kam Felice aus Berlin nach Prag, suchte mit Kafka eine gemeinsame Wohnung, und am 1.

Juni 1914 wurde die offizielle Verlobung bekannt gegeben. Doch schon nach kurzer Zeit fühlte Kafka sich »gebunden wie ein Verbrecher, mit Ketten in einen Winkel gesetzt«. Am 12. Juli kam es zu einem privaten »Prozess« im Berliner Hotel »Askanischer Hof«. Die beiden Freundinnen Felice Bauer und Grete Bloch erhoben Anklage gegen Kafka und sprachen ihn schuldig. Die Verlobung wurde aufgelöst, nur wenige Tage nach dem historischen Attentat in Sarajewo. Der Entlobte genoss die wiedergewonnene »Freiheit« einige Tage an der Ostsee und kehrte nach dem österreichischen Ultimatum an Serbien nach Prag zurück. Im August musste Kafka seine Wohnung im Elternhaus aufgeben, da seine ältere Schwester nach Kriegsbeginn mit ihren beiden Kindern dort eingezogen war.

Wie stand er selbst zum Krieg? Im *Tagebuch* spricht er vom »Hass gegen die Kämpfenden«. Die »patriotischen Umzüge« seien »eine der widerlichsten Begleiterscheinungen des Krieges«. Er »stehe dabei mit einem bösen Blick.« Diese Äußerungen sind oft missverstanden worden. Es ist nicht der »böse Blick« des grundsätzlichen Kriegsgegners, sondern der Blick eines Mannes, dessen Stolz durch Ausgrenzung verletzt wurde. Die Organisatoren der Prager Mobilmachungsveranstaltungen waren an seiner Person nicht interessiert. Gern wäre auch der 31-jährige Kafka in den Krieg gegen Serben und Russen gezogen. Er hatte sich schon »Knobelbecher« gekauft und erklärt, dass er sich »in den schweren Stiefeln« wie ein »anderer Mensch« fühle. Doch sein Arbeitgeber, die »Arbeiterunfallversicherungsanstalt«, ließ ihn für »untauglich« erklären, weil er als unabkömmlich galt.

Entlobung, Kriegsausbruch, militärische Dienstuntauglichkeit und Verlassen des Elternhauses waren für Kafka aber letztendlich eine »positive« Kombination von existenziellen Ereignissen, die ihm endlich die ersehnte Schreibeinsamkeit brachte. »Der Sinn für die Darstellung meines traumhaften inneren Lebens«, notierte er noch im Sommer 1914, »hat alles andere ins Nebensächliche gerückt und es in einer schrecklichen Weise verkümmert und hört nicht auf zu verkümmern. Nichts anderes kann mich jemals zufrieden stellen.« Und wenig später: »Ich schreibe seit ein paar Tagen, möchte es sich halten. So ganz geschützt und in die Arbeit eingekrochen, wie ich es vor zwei Jahren war, bin ich heute nicht, immerhin habe doch einen Sinn bekommen, mein regelmäßiges, leeres, irrsinniges junggesellenmäßiges Leben hat eine Rechtfertigung. Ich kann wieder ein Zwiegespräch mit mir führen und starre nicht so in vollständige Leere. Nur auf diesem Wege gibt es für mich eine Besserung.«

Im August 1914 begann Kafka mit der Niederschrift des *Prozeß*. Um die Situation der »Besserung« zu nutzen, schrieb er sehr schnell. Bis Ende September 1914 schaffte er mehrere Kapitel – und während seines Urlaubs im Oktober entstanden in elf Nächten fast einhundert Druckseiten. Bei fast allen publizierten Texten von Kafka, so auch im Fall des *Prozeß*, gibt es keine von ihm autorisierte Endfassung. Ein australischer Germanist hat die beiden von Max Brod verantworteten *Prozeß*-Ausgaben von 1925 und 1935 miteinander verglichen und herausgefunden, dass es insgesamt 1778 (!) unterschiedliche Textvarianten gibt. Und als in den neunziger Jahren die amerikanische *Prozeß*-Verfilmung in die deutschen Kinos kam, nahm die Essayistin Susan Sontag das Beispiel dieses Romans zum Anlass, Kafka als »Opfer einer Massenvergewaltigung« darzustellen. Eine »Armee von Interpreten« habe sich durch »Untersuchungen, Analysen, Kolloquien, Symposien« brutal an ihm vergangen.

Ganz offensichtlich hat Kafka versucht, im *Prozeß* sein (alb)traumhaftes inneres Leben darzustellen. Die hier erkennbaren Schuld- und Strafphantasien haben inhaltliche Berührungspunkte mit der Erzählung *In einer Strafkolonie*, die in jenen Oktobernächten des Jahres 1914 parallel zur Arbeit am *Prozeß* entstand. Gleichzeitig begann auch die Ver- und Entlobungsgeschichte mit Felice Bauer noch einmal von vorne. Das offene Ende dieser Beziehung hatte er schon vorher prognostiziert. Das Heft fange mit Felice an, und er könne es mit diesem Anfang auch schließen. Anfang und Ende gingen ineinander über, wie Prozess und Urteil. Anfang August 1917 vermerkte Kafka einen »Bluthusten«, es war der Ausbruch seiner Lungentuberkulose, wie die ärztliche Diagnose einen Monat später feststellen sollte. Kafkas Kommentar: »Falls ich in nächster Zeit sterben oder gänzlich lebensunfähig werden sollte ... so darf ich sagen, dass ich mich selbst zerrissen habe.« Doch er gab sich noch nicht auf und versuchte, seine schrecklichen Nachtphantasien mit romantischen Traumbildern vom Gardasee zurückzudrängen. Kafka sortierte noch einmal seine *Jäger Gracchus*-Fragmente, in aufmunternder Erinnerung an die Frage des Bürgermeisters von Riva: »Aber sie leben doch auch?«

»Das eine bin ich, das andere sind meine Schriften«:
Sigmund Freud und Friedrich Nietzsche

IV. Apollon oder Dionysos?

Freuds Herzschwäche

Todesfurcht, Nachtphantasien und Traumbilder hatten Kafka schon früh Zuflucht zur Psychoanalyse suchen lassen. Doch als er am 23. September 1912 »Gedanken an Freud natürlich« in sein Tagebuch notierte, meinte er damit ein ganz konkretes und aktuelles Glücksgefühl. Er hatte die Erzählung *Das Urteil* in der zurückliegenden Nacht in acht Stunden zum Abschluss gebracht. »Nur so kann geschrieben werden«, konstatierte er erschöpft am Morgen, »nur in einem solchen Zusammenhang mit solcher vollständigen Öffnung des Leibes und der Seele.« Natürlich kommen auch dem Leser Gedanken an Freud, wenn er in dieser Erzählung den Vater-Sohn-Konflikt Kafkas erkennt, beziehungsweise die Darstellung einer symbolischen Abnabelung vom Elternhaus und des Einswerdens mit dem »unendlichen Verkehr«, also dem Strom des Lebens. Max Brod vermutete sogar, dass sein Freund Kafka bei der Verwendung des Wortes »Verkehr« in diesem »glücklichen« Zusammenhang »eine starke Ejakulation« assoziiert habe. Auch war er sich sicher, dass Kafkas Leben und Werk stark von Freuds Traumdeutungen beeinflusst waren.

Eine persönliche Unterhaltung zwischen Freud und Kafka wäre sicher aufschlussreich gewesen. Doch es hat kein Aufeinandertreffen gegeben, obwohl sich beide im September 1913 räumlich und in ihrem Milieu sehr nahe waren. Zum gleichen Zeitpunkt, als Kafka in Riva der »kleinen Schweizerin« nachstellte, erholte Freud sich im Dolomitenkurort San Martino di Castrozza. Und in beiden Fällen war die Familie von Hartungen für die medizinische Betreuung zuständig, denn Christl von Hartungen praktizierte im Sommer 1913 als Kurarzt in San Martino di

Castrozza und erinnerte sich, dass Freud ihn um Behandlung seiner Herzschwäche gebeten hatte. »Da ich ihn aus seinen Arbeiten wie auch durch seinen Schüler Wilhelm Stekel nicht bloß oberflächlich kannte«, heißt es in seinem Rückblick, »waren mir die Besuche während seiner Rekonvaleszenz mehr als interessant.« Stekel war in Riva nicht nur Sanatoriums-»Stammgast«, er beteiligte sich auch an der praktischen Entwicklung medizinisch-therapeutischer Maßnahmen. Mit Freud war der vielseitige Arzt und Publizist seit 1901 verbunden, er begründete gemeinsam mit ihm und Alfred Adler das *Zentralblatt für Psychoanalyse und Psychotherapie*, über dessen inhaltliche Ausrichtung sie sich aber später zerstritten.

Freud hatte 1913 – wie schon im Vorjahr – den Dolomitenkurort in erster Linie aufgesucht, um seine Migräne und eine chronische Erkältung zu kurieren, doch dann wurde plötzlich sein Herzleiden zum Hauptproblem. Er erlitt einen Ohnmachtsanfall und bat, wie aus einer Notiz vom 5. September auf einer Visitenkarte hervorgeht, Christl von Hartungen um Hilfe. Nach eigenen Angaben hatte er sein »gewohntes Rauchen und den Alkohol, der in Tirol dazukam, plötzlich nicht mehr vertragen«. Christl von Hartungen verordnete ihm eine strikte Abstinenz von Tabak und Alkohol sowie viel Bewegung an der frischen Bergluft. Offensichtlich hat er Freud auch an den Erfolg früherer Kuraufenthalte am Gardasee erinnert. Seit der Jahrhundertwende hatte dieser, meist in Begleitung des jüngeren Bruders Alexander und der Schwägerin Minna Bernays, Sommerreisen in den Süden der Donaumonarchie und nach Italien unternommen. Nach der Konsolidierung seiner medizinischen Praxis ließ der inzwischen Vierzigjährige jedes Jahr im August/September seine Ehefrau und die sechs Kinder ein separates Feriendomizil beziehen, um selbst »ungestört« zu einem vierwöchigen Erholungsurlaub aufzubrechen. So lernte er auch das Hartungsche Sanatorium am Gardasee kennen und schätzen. In den Jahren 1900 und 1908 waren ihm die Sanatoriumskost und der dosierte Genuss des aus den weißen Rebsorten Trebbiano und Malvasia gewonnenen und in Kastanienfässern gelagerten Vin(o) Santo weitaus besser bekommen als das Übermaß des derben Tiroler Rotweins. Damals hatte Freud dem befreundeten Kollegen Wilhelm Fliess über sein persönliches Wohlbefinden berichtet. Er schwärmte von einem »Ausflug zu dem traumhaft schönen Castel Toblino, wo der köstliche Vino Santo wächst, der erst zu Weihnachten gekeltert wird«. Aus Torbole schickte er ihm eine Ansichtskarte mit der Goethe-Gedenktafel und schrieb: »In Riva saßen wir endlich fünf Tage, göttlich untergebracht und gefüttert, eine Schwelgerei ohne Reue und Trübung.«

Als Freud dann 1913 in San Martino di Castrozza durch den therapeutischen Einfluss Christl von Hartungens ganz auf den schweren, »roten Römerwein« verzichtete und den Zigarrengenuss reduzierte, klangen auch seine Herzbeschwerden und Schwächeanfälle trotz einiger Rückfälle langsam ab. Der junge Kurarzt hatte allerdings die richtige Vermutung, dass Freuds gelegentliches Unwohlsein auch psychische beziehungsweise psychosomatische Ursachen haben müsste. Damals litt der Psychoanalytiker sehr unter der Kontroverse mit seinem ehemaligen Schüler Carl Gustav Jung über die richtige Traumdeutung. Freuds Theorie zufolge besitzen die Träume weder einen prophetischen Gehalt noch sind sie Produkte einer bloßen Verarbeitung vorheriger Tageserlebnisse. Stattdessen enthalte jeder Traum eine sehr intime »Botschaft« über die durch Kindheitserfahrungen maßgeblich geprägte Situation des Träumenden. In der Tiefenpsychologie diene daher eine systematische »Entschlüsselung« der Träume der Selbsterkenntnis und sei die Voraussetzung für eine sinnvolle Therapie. Jung hingegen verstand den Traum als unmittelbare und deutliche Darstellung der inneren Wirklichkeit des Träumenden. Daher bedürfe es keiner freien Assoziation, um den Traum entschlüsseln zu können. Die Methode Freuds tauge deshalb nicht zur Ergründung des Unbewussten. In diesem Zusammenhang prägte Jung den Begriff des »kollektiven Unbewussten« – der den Bereich beschreibt, aus dem Menschen *kulturunabhängig* gleiche Grundassoziationen gewännen. Als Freud und Jung 1909 gemeinsam eine Amerikareise unternahmen, soll es auf dem Schiff nach übermäßigem Alkoholgenuss zu einem Streit über diese Frage gekommen sein, in dessen Verlauf Freud schon einmal – wie später in San Martino di Castrozza – plötzlich in Ohnmacht gefallen sei. Der junge Hartungen hat nicht nur, so weit ihm das möglich war, die Krankheitsgeschichte Freuds dokumentiert, sondern sich auch mit dessen »Äußerungen über Psychoanalyse, Totemismus und Traumdeutung« auseinandergesetzt. Schon vor seiner medizinischen Behandlung Freuds hatte sich der junge Arzt bereits publizistisch als dessen Anhänger zu erkennen gegeben. Unmittelbar nach seiner Broschüre *Homosexualität und Frauenemanzipation* (1910) erschienen die Aufsätze *Kritische Tage und Träume* sowie *Die Psychoanalyse in der modernen Literatur* (eine Analyse von Heinrich Manns Novelle *Die Unschuldige*) und 1912 ein Beitrag über *Die Bedeutung der Psychoanalyse für das moderne Sanatorium*. In der Zeit von 1913 bis 1926 hat Hartungen dann vor allem an seiner umfangreichen Studie *Zur Psychologie der Reklame* gearbeitet, zu deren Umfeld auch der Text *Über Massensuggestion* von 1921 gehört.

Vielleicht war für Freud die Tatsache, dass der junge Arzt aus Riva ihn in seiner Auseinandersetzung mit Jung ausdrücklich unterstützte, genesungsfördernder als die asketischen Verordnungen. »Durch Analysieren der Träume auf Komplexe zu stoßen, die beim Kranken im Unterbewusstsein fest verankert schlummern«, so Hartungen, »ist unstreitig von therapeutischem Wert. Freud macht sich bei dieser Therapie einen Faktor zunutze, der psychologisch höchst bemerkenswert ist. Es ist das menschliche Bedürfnis, sich mitzuteilen; *sich mitzuteilen, ist Natur*, sagt der Dichter. Ist diese psychologische Erscheinung naturentsprechend, kann sie gesund oder gesundend genannt werden. Das Gegenteil davon, also sich nicht mitteilen zu können, etwas für sich behalten zu müssen, ist folgerichtig naturwidrig, also ungesund oder krankhaft. Gebe ich nun einem Kranken die Möglichkeit, Begriffe, von denen er sich nicht alleine befreien kann, da sie in seinem Unterbewussten liegen und er nicht die Möglichkeit besitzt, sie mit einem Willensakt zu produzieren und ins Bewusste zu fördern, zur Sprache zu bringen, ist der Heilerfolg gegeben.«

Anders als Jung hatte Freud sich dafür ausgesprochen, dass die Psychoanalyse »kein Spezialfach der Medizin« bleiben dürfe. Er war vom allgemeinen »kulturellen Wert« der wissenschaftlichen Psychologie überzeugt und forderte auch seine Schüler auf, sie in Bereichen wie Literatur, bildende Kunst, Musik oder Religion zu »praktizieren«. Ihn faszinierten jene Dichter, die in ihren Phantasien zum Ausdruck brachten, wie das Unbewusste »arbeitet«. Als ein herausragendes frühes Beispiel dafür galt ihm die Novelle *Gradiva* von Wilhelm Jensen aus dem Jahre 1903. Der Ankündigung des Untertitels *Ein pompejanisches Phantasiestück* entsprechend, schildert der Autor, wie ein Archäologe in den Ruinen von Pompeji den vermeintlichen Geist einer beim Vesuvausbruch verstorbenen jungen Römerin trifft und mit ihm kommuniziert. Freud verfasste dazu den schwärmerischen Kommentar *Der Wahn und die Träume in W. Jensens ›Gradiva‹* und versuchte zu ergründen, »aus welchem Material an Eindrücken und Erinnerungen der Dichter das Werk gestaltet hat und auf welchen Wegen, durch welche Prozesse dies Material in die Dichtung übergeführt wurde«. Auch wenn er später nach einer Korrespondenz mit Jensen ein wenig enttäuscht sein ursprüngliches Lob der Novelle relativierte, bleibt die wirkungsgeschichtliche Bedeutung seines Kommentars. Auch Thomas Mann wurde dadurch angeregt, sich mit dem Mechanismus der Verdrängung, den Gesetzen der Traumarbeit und der Zeitlosigkeit des Unbewussten literarisch auseinanderzusetzen. Unmittelbar nach Erscheinen des *Zauberbergs*, mit dessen Manuskript er ja schon 1913 begonnen hatte, erklärte er dazu:

»Man kann in der Psychoanalyse, diesem merkwürdigen Gewächs wissenschaftlich-zivilisatorischen Geistes, mit allem Recht etwas Großes und Bewunderungswürdiges erblicken, eine kühne Entdeckung, einen tiefen Vorstoß der Erkenntnis, eine überraschende, ja sensationelle Erweiterung des Wesens vom Menschen. Und man kann auf der anderen Seite finden, dass sie, missbräuchlich ins Volk gebracht, zu einem Instrument boshafter Aufklärung, einer kulturwidrigen Manie der Enthüllung und Diskreditierung werden kann, gegen die Bedenken zu haben nicht bloße Sentimentalität zu bedeuten braucht. Ihr Wesen ist Erkenntnis, *melancholische* Erkenntnis, insbesondere was Kunst und Künstlertum betrifft, auf die sie es offenbar besonders abgesehen hat.« Und in diesem Zusammenhang wäre es ein »Wahn«, anzunehmen, »die Welt könne vermittelst Augenverschließens je wieder um die Forschungsergebnisse Freuds und der Seinen – populär gesagt – ›herumkommen‹. Sie kommt durchaus nicht darum herum, und auch die Kunst wird das nicht tun. Längst spielt die Psychoanalyse in die Dichtung unseres ganzen Kulturkreises hinein, hat auf sie abgefärbt und wird sie möglicherweise in steigendem Grad beeinflussen. Auch in meinem eben herausgegebenen Zeitroman *Der Zauberberg* spielt sie ihre Rolle.«

In einem 1925 in der italienischen Zeitung *La Stampa* abgedruckten Interview hat Thomas Mann den Beginn seiner Freud-Rezeption präzisiert: »Was mich betrifft, so ist mindestens eine meiner Arbeiten, die Novelle *Der Tod in Venedig*, unter dem unmittelbaren Einfluss Freuds entstanden. Ich hätte ohne Freud niemals daran gedacht, dieses erotische Motiv zu behandeln, oder hätte es wenigstens ganz anders gestaltet.« Auffällig ist, dass seit dem *Tod in Venedig* in Thomas Manns Werken Träume häufig auftreten. Vor allem im *Zauberberg* führen sie zur Erkenntnis von Verdrängtem und neuen, melancholischen Einsichten. Ein gutes Beispiel dafür ist Castorps »Italienblick« auf den Park des Sanatoriums. Er hat diese südliche Landschaft noch nie gesehen, dennoch »erinnerte« er sich. »Man träumt nicht nur aus eigener Seele«, sinniert Castorp im Halbschlaf, »man träumt anonym und gemeinsam, wenn auch auf eigene Art. Die große Seele, von der du nur ein Teilchen, träumt wohl mal durch dich, auf deine Art, von Dingen, die sie heimlich immer träumt.«

Doch war es wirklich in erster Linie das Freudsche Erinnerungsprogramm, das die *Zauberberg*-Träume initiiert hat? Thomas Mann konnte oder wollte sich da nicht festlegen. Doch ganz offensichtlich stützten sich seine psychologischen Einsichten auch auf Voraussetzungen, die ohne seine Selbstbeobachtung und vor allem ohne die die frühen Einflüsse von Nietzsche und Schopenhauer kaum denkbar gewesen wären. Aber wie ließen sich Freuds Erkenntnis der Wiederkehr verdrängter Gefühle ins aktuelle Bewusstsein und Nietzsches Ideen vom Widerstreit apollinischer und dionysischer Mächte vereinbaren? Als Thomas Mann 1929 versuchte, »Freuds Stellung in der modernen Geistesgeschichte« zu beschreiben, war der Betroffene mit dem Ergebnis nicht sehr glücklich. Es sei zwar »sehr ehrenvoll«, von dem berühmten Schriftsteller gewürdigt zu werden, doch habe er den Eindruck, »als ob er (Thomas Mann) grade einen Aufsatz über die Romantik bereit hatte, als die Aufforderung kam, über mich zu schreiben, und so hat er diesen halben Aufsatz vorne und rückwärts mit Psychoanalyse fourniert, wie die Tischler sagen: die Masse ist aus anderem Holz«.

Der Autor des *Zauberberg* selbst hat fast sein ganzes Leben gerätselt, aus welchem Holz denn *seine* »Masse« bestehe. Er hegte und pflegte den Selbstzweifel, ob er nun wirklich »ein phantasievoller Dichter« sei oder doch nur ein »vernünftiger Schriftsteller«. Seine Schreibsituation war, wie Psychologen es ausdrückten, von »gestörtem Narzissmus« geprägt. Thomas Mann pendelte zwischen den Polen eines großartigen Selbst-Gefühls und tiefster Depression. Natürlich hatte das auch etwas mit seiner Sexualität zu tun, in der er zu keiner verlässlichen Identität fand. Seit der Pubertät verspürte er intensive homoerotische Neigungen, die sich aber psychisch und sozial nicht endgültig durchsetzten. 1905, als Dreißigjähriger, gab er sich dann eine »Verfassung«, heiratete und wurde mehrfacher Vater. Doch in erotischer Hinsicht blieb eine Ambivalenz, die eine Selbstorientierung immer wieder auflöste und Illusionen aufkommen ließ. Wie aus nervöser Lebensschwäche Kraft für die eigene Person und Herrschaft über andere gewonnen wird, konnte Thomas Mann mehr von Nietzsche als von Freud lernen. Nietzsche hat sich nahezu provozierend von der nur gelehrten Schriftstellerei abgegrenzt. Stillosigkeit, Schwerfälligkeit und gelehrte Pedanterie waren ihm ein Gräuel, So ist zum Beispiel *Jenseits von Gut und Böse* über weite Strecken eine Polemik gegen den deutschen »Stil«, eine Klage über deutsche Bücher und Leser: »Und gar der Deutsche, der Bücher *liest!* Wie faul, wie widerwillig, wie schlecht liest er! Wie viele Deutsche wissen es und fordern es von sich zu wissen, dass *Kunst* in jedem guten Satze steckt, – Kunst, die erraten sein will, sofern der Satz verstanden sein will! Ein Missverständnis über sein Tempo zum Beispiel: und der Satz selber ist missverstanden!« In Deutschland schrieben nach Auffassung Nietzsches sogar die Musiker schlecht, weil auch sie nicht gelernt hätten, laut zu lesen. In der Antike habe man das noch gekonnt. Die Bibelübersetzung sei das beste deutsche Buch, weil es aus der Feder eines Predigers stamme. Für den Rest der Literatur und Kultur gelte: »*Wir* haben eigentlich kein Recht auf die *grosse* Periode, *wir* Modernen, *wir* Kurzatmigen in jedem Sinn!« Er habe nicht »Kraft genug für den Norden«, heißt es in einer Nachlassnotiz aus dem Umkreis der *Fröhlichen Wissenschaft,* und er schreckte auch vor romantischer Sehnsuchtslyrik nicht zurück: »Nur Schritt für Schritt – das ist kein Leben,/ Stets Bein vor Bein macht deutsch und schwer./ Ich ließ den Wind mich aufwärts heben,/ Ich lernte mit den Vögeln schweben,/ – Nach Süden flog ich über's Meer.« Selbst wenn Riva für Nietzsche nur eine Zwischenstation war, hatte er dort lange *vor* Freud einen »immergrünen Garten« und den Schatten der Olivenbäume entdeckt.

Friedrich Nietzsche war der wohl einflussreichste Neurastheniker seiner Zeit. Als »Seelenkünstler« war er allerdings weniger Täter als Opfer. Es gelang ihm nicht, seine Nervosität zu überwinden, auch wenn er sich selbst durch seinen *Zarathustra*, das kulturelle Über-Ich im Kampf gegenüber zivilisatorischer Verweichlichung und Vermassung, immer wieder Ratschläge erteilte. Aus Schwäche sich zur Gewalt bekennend, begrüßte er trotzig die Morgendämmerung des nihilistischen Abgrundes: »Unsere ganze europäische Kultur bewegt sich seit langem schon mit einer Tortur der Spannung, die von Jahrzehnt zu Jahrzehnt wächst, wie auf eine Katastrophe los: unruhig, gewaltsam, überstürzt: einem Strome ähnlich, der ans Ende will, der sich nicht mehr besinnt, der Furcht davor hat, sich zu besinnen.« Wenn man Nietzsche aber in einen Zusammenhang mit Freud bringen will, dann muss man auf einen früheren Text zurückgreifen: *Die Geburt der Tragödie aus dem Geiste der*

Musik von 1872. Darin geht es um die Klärung der widersprüchlichen Kategorien »apollinisch« und »dionysisch«. Im damaligen Bewusstsein stand Apollon für Klarheit und schöne Ordnung – Dionysos für das Gegenteil: für das Irrationale und Chaotische. Nietzsche wollte abklären, wie die Tragödie als wichtigste Äußerung des griechischen Geistes entstanden war, doch nicht allein als historische Rekonstruktion, sondern als aktuelle Betrachtung der ästhetischen Bestandteile einer erfolgreichen Kunstform. Damit geriet er unwillkürlich in die Auseinandersetzungen um die Musik Richard Wagners, man verstand seine Intervention als Versuch, dieser Musik einen ähnlich hohen Rang zuweisen wie der Tragödie in der antiken Kunst. Da diese Debatte vor dem Hintergrund des deutsch-französischen Krieges geführt wurde, sollte auch die Oper Wagners zum Symbol der deutschen Überlegenheit werden. Nietzsche aber sah in der wiederentdeckten – oder wiedererinnerten – »Seelenverwandtschaft« zwischen Griechen und Deutschen eine triumphale Wiedervereinigung des Apollinischen *und* Dionysischen. Auf dieser Ebene kann man auch Freud mit Nietzsche vergleichen – beide wollten den unbegreiflichen Zusammenhang von Natur und Seele, Kultur und Gesellschaft verstehen. Der eine beschrieb die moderne Nervosität, der andere lebte sie. Nietzsche zerriss es im manischen Monolog, Freud gelang ein lebenslanger Dialog. Darin musste er sich aber auch mit dem Plagiatsvorwurf der Nietzscheaner auseinandersetzen.

Gewisse Sorgen bereitete Freud die Idee Arnold Zweigs – mit dem er bis zuletzt in engem Gedankenaustausch stand –, ihn in einer groß angelegten biografischen Studie mit Werk und Persönlichkeit Nietzsches zu kontrastieren. In einem Briefe vom 30. September 1934 an den »lieben Meister Arnold« erinnerte Freud noch einmal an seine Einwände: »Sie wollen wissen, warum ich Ihnen so lange nicht geschrieben habe? Nein, Sie wissen es nicht. Vielleicht vermuten Sie – und dann nicht ganz zu Unrecht – dass ich Sie durch meinen fortgesetzten Einspruch gegen Ihren Nietzsche-Plan nicht länger stören wollte ...« In vorherigen Briefen hatte er auf zwei Haupthindernisse für eine Biografie Nietzsches hingewiesen. Einmal sei über dessen Sexualkonstitution verhältnismäßig wenig bekannt, zum anderen wisse man nicht, wann die verheerende Krankheit begonnen habe, und laufe Gefahr, »die groben Tatsachen der Pathologie umzuphantasieren«. Allerdings räumte Freud ein, dass in Schreibsituationen, wo zwischen Geschichte und Biografie eine hoffnungslose Lücke klaffe, der Dichter berechtigt sei, diese Lücke mit seiner Phantasie zu überbrücken. Als Beispiele nannte er Shakespeares *Macbeth*, Schillers *Don Carlos* und Goethes *Egmont* – betonte jedoch, dass im Fall einer Persönlichkeit wie Nietzsche, die immer noch eine sehr aktuelle Bedeutung habe, ein Biograf sich um »Höchstmaß an Ähnlichkeit« bemühen müsse. Ob das aber möglich sei, hat er bezweifelt: »Wer Biograf wird, verpflichtet sich zur Lüge, zur Verheimlichung, Heuchelei, Schönfärberei und selbst zur Verhehlung seines Unverständnisses, denn die biografische Wahrheit ist nicht zu haben, und wenn man sie hätte, wäre sie nicht zu brauchen.« Arnold Zweig wurde immerhin so verunsichert, dass er seine Ansprüche im Hinblick auf eine geplante Doppelbiografie reduzierte und anlässlich des 80. Geburtstages Freuds lediglich einen Essay mit dem Titel *Apollon bewältigt Dionysos* veröffentlichte. Doch Freud, »der literarischste aller Psychoanalytiker«, war gegen die Ausgrenzung oder »Bewältigung« des Dionysos – auch wenn die schöne Klarheit des Apollon für ihn kein rein ästhetisches, sondern mehr ein moralisches Phänomen war.

Eine ähnliche Auffassung hatte auch Christl von Hartungen schon in seinem Essay *Die Bedeutung der Psychoanalyse für das moderne Sanatorium* vertreten. Der Arzt hatte sich mit Freud in Riva und San Martino di Castrozza nicht nur über dessen persönliche Leiden unterhalten, sondern generell über die Therapiemöglichkeiten für Patienten, die »mit 40 oder 45 Jahren verbraucht und lebensüberdrüssig« waren. Es handelte sich zwar, wie in Thomas Manns *Zauberberg*, um eine Gesellschaft von Kranken, die eine aussichts- und zukunftslose Vorkriegsgeneration vertrat, doch sie war therapiefähig. Anders als im Roman, wo nur der Verfall künstlerisch bewältigt wird, sollte den Patienten in Riva eine wirkliche Lebensperspektive eröffnet werden. Die erfolgreiche Verbindung von Homöopathie und »der Psychotherapie im Sinne Freud's« ermöglichte es, so Christl von Hartungen, »die überarbeiteten Musiker, Literaten, Künstler des Pinsels im Rahmen der stillen Anstalt, umgeben von der herrlichen Natur des Gardasees, wieder ihrem Berufe zuzuführen«.

Ehekrisen und »Verrohung der Theaterkritik«

Aber nicht immer ging es nur um eine physische und psychische Stärkung von berufsunfähigen Künstlerindividuen – manchmal sollten auch Paarbeziehungen stabilisiert oder zerrüttete Eheverhältnisse therapiert werden. Im Winter 1902/1903 zum Beispiel, als der Individualist Heinrich Mann die diskrete Möglichkeit nutzte, sich mit Gina Pratesi in der Villa Christoforo zu entspannen und seine Begleiterin in einer Novelle zu verewigen, unternahmen am gleichen Ort Karl May und seine Frau Emma Pollner vergebliche Versuche, ihre brüchige Ehe zu retten. Erfolgreicher war das Hartungsche Eheberatungsprogramm für das Schriftstellerpaar Hermann und Clara Sudermann, die sich 1905 und 1906 in der »nervösen Stille« am Gardasee Wind- und Wasserkuren unterwarfen und mit dem Sanatoriumsleiter beim Genuss von Gerstensuppe, Haferkleie, Polenta, Rüben, gekochtem Obst, Käse und Milch über Gott und die Welt sprachen.

Hatten solche Therapien noch etwas mit Freud zu tun? Oder war die Kritik zutreffend, dass dessen Psychoanalyse – entsprechend ihrem »jüdischen Anteil« – sich darauf reduziere und konzentriere, die Menschen glücklich zu verheiraten? Man hat Freud ein »biologistisches Weltbild« vorgeworfen, verankert in einem Kanon, der die eheliche Fortpflanzung »zum Gottesgebot« und die »Pflicht« des Beischlafs »zum kategorischen Imperativ« erhebe. Daher sei die von Freud beschriebene menschliche Seelenlandschaft als eine von Männern bestimmte, patriarchalische Welt zu begreifen. Sie reduziere ihre Frauen auf die Rolle von »Gebärmüttern«, wie es die Priester und Rabbiner seit jeher verordnet hätten. Dazu passe, dass Freud sich die antike Mythenfigur Ödipus mit dem Schuld- und Schamkomplex von Vatermord und Inzest zum Protagonisten seiner Lehre gewählt habe.

Christl von Hartungen hat Freud nicht als »Eheberater« in diesem eingeschränkten Sinn verstanden. In Freuds »conditio humana« ließ sich seiner Auffassung nach Dionysos nicht nur mit Apollon, sondern auch mit Ödipus vereinbaren. Schließlich habe auch der griechische Dichter Sophokles seine Tragödie *König Ödipus* nicht als Einspruch, sondern als bewussten Beitrag *für* die kultisch-religiösen Festlichkeiten zu Ehren des Dionysos konzipiert. Im fünften Jahrhundert vor unserer Zeitrechnung wurde sein Drama im Rahmen der *Großen Dionysien* in Athen – begleitet von Gesängen, Tänzen und Weingelagen – uraufgeführt.

Auch Hermann Sudermann, der so hartnäckig um den Erhalt seiner Ehe gekämpft hat, verstand sich nicht als Gegner des Dionysischen. Als der 34-jährige Sohn eines Bauern und Bierbrauers im Jahre 1891 die vier Jahre jüngere ostpreußische Bürgermeistertochter und Schriftstellerkollegin Clara Lauckner heiratete, galt er bereits als Erfolgsautor. Den großen Durchbruch hatte er 1889 mit seinem Schauspiel *Die Ehre* im Berliner Lessingtheater erzielt. Das Thema des Stücks glich in der Kritik an der bürgerlichen Gesellschaft des Kaiserreichs und der verlogenen Salonwelt dem Tenor seiner Romane. Sudermann war ein Liberaler, der stark von den Ideen Nietzsches beeinflusst war. In seinen Werken wird deutlich, dass er menschliches Glück und Unglück nicht in erster Linie als Kollektiv-, sondern als Individualschicksal auffasste. Im Zentrum der *Ehre* stand die Aufsteigerproblematik, also jene Problematik, die auch das Leben des Autors bestimmte. Der soziale Gegensatz von »Vorderhaus und Hinterhaus« war dramaturgisch so effizient umgesetzt, dass der Erfolg sogar vorübergehend Gerhart Hauptmanns naturalistische Neuigkeiten in den Schatten stellte. Selbst Sudermanns späterer Gegner Alfred Kerr berichtete wohlwollend über die Premiere: »Ich konnte die Parkettmenschen nicht sehen. Aber ich hörte sie! Ihre begeisterten Stimmen und ihre zusammengeschlagenen Hände. Es war ein namenloser Erfolg. Die Darstellung durchbrach man durch Beifallsalven und durch Lachsalven. Angeregter Lärm ging durch das Haus; nach dem Akt neigte sich der Verfasser viele Male.«

Als dann aber Stücke wie das Melodrama *Heimat* (1893) oder die unterschwellig antijüdische Bibeltragödie *Johannes* (1898) folgten, lautete das harsche Urteil des Kritikers: »Trivial, unliterarisch und effektheischerisch«. Mit seiner öffentlichen Antwort *Die Verrohung der Theaterkritik* brachte Sudermann dann nicht nur Kerr, sondern fast die ganze Zunft gegen sich auf – während das Publikum sich in zwei Lager schied. Äußerlich blieb der Dramatiker, eine hochgewachsene und durch den schwarzen Vollbart imposant wirkende Erscheinung, gelassen. In der Berliner

Gesellschaft hatte er sich einen festen Platz in der Reihe der Honoratioren gesichert, galt als Freund des späteren Literaturnobelpreisträgers Paul Heyse, gehörte liberalen Vereinen an und unterstützte zahlreiche Kulturinitiativen. Materiell ging es ihm gut – er wurde Besitzer einer repräsentativen Grunewaldvilla und erwarb das Schloss und den von Lenné gestalteten Park des Landgutes Blankensee bei Trebbin. Doch innerlich machten ihm persönliche Konflikte und Identitätszweifel zu schaffen, wie man auch aus seinem Drama *Heimat* herauslesen kann. Hier geht es um den Widerspruch zwischen Bürgertum und Künstlerexistenz sowie die unterschiedlichen Moralvorstellungen zweier Generationen. Die Heldin des Stückes hatte sich in jungen Jahren den Heiratsplänen ihres autoritären Vaters widersetzt und die Provinz verlassen, um sich in der Großstadt Berlin als Künstlerin durchzuschlagen. Als sie als berühmte Opernsängerin in die Heimatstadt zurückkehrt, kommt es zur Familientragödie. Die Aufdeckung vergangener »Verfehlungen« (ein heimliches Verhältnis und ein uneheliches Kind) führt zum Tod des kranken Vaters und lassen die Tochter mit Gewissenskonflikten zurück.

Während Kritiker wie Alfred Kerr nur Trivialität entdecken konnten, vermutete ein Großteil des Publikums nicht zu Unrecht autobiografische Bezüge zum Autor. Der hatte am 20. September 1895 in der *Neuen Freien Presse* erklärt, dass »das Centrum alles Dichtens die Beziehungen zwischen Mann und Frau« seien. Aber auch hier habe ein »Wandel in der Stoffwahl« eingesetzt. »Während früher eine Liebesgeschichte mit dem Gange zum Altare abzuschließen pflegte, zwingt sie uns heute auf das lebenslange Nachspiel ein Interesse ab. In den seelischen Intimitäten der Ehe selbst – dieses innigsten und geheimnisvollsten Verhältnisses zwischen Mensch und Mensch – sucht heute die nachschaffende Phantasie hellhörig einzudringen, zu erklären, zu läutern, Unhaltbares zu lösen, irrtümlich Gelockertes zu festigen. Hier gibt es noch nie ergründete Probleme, die nur der ahnt, der den innersten Sinn des Selbsterlebten zu erfassen sucht.«

Auch Sudermanns Ehe hatte Vorgeschichten und Nachspiele. Seine Frau Clara war verwitwet und brachte aus ihrer ersten Verbindung mit dem Königsberger Wasserbaudirektor Lauckner drei Kinder mit. Bei Sudermann bestand die Last der Vergangenheit in mehreren alten Liebschaften, die teilweise auch nach der Heirat noch Bestand hatten. So waren die ersten Jahre der Ehe nicht sehr glücklich, auch wenn 1892 die gemeinsame Tochter Hede geboren wurde. Sudermann flüchtete oft allein auf seinen Landsitz und widmete sich verstärkt dem Sammeln von Skulpturen, Gemälden und Antiquitäten. Auch Reisen nach Italien, Frankreich, Griechenland und in die Länder des Orients waren ganz offensichtlich Fluchten vor Ehestreit und Kritikerhäme. Zeitweilig reduzierte sich die Kommunikation zwischen den Ehepartnern auf gegenseitige schriftliche Anklagen, die sie sich aus verschiedenen Kurorten zuschickten. Im Frühjahr 1903 verstärkte sich Sudermanns depressive Verfassung so, dass er sich in die Behandlung des renommierten Nervenarztes Prof. Hermann Oppenheim begeben musste. Oppenheim gilt als Begründer der modernen Neurologie in Deutschland und wurde vor allem durch sein Werk *Die traumatischen Neurosen* (1889) bekannt. Nach seiner Tätigkeit in der Berliner Charité gründete er 1891 eine Privatklinik und übernahm den Vorsitz der *Berliner Gesellschaft für Psychiatrie und Nervenheilkunde*. Im Juni 1903 versuchte Sudermann, seine Nerven in der Einsamkeit und Höhenluft des Schwarzwaldes zu beruhigen. Wie es um seine Gesundheit und Ehe damals bestellt war, dokumentiert sein Brief an Clara vom 8. Juni aus St. Blasien:

»Mein Herzenskind! – Gestern Abend nach vorschriftsmäßiger Reise bin ich hier angekommen. Der Arzt, ein netter, ruhiger, noch junger Mann, will mich in das Sanatorium ›Luisenheim‹ hinüberspedieren, das auch unter seiner Verwaltung steht, weil er einsieht, dass ich, nach dem Zustande meines Nervensystems, am unrechten Platz bin. […] Liebe Cläre, so geht es nicht weiter mit uns. Willst Du in dieser Art fortfahren, mit mir zu verkehren, willst Du mich mit Schmähungen und Bitterkeiten überhäufen, während ich Ruhe und Schonung brauche, dann ist es besser, ich kehre nicht mehr nach Berlin zurück und suche mir irgendwo einen stillen Fleck, wo ich einigermaßen gesunden kann. – – – Ich habe mich gewaltsam zusammengenommen, denn Dir musste jede Aufregung erspart werden, ich habe alles ins Scherzende und Liebenswürdige hinübergezogen, obgleich mir das Herz in der Kehle schlug. Die Folge war, dass Du mir auch meine Liebenswürdigkeit zum Verbrechen stempeltest. – Glaubst Du denn, ich werde Dich darben lassen? […] Denk doch, wir Beide sind so zwei arme Ludersch. Die Waffen, welche andere haben, um sich vor sich selbst zu behaupten, sind uns nicht gegeben. Lass uns haushalten mit dem bisschen Nervenkraft, das wir noch aus uns ›rausholen‹ können und nicht gegeneinander toben mit immer neuen Schlägen und Stichen, sinnlos, zwecklos, wie jene, die mit Stricken zusammengebunden werden und dann kämpfen, bis einer niedersinkt. Ich küsse Dich in Liebe und Dankbarkeit für alles Gute, was ich je von Dir erhalten habe – und es ist unermesslich viel –, aber nun lass genug sein mit Groll und Bitterkeit! Sieh, dass solche Stunden nicht wiederkehren. Auch ich will versuchen, Dir jeden verschärfenden Kummer zu ersparen. Wir wollen uns das gegenseitig versprechen! Leb wohl, mein Herzenskind!«

Claras Antwort kam umgehend. Sie war überrascht und erleichtert über die Offenheit der Klage und versprach, ihren Beitrag zur »Befriedung« des Ehelebens zu leisten. Doch sie gestand nicht nur ihrem Mann das Recht auf Ruhe und

Erhaltung der künstlerischen Schaffenskraft zu – sondern wollte auch selbst wieder etwas veröffentlichen. Ihr letztes Werk, der 1896 erschienene Roman *Die Siegerin*, war nahezu in Vergessenheit geraten. Sie teilte mit, dass sie an einem Bühnenstück mit dem Titel *Die faule Mare* arbeite und es zu ihrem 43. Geburtstag (14. Februar 1904) herausbringen wolle. Zu diesem Zeitpunkt befand Hermann Sudermann sich in fürsorglicher Begleitung von Professor Oppenheim und dessen Gattin auf einer Reise nach Ägypten und Ceylon. Am 3. Februar 1904 meldete er sich aus dem Savoy-Hotel in Assuan:

»Schon heute muss ich losschreiben, wenn ich sicher sein will, dass der Brief noch zu Deinem Geburtstag ankommen soll. – Also, mein Herzenskind, einen dicken, lieben Geburtstagskuss!

Ich habe die leise Idee: Für uns beide wird eine neue Art von Leben beginnen. In dem grenzenlosen Jammer, in dem wir die letzten Jahre verbracht haben, wird und kann es nicht weitergehen. – Wir wollen uns noch einmal zu treuer inniger Kameradschaftlichkeit die Hände reichen und versuchen, mit Stock und Stiel auszurotten, was uns Kraft und Freude verdorben hat. *Die faule Mare* soll für Dich ein neuer Lebensaufstieg werden, dessen glückliche Folgen niemandem so sehr zugute kommen können wie mir, selbst dann, wenn meine Kraft für immer erlahmt sein sollte.« Doch sein ästhetisches und sinnliches Wahrnehmungsvermögen war noch kräftig genug, um das luxuriöse Umfeld des »Riesenhotelpalastes« in Assuan beschreiben zu können: »Und mitten in der Wüste ist dieses Kulturparadies hervorgezaubert. Palmenhaine, Rasenplätze, Rosenhecken und Oleandergebüsche. – Blendendste Eleganz und siegreichste Schönheit – was ich gestern an schönen Weibern gesehen habe, spottet jeder Beschreibung.« Aber er fand auch Gefallen an der »herrlichen Baritonstimme mit den fremdartigen Mollkadenzen« des

Muezzins, der vom Minarett der nahegelegenen Moschee zum Gebet rief. Der Ruf drang jeden Morgen bis ins Grandhotel von Luxor und war mehr beruhigend als störend: »Der Mann könnte einen zum Islam bekehren.« Eine Woche später schien sogar eine therapeutische Wirkung eingetreten zu sein: »Von mir habe ich Dir eine freudige Mitteilung zu machen: Ich schlafe. Ich schlafe wie ein Ratz. Nachdem die Nervenaufpeitschung gänzlich überwunden war und ich in meinem geliebten Luxor Wurzel fassen konnte, kam ganz leise, leise die Ruhe über mich.«

Immerhin beschäftigte Hermann Sudermann sich nicht nur mit den Problemen seiner eigenen Nachtruhe unter dem Wüstenhimmel, sondern nahm auch Anteil an Claras Situation, die in großer Aufregung in München mit den letzten Proben ihres Theaterstückes beschäftigt war. »Wie sehr ich mit allen Gedanken bei Dir sein werde«, so seine Aufmunterung, »brauche ich Dir wohl nicht erst zu versichern. Mir ist's, als kehrte mir, der ich für mich längst erschlafft und abgebrüht bin, in Dir die erste große Zeit wieder, in welcher die Bühne als neu entdecktes Reich, von tausend Schätzen flimmernd, vor mir lag«. Da er am Aufführungstage »voraussichtlich um Malta herum schwimmen« werde, bat er sie, ihm über den Informationsdienst der Schifffahrtsgesellschaft Lloyd »ein paar Worte über den Erfolg zu schicken.« Doch ein Erfolg wurde die Aufführung des Dramas nicht. Der Presse schien nur berichtenswert, dass sich hinter dem Pseudonym des Autors »E. Linde« die Gattin des berühmten Hermann Sudermann verberge, die sich nun wohl auch »heimlich« als Stückeschreiberin versuche. Clara wartete die Reaktionen auf das Stück in München gar nicht ab, sondern reiste unmittelbar nach der Aufführung am späten Abend des 13. März mit dem Zug in Richtung Italien ab. In Genua traf sie am späten Nachmittag des nächsten Tages ein, um am Hafen auf die Ankunft des Dampfers ihres Mannes zu warten. Von dort aus fuhr das Ehepaar gemeinsam nach Gardone Riviera am Gardasee, wohin der Schriftsteller Paul Heyse zur Feier seines vierundsiebzigsten Geburtstages geladen hatte.

Der fast dreißig Jahre ältere Heyse zählte zu den wenigen Schriftstellerfreunden Sudermanns. Die Bekanntschaft und spätere Freundschaft vermittelt hatte ihr gemeinsamer Verleger Adolf Kröner, zu dessen Imperium unter anderem die berühmte *Cotta'sche Buchhandlung* gehörte. Heyse war wohl der letzte deutsche »Dichterfürst«, der sich mit Unterstützung seines einflussreichen Verlegers erfolgreich als Nachfolger Goethes in Szene zu setzen wusste. Im letzten Viertel des 19. Jahrhunderts war er der führende literarische Massenproduzent und meistgelesene zeitgenössische Autor in Deutschland. Mit seinen Hunderten von Gedichten, Novellen, Dramen und mehrbändigen Romanen sowie zahlreichen Übersetzungen machte Heyse sich selbst Konkurrenz. Obwohl er 1910 – also noch vor Gerhart Hauptmann – den Literaturnobelpreis erhielt, sanken die Auflagen seiner Werke kontinuierlich. Nach seinem Tod im Jahr 1914 wurde er kaum noch gelesen. Aber schon um 1900 hatte ihn die junge Naturalistengeneration als »bloßen Kunstgewerbler« weitgehend abgelehnt. Wegen seines liberalen Weltbürgertums und der jüdischen Abstammung mütterlicherseits machte Heyse sich nach dem Ersten Weltkrieg vor allem bei dem revanchistisch und nationalistisch gesinnten Lesepublikum verhasst.

Für Sudermann aber waren gerade die liberale Grundhaltung und die weltoffene Orientierung des älteren Kollegen und Freundes vorbildhaft. Dass Heyse einen Großteil seiner Werke in der zweiten Heimat Italien geschaffen hatte, verlieh im zusätzlich ein Flair von Exotik und südlicher Leidenschaft. Auch der Romanist Victor Klemperer konstatierte in seiner Heyse-Biografie von 1907, dass »den Dichter sein innerstes Wesen zu den Italienern ziehen musste«. Durch Heyses Vermittlung und Übersetzung ist damals die neuere italienische Literatur – mit Werken unter anderem von Giuseppi Giusti, Giacomo Leopardi, Alessandro Manzoni oder Gabriele d'Annunzio – in Deutschland bekannt geworden. Aber auch in Heyses eigener Literatur nimmt Italien einen Sonderplatz ein. Den regionalen Schwerpunkt signalisieren seine *Novellen vom Gardasee* oder lyrische Stadtbilder von *Verona* und *Riva*. Den Gardasee hat Heyse schon in den frühen 1870er Jahren auf Empfehlung des Malers Bernhard Fries kennen gelernt. In Gardone wurde er seit 1899 heimisch, als er dort eine Lungenentzündung auskurierte. Er kaufte sich eine noble Villa am Corso Zanardelli und verbrachte dort über zehn Jahre lang jeden Winter. In Heyses Novellen wird die Zeit zwischen 1875 und 1914 lebendig, in der sich das unbedeutende Fischerdorf Gardone zu dem glänzenden Kurort Gardone Riviera entwickelte. »Nostalgie und Dekadenz«, so schwärmt ein aktueller Reiseführer, »sind in Gardone immer noch zum Greifen nah. Zu sehr hat die Belle Epoque der Jahrhundertwende ihre Spuren hinterlassen. Hübsche Villen und Prachtbauten, wohin das Auge reicht. Allen voran das altehrwürdige Grand Hotel Gardone Riviera mit seinem hohen Turm und der 300 Meter langen Terrasse am Seeufer.«

Wenn man von dieser Terrasse aus auf den Steg blickt, einen leichten Seewind verspürt und das Rascheln der Palmenblätter vernimmt, dann kann man durchaus Verständnis für die sentimentale Gestaltung gewisser literarischer Figuren Paul Heyses aufbringen. In der Novelle *Eine venezianische Nacht* von 1901 zum Beispiel wird an diesem Ort die junge Amerikanerin Evelyn von dem dynamischen Verleger und Kunsthändler Frank. R. umworben und zu einer romantischen Bootsfahrt eingeladen. Die Terrasse des Grand Hotel war offensichtlich ein idealer Treffpunkt, um

Gefühle zu offenbaren und über sie zu sprechen. Auch Paul Heyses Geburtstagsgäste Hermann und Clara Sudermann saßen an einem Frühlingsabend des Jahres 1904 hier und sprachen über ihre Nerven, ihre Ehe und die Zukunft. Nach den vorangegangenen heftigen Streitereien war es ein Fortschritt, dass die beiden sich nicht nur Versöhnungsbriefe schrieben, sondern auch zu einer persönlichen Aussprache bereit waren

Hermann Sudermann hatte inzwischen in dem Hirnforscher und Hypnosespezialisten Professor Oskar Vogt einen neuen medizinischen Betreuer gefunden, der ihm zu einer solchen Aussprache geraten hatte. Oskar Vogt war ein begehrter Prominentenarzt, der unter anderem auch die Industriellenfamilie Krupp betreute. In den zwanziger Jahren wurde er durch den Auftrag, das Gehirn des verstorbenen Lenins zu sezieren, weltberühmt. Vermutlich hatte Vogt dem Ehepaar Sudermann einen gemeinsamen Kuraufenthalt in Riva empfohlen, denn während ihres Besuches bei Paul Heyse, baten beide den Gastgeber, der mit Christoph von Hartungen (senior) gut bekannt war, um nähere Informationen über das Sanatorium. Heyses Empfehlungen und Hinweise waren offensichtlich ausschlaggebend, dass sie sich für den Herbst 1905 einen gemeinsamen Rivaaufenthalt fest vornahmen.

Die Zeit davor sollte für Hermann Sudermann noch einmal sehr anstrengend werden (»Ich habe gearbeitet wie ein Vieh«), denn er war darauf versessen, gleich zwei Schauspiele – *Stein unter Steinen* und *Das Blumenboot* – herauszubringen. Angesichts der andauernden öffentlichen Auseinandersetzungen um sein Werk wollte der Autor mit diesem Kraftakt seine Kritiker blamieren und zugleich die Stabilität seiner Nerven demonstrieren. Im September 1905 lag das erste der beiden Stücke, *Stein unter Steinen*, gedruckt vor. Der Verleger Adolf Kröner schrieb einen begeisterten Brief:

»Ich ließ im Geschäft alles liegen und stehen, rannte nach Hause, um zu lesen, und als die Lektüre beendet war, wusste ich den Cotta'schen Verlag um ein Meisterwerk reicher.« Inhaltlich ging es um eine für Sudermann typische soziale Problematik: die Resozialisierung »gestrauchelter« Menschen, zu denen auch hier wieder eine unverheiratete Mutter gehörte. Anfang November kam es fast zeitgleich zu »Erstaufführungen« in Berlin und Wien. Bei beiden Inszenierungen überwog das Kritikerurteil »naturalistisch«, »volkstümlich« und »oberflächlich«. Allerdings soll Josef Kainz in Wien die Hauptrolle »weicher« gespielt haben als Albert Bassermann in Berlin – das Publikum hat *beide* Schauspieler beklatscht und war insgesamt zufriedener als die Kritiker.

Dass das Stück nicht – wie ursprünglich gehofft – ein ganz großer Erfolg werden sollte, hatte Sudermann schon während der Generalproben geahnt. In einem Brief an seine Frau Clara, die bereits in Riva auf ihn wartete, schrieb er am 10. November aus Wien: »Eine starke Wirkung wird's nie werden, aber hoffentlich ohne allzu starke Verstimmung abgehen.« Gleichzeitig kündigte er sein Eintreffen in Riva für den Abend des kommenden Sonntag, den 12. November, an. Allerdings relativierte er seine Aufenthaltsdauer bereits vorsorglich mit dem Hinweis, dass man am »Deutschen Volkstheater« in Wien auch die Aufführung seines anderen neuen Stückes, *Blumenboot,* plane: »Jedenfalls müsste ich dann bald noch einmal nach Wien, um das Ensemble des Volkstheaters zu prüfen, ehe ich mich entscheide.«

Clara versuchte Trost zu spenden: »Ich leide mit Dir. Du schaffst ein blendendes, warmes, tiefes Kunstwerk – und man dankt es Dir mit einem Martyrium.« Seit ihrer Ankunft in Riva Anfang November hatte sie alles getan, um auch ihrem Mann das Sanatorium schmackhaft zu machen. Fast täglich erhielt er einen lockenden Brief. »Also, es ist ein Paradies, sicher die schönste Landschaft, die ich je gesehen habe«, schwärmte sie schon in ihren ersten Zeilen. »Gestern, ein einziger Sonnentag. Es ist war so schön draußen, dass man nicht glauben konnte, was man sah: Die Stadt selbst und ihre Umgebung, soweit ich sie bis jetzt kenne, sind italienischer als alles, was ich bisher gesehen habe. Und die Menschen sind so freundlich und einfach, auch die Schaffner und Bootsleute, und alles ist gar nicht teuer.« Alles das habe auf sie »einen blendenden Effekt« ausgeübt. In nur wenigen Tagen habe sie »eine ganz andere Farbe bekommen, viel strahlender als vorher«. Und »der Doktor« sei »wirklich großartig«. Er verfüge über »sicheres Auftreten«, sei »von überströmender Herzlichkeit und großer Überzeugungskraft«. Sie wollte eigentlich keine richtige Kur machen, sondern sich nur zur Massage anmelden, da habe er gesagt: »Wenn Sie hier nur ein wenig spazieren gehen und die Natur genießen, ist das vergeudete Zeit. Sie ernähren sich schlecht und Ihr Herz ist schwach. Sie müssen abnehmen«. Er habe ihr »alles erklärt, bis ins Kleinste« und »einen genauen Behandlungsplan« gemacht: »Alles ganz einfach, so etwas habe ich wirklich noch nie erlebt – und alles inklusive.« Und ihrem Brief vom 9. November legte sie ein Foto von Riva bei mit der Bemerkung bei: »Schau es Dir an. Es ist ein neues Fleckchen Erde.«

Wichtiger scheint für Hermann Sudermann die Andeutung gewesen zu sein, dass er im Sanatorium Hartungen mit großer Wahrscheinlichkeit auch Heinrich Mann treffen werde. Wie seinem *Riva-Tagebuch*, dessen Einträge mit dem 13. November 1905 beginnen, zu entnehmen ist, hat er sich auf diese Möglichkeit durch die Lektüre von Heinrich Manns neuem Novellenband *Flöten und Dolche* vorbereitet. Zu einem Treffen mit dem Dichterkollegen kam es allerdings nicht, Sudermanns Tagebuchnotizen beschränken sich auf die Beschreibungen entspannender Spaziergänge, wie den gemeinsamen Ausflug mit Clara über die alte Ponalestraße zur Hochebene des Monte Rocchetta und ins Valle di Ledro. Die Gespräche des Ehepaars verliefen harmonisch, doch Hermann Sudermanns innere Unruhe wuchs, weil er auf einen Brief des Direktors des Wiener »Volkstheaters« zum aktuellen Stand der *Blumenboot*-Inszenierung wartete. Clara zeigte Verständnis und ließ ihren Mann nach einigen Tagen wieder ziehen, nicht ohne ihn zu loben: »Frau L. hat mir erzählt, dass jeder hier begeistert von Dir war und dass Du bald zurückkommen sollst und dass Dich alle außerordentlich nett fanden.«

Für ihren nächsten gemeinsamen Gardaseeaufenthalt wählten die Sudermanns die schönste Jahreszeit, den Frühling. Diesmal war auch ihre Tochter Hede mitgekommen. Das zweite *Riva-Tagebuch* des Autors beginnt am 9. April 1906 und sein Gastgeschenk für Doktor Hartungen, eine Neuauflage des autobiografischen Romans *Frau Sorge*, trägt die Signatur: »Wenn Lieben zugleich auch Sorgen bedingt, wer nähme nicht gerne, was Frau Sorge ihm bringt. Herrn Dr. Christoph von Hartungen in Dank und Verehrung – Riva, Ostern 1906«. Sudermanns Tagebuch dokumentiert erneut verschiedene Ausflüge. Eine Reise nach Venedig versetzte ihn dabei in einen »traurigen Sehnsuchtszustand«, der wohl immer sein Ehedilemma geblieben ist. Der Anblick einer »wahnsinnig schöne Italienerin« führte ihn in eine Phantasiewelt, die sich in Verzweiflung verwandelte – »wie immer, wenn ich mit Cläre reise und sie mit anderen Frauen vergleiche, entdecke ich in ihr eine dicke Aristokratin ...«

Irmgard Leux, eine Jugendfreundin von Sudermann und Herausgeberin seiner Briefe an Clara, hat die Situation treffend kommentiert: »Kein Wunder also, dass sich in einer großen Anzahl dieser Briefe seiner Ehe als der immer wieder von neuem entbrennende Kampf um die verlorene Freiheit spiegelt, die er freilich, widerspruchsvoll, im allerletzten Sinne wohl kaum jemals ernstlich erstrebte, da der so oft

Gehetzte oder sich selbst Hetzende nötiger noch als andere das innere Beheimatetsein in einem Menschen brauchte, der nur für ihn und durch ihn lebte.« Immerhin hielt die Ehe länger als dreißig Jahre – erst der Tod Claras am 17. Oktober 1924 trennte das Paar.

»Irrenhaus Österreich«: Der Fall Girardi

Einige Jahre vor der Versöhnungstherapie des Ehepaars Sudermann gab es in Riva einen dramatischen Fall, in dem sich ein »gehetzter« Ehemann in das Hartungsche Sanatorium flüchtete – nicht um sich mit seiner Frau auszusprechen, sondern um Schutz vor ihr zu suchen. Im Dezember 1896 klopfte der berühmte Wiener Schauspieler Alexander Girardi mitten in der Nacht an das Tor der Hartungschen Villa und bat um Asyl. Was war geschehen? Der Schauspieler konnte selbst kaum sprechen, so dass seine Begleiter, zu denen auch Katharina Schratt, eine Kollegin vom Hofburgtheater, gehörte, dem Sanatoriumsleiter den Fall vortrugen. Ihm klang das wie eine moderne Version der *Orestie*. In Aischylos' Tragödie erschlägt Klytaimnestra ihren Gatten Agamemnon, angestachelt vom Geliebten Aigisthos. Der Gattenmord geschieht nicht nur aus Blutrache, er soll vor allem ein ehebrecherisches Verhältnis legalisieren. Und genau darum ging es auch in dem Girardi-Drama, das sich gegen Ende des 19. Jahrhunderts im Wiener Künstlermilieu zugetragen hatte. 1893 hatte Girardi die mondäne und von allen begehrte Helene Odilon, Schauspielerin am Deutschen Volkstheater, geheiratet. Man hatte ihn gewarnt. Er habe versucht zu »widerstehen«, gestand er später, aber er sei ihr verfallen gewesen.

Helene Odilon verabscheute das behäbige Wiener Operettenmilieu, in dem Girardi sich wohlfühlte. Sie sehnte sich nach angeregter Unterhaltung und nach glanzvollem, internationalen Parkett, das ihr andere Männer wie zum Beispiel der Freiherr von Rothschild zu bieten vermochten. Nathaniel Meyer von Rothschild repräsentierte damals den Wiener Zweig der berühmten Bankiersfamilie – sein Vater Salomon hatte unter anderem die »Creditanstalt« begründet. Der Sohn Nathaniel jedoch interessierte sich weniger für die Bankgeschäfte, er betätigte sich lieber als Kunstsammler, Reiseschriftsteller, Mäzen und Verehrer schöner Frauen. Als Girardi – in der Wiener Gesellschaft war es längst bekannt – davon erfuhr, dass der sechzigjährige »Baron Rothschild« ein Verhältnis mit seiner Frau hatte, bekam er Tobsuchtsanfälle. Er beschimpfte Helene Odilon als »mannstolle Bestie« und wurde von ihr verächtlich als »größenwahnsinniger Komödiant« bezeichnet. Nachdem Girardi im Frühjahr 1896 seine Frau und ihren »Liebhaber« in einem Scheveninger Hotel öffentlich zur Rede gestellt hatte, sollte sich die Affäre dramatisch zuspitzen. Helene Odilon setzte alle Hebel in Bewegung, um den lästigen Ehemann loszuwerden. Sie verließ die gemeinsame Wohnung und zog in ein Hotel. Und es gelang ihr, den prominenten Psychiater Julius Wagner-Jauregg zu bewegen, ein Gefälligkeitsgutachten zu erstellen, in dem Girardi als »gemeingefährlich« charakterisiert wurde. Auf dieser Grundlage sollte der Schauspieler, wie er es selbst im Jargon der *Orestie* ausdrückte, »meuchlerisch« in ein Irrenhaus gesteckt werden. Aus dem Umkreis seines Freundes, des Textilfabrikanten Gustav Schreiber und seines Sohnes aus zweiter Ehe, Anton Maria, wurde der Ablauf der dramatischen Ereignisse wie folgt kolportiert:

»Bereits am Tage nach der Übersiedlung Helene Odilons in das Hotel Sacher erschien der Hausarzt des Ehepaars in Begleitung eines angesehenen Psychiaters in Girardis Wohnung. Der zufällig anwesende Schreiber verwehrte ihnen – einer noch unerklärlichen Eingebung folgend – den Eintritt.

Ohne den Künstler überhaupt gesehen zu haben, übergab dieser Spezialarzt, der eine Autorität darstellte, dem Wiener Polizeipräsidenten ein Attest, das Girardi als irrsinnig und gemeingefährlich bezeichnete und seine sofortige Überführung in eine Irrenanstalt beantragte. In der Zwischenzeit war von der Irrenanstalt Svetlin ein Krankenwagen mit zwei handfesten Wärtern in die Nibelungengasse entsandt worden – die Geistesgegenwärtigkeit Schreibers und ein geradezu theatralisch wirkender Zufall verhinderten jedoch Girardis Festnahme. Sein Freund, durch den Besuch der Ärzte aufmerksam geworden, hatte den verstörten und völlig apathischen Künstler bewogen, mit ihm zu seinen Eltern in die Halbgasse zu fahren. Noch während er sich ankleidete, bemerkte Schreiber von seinem Fenster aus den Krankenwagen und verließ rasch mit seinem Freunde die Wohnung, um sich in der nächsthöheren Etage zu verbergen. Ein in demselben Hause wohnender Staatsbeamter, der seiner Giardiverehrung durch ein auffallendes Nachahmen der Kleidung des Künstlers Ausdruck zu verleihen pflegte, wurde vor der Haustüre, als er in dem bekannten Habitus, Zylinder, Pelzmantel, Stock, die unvermeidliche Zigarre in weißer Papierspitze zwischen den Lippen, die Straße betreten wollte, von den beiden Wärtern festgenommen und jedem Widerstand zum Trotze in den Krankenwagen verfrachtet. Diese Gelegenheit benützte Schreiber, um mit seinem Freunde rasch das Haus zu verlassen; ein treuer Fiaker, der in der Nähe seinen Standplatz hatte, führte die beiden in die elterliche Wohnung in der Halbgasse. Wenige Stunden später erließ der Polizeipräsident an sämtliche Dienststellen und Revierposten einen Fahndungsbefehl mit der Anordnung, den Schauspieler Alexander Girardi, wo immer er angetroffen würde, als gemeingefährlich festzunehmen. Zwei Polizeibeamte, die dieser Anordnung zufolge in der Wohnung der Familie Schreiber vorsprachen, mussten unverrichteter Dinge wieder abziehen;

abermals war es Schreiber gelungen, seinen Freund in einem Winkel der Fabrikräume zu verbergen. Zu seiner Einsicht, dass dieses Versteck auf die Dauer nicht ausreichen würde, gesellte sich nun die berechtigte Furcht, Girardi, dessen Nerven indessen vollständig versagt hatten, könnte unter der furchtbaren Einwirkung der Geschehnisse tatsächlich seinen Verstand verlieren. Als er sein Gehirn verzweifelt nach einem Ausweg zermarterte, fiel ihm, einer Erleichterung gleich, der Name Katharina Schratt ein.«

Von Katharina Schratt, der ebenso einflussreichen wie umtriebigen Schauspielerin, erhoffte man sich eine Intervention zugunsten Girardis an höchster Stelle. Sie war eine enge Freundin des Kaisers und galt am Theater als Konkurrentin von Helene Odilon. Sie hatte Girardi vorübergehenden Unterschlupf im Gartenhaus ihrer Villa im Stadtteil Hietzing gewährt, und vor ihr kam auch der Vorschlag, den Bedrohten umgehend nach Riva in das Hartungsche Sanatorium zu schaffen. Wie erwartet nahm Christoph von Hartungen senior den bedrängten Schauspieler in seine Obhut, so dass er bald einer unabhängigen Ärztekommission vorgeführt werden konnte. Die Kommission unter Leitung des Wiener Psychiaters und Gerichtsrates Josef Carl Hinterstoisser kam zu dem Befund, dass Girardi, abgesehen von gewissen Suchterscheinungen, »geistig normal« und »ungefährlich« sei. Damit war der Internierungsbefehl aufgehoben und Girardi wurde rehabilitiert. Dieser bizarre Vorgang illustriert anschaulich jenes k.u.k-Milieu, das Karl Kraus ein paar Jahre später in seinem Aufsatz *Irrenhaus Österreich* beschreiben sollte. In einem Land, wo der Mensch »beim Baron« anfange und »beim Psychiater« aufhöre, gebe es eine »staatliche Exekutive der Eifersucht«, die »nicht erwürge, vergifte oder erdolche«, sondern »den Geisteszustand« untersuche und »den Freiheitsraub« rechtfertige. Der für das Fehlgutachten im Fall Girardi zuständige Psychiater

Wagner-Jauregg ist auch später noch häufiger wegen merkwürdiger Methoden und Ideen aufgefallen. Während des Ersten Weltkrieges zum Beispiel war er für die Behandlung von Kriegsneurosen zuständig und versuchte, durch Verabreichung von heftigen Elektroschocks die »Simulanten« von den »Kranken« zu trennen.

Alexander Girardi war seit seinen denkwürdigen Asyltagen in Riva ein Stammgast des Sanatoriums geworden. Fast jedes Jahr kam er zur Kur. Christl von Hartungen hat das auf dem Schreibtisch seines Vaters stehende, gerahmte und mit Dankeswidmung versehene Foto des Schauspielers oft betrachtet. Es zeigt ihn mit Frack und Zigarrenspitze in forscher Pose rittlings auf einem Stuhl sitzend, eine elegante und selbstbewusste Erscheinung auf dem Höhepunkt seiner Karriere, scheinbar nichts ahnend von Intrige und Bedrohung. Nur wenige Monate vor Girardis erniedrigender Flucht war noch sein fünfundzwanzigstes Bühnenjubiläum am »Theater an der Wien« mit der Aufführung von Julius Bauers Operette *Der Hofnarr* als pompöses Fest zelebriert worden:

»Schon Wochen vorher war das Theater ausverkauft. Die Stehplatzbesucher bezogen in den Morgenstunden des bedeutsamen Tages, mit Klappsesseln versehen, ihre Plätze an den Theatereingängen auf der Straße; die Zeitungen brachten spaltenlange Berichte – ganz Wien schickte sich an, seinen unbestrittenen Liebling an diesem Festtage den leidenschaftlichen Tribut an Liebe und Verehrung zu zollen, erfüllt von einer Begeisterung, wie sie von keinem Theaterpublikum der Welt mehr aufgebracht werden kann. Unbeschreibliche Beifallstürme begrüßten den Jubilar, als er unter den Klängen des Entreeliedes die Szene betrat. [...] Kaiser Franz Josef hatte Girardi anlässlich seines Ehrentages einen hohen, für Verdienste um Kunst und Wissenschaft vorgesehenen Orden verliehen, eine Auszeichnung, die bisher nur Hofschauspielern zuteil geworden war. Der

Gemeinderat der Stadt Wien ehrte ihn mit der Überreichung der goldenen Salvatormedaille, und die Wiener der Vorstadt und der Innenstadt verliehen ihm das ehrenvollste und herzlichste, was sie an ihn noch zu vergeben hatten: das Prädikat ›unser‹.«

Auch wenn dieser Bericht des Girardi-Sohnes Anton Maria ein wenig rührselig klingt, dokumentiert er doch, wie groß die Begeisterung in Wien damals für diesen großen Volksschauspieler war. Man sah in Alexander Girardi in erster Linie den Sohn eines Schlossermeisters aus Graz und weniger den Abkömmling eines Adelsgeschlechts aus Sizilien, Aber er war beides – und dieser Widerspruch machte wohl die Leidenschaft seiner Darstellungskunst aus, auch wenn es schon früh Stimmen gab, die Girardis leicht aufbrausenden Charakter nicht auf seine Abstammung, sondern auf den in bestimmten Künstlerkreisen üblichen Kokaingenuss zurückführten. Davon will der »Familien«bericht allerdings nichts wissen.

Die goldene Operettenära in Wien kam Girardis Temperament entgegen und hat ihn populär gemacht. Walzerselige Strauß-Melodien ließen sich mit der österreichisch-ungarischen Gemütlichkeit ebenso gut vereinbaren wie die Bühnenparodie mit der k.u.k-Zensur. Mit dem Entstehen der »komischen Oper« war jedoch der unaufhaltsame Niedergang der klassischen Wiener Operette verbunden. Für Girardi brach eine schlechte Zeit an, während Helene Odilon mit modernen Rollen in Gesellschaftsstücken wie *Madame Sans-Gene* zu brillieren vermochte. Der Konkurrenzkampf im Theater führte schließlich zum privaten Drama des Schauspielerpaares. Am Ende wurde, ähnlich wie in der griechischen Mythologie die Gattenmörderin Klytaimnestra, auch Helene Odilon vom Schicksal »bestraft«. 1903 erlitt sie einen Schlaganfall, war halbseitig gelähmt und wurde gegen ihren Willen unter Vormundschaft gestellt. Mit dem ergreifenden *Buch einer Schwachsinnigen* hat sie vergeblich versucht, den Fortbestand ihrer geistigen Gesundheit zu beweisen.

Männerakte im Freien

Das sich dem Ende zuneigende 19. Jahrhundert versorgte die Kurgäste in Riva nicht nur mit Skandalthemen aus der schon etwas angestaubten Wiener Operettenwelt. Im Herbst 1896, einige Wochen bevor der verfolgte Schauspieler Alexander Girardi im Sanatorium Hartungen um Asyl bat, zirkulierte unter den jungen Sonnenanbetern, Lichtfreunden und verwegenen Nacktbadern, die sich in den Lufthütten und auf den Liegen am Privatstrand langweilten, ein aufregendes Manifest aus dem Leipziger Verlagshaus Max Spohr: *Sappho und Sokrates oder Wie erklärt sich die Liebe der Männer und Frauen zu Personen des eigenen Geschlechts?* Hinter dem Autorenpseudonym »Dr. med. Th. Ramien« verbarg sich der damals 28-jährige Mediziner, Sexualforscher und Philosoph Magnus Hirschfeld. Sein erster öffentlicher Text zur Verteidigung der gleichgeschlechtlichen Liebe war als Protestreaktion auf den Schuldspruch gegen Oscar Wilde entstanden. Man hatte den irischen Dichter am 25. Mai 1895 zu zwei Jahren Zuchthaus mit schwerer Zwangsarbeit wegen sexueller Kontakte zu männlichen Prostituierten verurteilt. Nach der Haftentlassung war Wilde gesundheitlich massiv angeschlagen und floh vor der gesellschaftlichen Ächtung nach Paris, wo er drei Jahre später in vollständiger Armut und Isolation starb.

Auch in Deutschland und in der k.u.k-Monarchie waren solche folgenschweren Urteile gegen Homosexuelle nicht selten. Mit dem Slogan »Durch Wissenschaft zur Gerechtigkeit« führte Hirschfeld einen unermüdlichen Kampf gegen den § 175 des deutschen Strafgesetzbuches – einem Paragraphen, der gleichgeschlechtlichen Verkehr und Unzucht mit Tieren auf einer Stufe unter Strafe stellte. Diesem Kampf entsprach auch das Programm seines 1897 in Berlin zusammen mit dem Juristen Eduard Oberg, dem Schriftsteller Max von Bülow und dem Verleger Max Spohr gegründeten »Wissenschaftlich-humanitären Komitees«, dem Vorläufer des späteren »Instituts für Sexualforschung«. Hirschfelds Engagement für die gesellschaftliche und biologische Anerkennung eines »dritten Geschlechts« richtete sich ebenso gegen die Zwänge einer »normalen« Ehe wie gegen die trostlosen Gefühlsregeln und -regungen der damaligen Militärkaste, die im Wesentlichen durch Bordellbesuche bestimmt waren. Seine Texte blieben keine abstrakte Theorie, sondern informierten anschaulich über Formen und Orte der sexuellen Phantasie. Während sein Eintreten für die Reform des Sexualstrafrechts im politischen Spektrum der Sozialdemokratie und des Liberalismus auf positive Resonanz stieß, verfolgten ihn – nicht zuletzt wegen seiner jüdischen Herkunft – die völkischen Kreise und später die Nationalsozialisten mit blindwütigem Hass.

In ideologischer Hinsicht waren Hirschfeld und seine Jünger Anhänger der Lebensreformbewegung. So trat der Sexualforscher im Jahr 1902 zusammen mit seiner Schwester, der feministischen Schriftstellerin Franziska Mann (die nicht mit der Familie um Thomas und Heinrich verwandt war), der Gruppe »Neue Gemeinschaft« bei. Diesem Berliner Dichter- und Künstlerkreis, der sich sowohl im urbanen Salonmilieu der Uhlandstraße als auch in der freien Waldluft bei Friedrichshagen (und später am Schlachtensee) wohl fühlte, gehörten unter anderem auch Erich Mühsam, Else Lasker-Schüler, Gustav Landauer, Julius Hart, Martin Buber und der Maler Fidus an. Von dieser Gruppe sollten wichtige Anregungen für die alternative Ascona-Gemeinschaft am Monte Verità ausgehen. Auch das von dem anthroposophisch orientierten Pädagogen Adolf Koch gegründete »Institut für Freikörperkultur« konnte Hirschfeld als engagierten Mitarbeiter gewinnen. Und wie zu erwarten zeigte er auch großes Interesse für die naturheilkundlichen und geistig-kulturellen Experimente in Riva. Einer persönlichen Einladung Erhard von Hartungens folgend, weilte er dort im Herbst 1912 nicht nur als Sanatoriumsgast, sondern auch als Referent für Abendvorträge. Diese Vorträge waren in der Regel Zusammenfassungen seiner leicht verständlich geschriebenen und in hoher Auflage erschienenen Aufklärungsschriften *Was muß das Volk vom Dritten Geschlecht wissen?* (1901), *Vom Wesen der Liebe* (1906) und *Die Transvestiten* (1910).

Das Publikum bestand fast nur aus männlichen Zuhörern, die sich überwiegend zustimmend äußerten. Offenbar fiel nur den wenigen weiblichen Gästen auf, dass auch der Sexualaufklärer Hirschfeld sich in bestimmten Aspekten an alten patriarchalischen Verhaltensregeln orientierte, die eigentlich mit dem »neuen Geist« seiner Lehre ausgetrieben werden sollten. Trotz des feministischen Einflusses seiner Schwester Franziska erschien in seinen vorgetragenen Ideen so manche hierarchische Struktur der Männerwelt ungebrochen. Dem entsprach auch der kuriose Umstand, dass in Hirschfelds *Zeitschrift für Sexualwissenschaft* mit Ausnahme der Frauenrechtlerin Helene Stöcker nur männliche Autoren zu Wort kamen. Und fast folgerichtig findet sich bei seinen Jüngern und Nachbetern diese »Ambivalenz« noch deutlicher. Die Erotik einer männlichen Gesellschaft, die schon vor Hirschfelds Aufenthalt in Riva das Sanatoriumsmilieu wesentlich prägte, entsprach den bündischen Tendenzen (Offiziersmilieu, Jesuitenorden, Freimaurerei, Studentenkorps) in Thomas Manns *Zauberberg*. Und auch Christl von Hartungens Text, der 1910 unter dem Titel *Ho-*

mosexualität und Frauenemanzipation im Verlag von Max Spohr erschien, ist nicht frei von solchen Einflüssen. In dieser Broschüre werden einige »Fallstudien« vorgestellt, die die gleichgeschlechtlichen Neigungen von Künstlerinnen im Kontext ihrer Emanzipationsbemühungen »erläutern«. Obwohl die Personen anonymisiert wurden, sind einige der vorgestellten Frauen als prominente Zeitgenossinnen durchaus erkennbar. So verbirgt sich zum Beispiel hinter einem der Namenskürzel ganz offensichtlich der Fall der Malerin Hermione von Preuschen, mit der Christl von Hartungen – wie berichtet – als Student ein Liebesverhältnis hatte. Vielleicht erklären gewisse für ihn im Rückblick demütigende Erfahrungen die distanziert-verächtliche Darstellungsweise:

»Ihr sexuelles Leben bildet den Abklatsch ihrer Person. Sie ist eine durch und durch erotische Natur und geht vom Gedanken aus, nur dann künstlerisch schaffen zu können, wenn sie erotisch befriedigt ist. Vielleicht mag sie früher für manchen Typ Männer anziehend gewesen sein, teils wegen ihres temperamentvollen Wesens, teils wegen ihrer großen ausgesprochenen Sinnlichkeit und wegen ihres Geistes, weniger ihrer Schönheit halber. Ihre Art, sich unmöglich anzuziehen, muss sie bei vielen feineren Naturen widerlich und abstoßend gemacht haben. Noch heute ist sie auffallend, aber durchaus geschmacklos angezogen. Hierzu tritt ein starkes ›Sichgehenlassen‹ in der Kleidung, das sie als künstlerische Nonchalance auslegt. Obgleich schon Fünfzigerin, will sie jugendlich erscheinen. Sie sucht raffiniert in der Kleidung zu sein, erreicht in dieser Absicht das Gegenteil. So trägt sie eine stark decolletierte, feuerrote Seidentoilette mit Spitzen, die einst schön und teuer war, jedoch seit Jahren nicht mehr gereinigt wurde. Auch weist die Seidenrobe geflickte und schmutzige Flecken auf. Die ganze Gestalt atmet aber ein schweres, teures, süßliches

Parfum französischen Ursprungs. Ihr Gesicht ist gepudert, die Haare mäßig gut frisiert, an den Händen und Nägeln finden wir noch die Spuren ihrer vormittägigen Ölmalerei. Von ihren Beziehungen zu Männern ist bemerkenswert, dass sie besondere Vorliebe zu sogenannten ›jungaufstrebenden Talenten‹ hatte. Bei diesen Verhältnissen, wie auch bei ihrer zweiten Ehe, hatte sie die führende Rolle, war sie der aktive Teil.« Dies sei, so Christl von Hartungen, »eine jener eigentümlichen Formen von Emanzipation, die nicht aus einer männlichen psychischen Veranlagung, sondern einer charakteristischen weiblichen Eigenschaft entspringen«. Bei »starker erotischer Veranlagung« könne sich auch ein »Trieb zum Herrschen« äußern. Diese konkrete Erfahrung hat offensichtlich der Autor mit der Malerin Hermione von Preuschen selbst machen müssen – aber auch jene: »Der Verkehr mit den meisten Männern genügte ihr nicht, oder bloß vorübergehend; keiner konnte sie dauernd fesseln, keiner ›verstand‹ sie, wie sie es wollte, bei jedem erlebte sie Enttäuschungen.« Sie trinke viel Alkohol und unternehme »abenteuerlichste Reisen – nicht um neue Motive zu sammeln, nein, um ihre Sinnesglut zu stillen.« Trotz ihres »hohen Alters« sei sie noch »stark männersüchtig« und führe »ein gereiztes Sexualleben«, das häufige »Selbstbefriedigung« einschließe. Gleichzeitig unterhalte sie »intime Beziehungen« zu intellektuellen Freundinnen – aber auch zu ihrer Haushälterin. Die Schlussfolgerungen des Autors sind widersprüchlich. Einerseits vermutet er, »dass es ausschließlich Frauen höherer geistiger Kultur seien, wie Künstlerinnen, Schauspielerinnen, Schriftstellerinnen, theoretische Gelehrte, Ärztinnen usw., die ausgesprochene Formen eines homosexuellen Empfindens zeigen«, andererseits bemüht er – ganz im Sinne Hirschfelds – das traditionelle Hierarchiemuster: »Nur geistig ganz hervorragende Frauen – Frauen, bei denen von Haus aus die Großhirnzellen auf Kosten ihres sympathischen Nervengeschlechtes annähernd männlich beschaffen sind, Frauen also, die tatsächlich mit Männerseelen geboren sind, werden in dieser Weise etwas erreichen.«

Zwar spielten in Leben und Werk Hermione von Preuschens beide Geschlechter eine Rolle, doch eine »Männerseele« besaß sie nicht. Sie war eine Frau zwischen ambivalenter Erotik und altgriechischen Idealen. In ihren hermaphroditischen Bildern wie *Leda*, *Moloch Liebe* oder *Lebenssphynx* überwog das weibliche Element. Zwar hat ihr – wie sie behauptete – auch der gut gebaute Student Christl von Hartungen in Riva als Modell gedient, doch die von Hans Lietzmann am Gardasee gegründete Schule »Männlicher Akt im Freien«, zeigte sich an einer Mitarbeit und Lehrtätigkeit der exotischen Künstlerin nicht interessiert. Lietzmanns Aktmalerei war Bestandteil einer widersprüchlichen Freikörperkultur, deren Hauptströmung sich völkisch-national orientieren sollte. Eine »naturgemäße« Lebensweise – wie Vegetarismus, Mäßigung und Abstinenz – verband man mit rassehygienischen Vorstellungen zur »Formung eines gesunden Volkskörpers«. Auch wenn bürgerliche Frauen an der Reformbewegung beteiligt waren, wurde »Nacktkultur« getrennt nach Geschlechtern praktiziert. Männliche Akte durften auch in der Lietzmann-Schule nur von Männern gezeichnet werden. Hermione von Preuschens »Leda und der Schwan«-Motive passten generell nicht in diese erotische und moralische Landschaft.

Wann und wie kam Hans Lietzmann an den Gardasee? Geboren 1872 in Berlin, war er schon seit dem siebten Lebensjahr mit seinem Vater regelmäßig zu Besuch in Riva, wo dessen Schwester lebte. Das Licht und die Farben der trentinischen Seelandschaft haben ihn so nachhaltig fasziniert, dass er 1899 eine in München begonnene Gesangsausbildung abbrach und beschloss, sich als Maler in Torbole niederzulassen. Er erwarb eine Villa mit Seegrundstück, die er »Café Paradiso« nannte. Dieser Ort wurde schnell zum Treffpunkt vieler junger Künstler und beherbergte auch die erwähnte Schule »Männlicher Akt im Freien«. Bis zum Ausbruch des Ersten Weltkrieges bestand Lietzmanns Haupteinnahmequelle im Verkauf zahlreicher seiner farbenprächtigen Landschaftsbilder vom Gardasee, deren Motive sich auch als Illustrationen für Reiseführer und als Werbeplakate der beginnenden Tourismusindustrie nutzen ließen. So entstand zum Beispiel das großflächige Ölgemälde *Blick über den See von Torbole in Richtung Rocchetta* als Auftragsarbeit für das Sanatorium von Hartungen und schmückte ab 1910 die Eingangshalle des neuen Kurhauses »Villa Belriguardo«. Aber schon früh existierte bei dem Maler ein paralleler Drang zur Gestaltung christlich-biblischer Motive – Bilder, die sich übrigens ebenso gut verkaufen ließen. Allein die »Preußische Hauptbibelgesellschaft« gab bei Lietzmann sechzig großformatige Bilder in Auftrag. Und noch heute ziert die Fassade des Café »Casa Beust« in Torbole das zwar schon verblasste, aber immer noch erkennbare Lietzmannsche Fresko *Der heilige Antonius spricht mit den Fischen.*

Irritierender als Lietzmanns biblisches Sendungsbewusstsein erscheint indes seine kriegerische Mission nach 1914. In riesigen Wandbildern verherrlichte er die gnadenlosen Gefechte zwischen den österreichischen und italienischen Gebirgsjägern, portraitierte in anderen Darstellungen die Kampfflieger des Geschwaders von Richthofen oder bejubelte die Bombardierung Londons im Juni 1917. Nach dem Krieg verlor er im Rahmen der Enteignungspolitik Mussolinis seinen Grundbesitz am Gardasee. 1925 konnte Lietzmann nach Torbole zurückkehren und versuchte, trotz großer Armut, seine künstlerische Arbeit wieder aufzunehmen. Ein gewisses Wohlwollen der neuen Machthaber erwarb er sich durch die Restaurierung des im Krieg stark beschädigten Altarbildes von Giambattista Cignaroli in der S. Andrea-Kirche. Auch den Zweiten Weltkrieg erlebte Lietzmann am Gardasee. Sein Rolle zwischen den Fronten war nicht ganz eindeutig, er soll die deutschen Militärs, das heißt die SS-Kommandeure, davon überzeugt haben, Torbole nicht zu zerstören. Am 4. September 1955 starb der Maler in Riva und wurde in Torbole begraben.

Thomas Mann mit Grammophon:
»Musik ist ein dämonisches Gebiet«

V. Wohllaut oder Wehklage?

Galgenlieder

Während Werk und Leben der meisten prominenten Gardasee-Besucher durch Kriegsereignisse beeinflusst wurden, starb der 1871 geborene Dichter Christian Morgenstern am 4. April 1914 in den Armen seines Arztes Christoph von Hartungen senior, ohne jemals einen Kanonenschuss vernommen zu haben. Der durch seine grotesken *Galgenlieder* berühmt gewordene Autor hätte aber auch ohne Kriegserfahrung eine gute Figur in Thomas Manns *Zauberberg* abgegeben, denn er war ein klassischer Tuberkulosefall. Mit dem Tod hatte er sich als Mystiker auch ohne militärische Feindberührung arrangiert. »Ich weiß«, erklärte er, »dass ich nicht mehr zu gefallenen Soldaten hinzuzufallen brauche, da ich ja schon in ihnen gestorben bin und alles erlitten habe, was sie erlitten haben ... Ich bin der, welcher schoss, welcher fiel und der, welcher über beide nachdenkt.«

Geerbt hatte er die Tuberkulose offensichtlich von seiner Mutter, die früh an dieser Krankheit gestorben war. Bei ihm selbst zeigten sich erste Symptome im 22. Lebensjahr. Anfangs – so belegt ein Brief vom Juli 1893 – versuchte Morgenstern Freunde und Familie noch zu beruhigen: »Ich frage immer wieder: warum solche Sorgen? Ich bin ja gar nicht krank. Und außerdem liegt mein Todestermin doch gar nicht in diesem Jahrhundert.« Aber schon ein Jahr später äußerte er gegenüber seinem Freund, dem Schauspieler Friedrich Kayssler, die Vermutung, dass die Krankheit seine Lebenszeit verkürzen werde: »Ich werde doch nicht alt, aber bis gut in die dreißiger Jahre hinein will ich mich denn doch frisch und gesund erhalten und drauf los schaffen, dass man mich nicht vergessen soll.« In den großen Industriestädten war damals die Tuberkulose auf Grund der elenden Wohn-

und Lebensbedingungen vor allem für die armen Leute eine ausweglose Krankheit. Morgenstern kam zwar nicht aus begüterten Verhältnissen – sein Vater und Großvater waren Landschaftsmaler –, doch ab seinem 30. Lebensjahr konnte er sich die Existenz eines Dauerpatienten in Sanatorien leisten. Seit der Jahrhundertwende pendelte er zwischen Davos, Arosa, Meran und dem Gardasee, wo er sich 1896 zum ersten Mal zur Kur aufhielt. Allerdings hatte er in den Jahren zuvor, in denen seine Gesundheit bereits dringend der Schonung bedurft hätte, fahrlässig mit seinen Kräften Raubbau betrieben. Nach Abbruch eines Studiums der Nationalökonomie – eine Auseinandersetzung mit der Theologie wäre ihm eigentlich lieber gewesen – zog es ihn nach Berlin. Hier führte er ein unruhiges Leben als Privatgelehrter, Dichter und Bohemien. Seinen Lebensunterhalt verdiente er zunächst als Journalist und Redakteur bei den Zeitschriften *Tägliche Rundschau*, *Freie Bühne*, *Der Kunstwart* und *Der Zuschauer*. Morgenstern nahm seine Krankheit als Teil des Schicksals vorbehaltlos an und war bemüht, der dadurch bedingten Veränderung seines Lebens auch positive Seiten abzugewinnen. So schrieb er in sein Tagebuch: »Der gesunde Mensch ist schön und sein Zustandekommen ein Ziel der Ziele. Aber es muss ein Körnchen irgendwelcher Krankheit in ihn kommen, dass er auch geistig schön werde.«

Das klingt sehr friedlich. Christian Morgenstern sei, so konstatierte dann auch einer seiner Biografen, »ein Archetyp des Poeten, der heute für gering, ja, nicht einmal mehr für recht zur Zunft gehörig« gelte. Es gebreche ihm an allem, was aktuell gefragt werde: »an Zerrissenheit, Desperation und Obszönität«, auch könne er nicht mit »Stilprinzipien vorwiegend chaotischer Prägung« aufwarten. Aus der Sicht heutiger Literaturbetrachtung sei sein Laster »schlechtweg Harmonie«, Harmonie zwar nicht immer mit seiner Umwelt, so doch mit der Weltordnung und Gott. Auch einige

Zeitgenossen haben Morgenstern nicht sehr ernst genommen. Der Kritiker Julius Bab zum Beispiel identifizierte ihn mit »gütiger Schalkheit« und Hermann Hesse meinte, in seinen Reimen »drollige Viechereien« zu erkennen. Kurt Tucholsky hingegen sah genauer hin und war sich sicher, im *Gingganz* und anderen Nachlasstexten »Kantsche Sätze in Gedichtsform« zu erblicken: »Man lacht sich krumm, bewundert hinterher, ernster geworden, eine tiefe Lyrik, die nur im letzten Augenblicke ins Spaßhafte abgedreht ist – und merkt zum Schluss, dass man einen philosophischen Satz gelernt hat.«

Allerdings war Morgensterns philosophisches Vorbild weniger Kant, sondern Nietzsche. Vor allem das Lektüreerlebnis des *Zarathustra* wühlte den jungen Poeten gewaltig auf. Mit großer innerer Zustimmung nahm er nicht allein Nietzsches radikale Kritik an der bürgerlichen Gesellschaft und Wissenschaft seiner Zeit wahr, sondern sah in ihr generell eine geistige Zukunftskraft, gewissermaßen die »Morgenröte« einer kommenden Zeit und neuen Kulturstufe. Im Versreim der *Galgenlieder* lautete Morgensterns Motto: »Lass die Moleküle rasen,/ was sie auch zusammenknobeln!/ Lass das Tüfteln, lass das Hobeln,/ heilig halte die Ekstasen.« Als 1895 sein erster Gedichtband *In Phanta's Schloß* erschien, widmete er der Mutter Nietzsches ein Exemplar mit den Worten:

»Ich, ein junger Mensch von vierundzwanzig Jahren, wage es, meine erste Dichtung in die Hände *der* Mutter zu legen, der ehrwürdigen Mutter, die der Welt einen so großen Sohn geschenkt hat und mir im besonderen einen Befreier, ein Vorbild, einen Aufwecker zu den höchsten Kämpfen des Lebens. Jener Geist sieghafter, stolzer Lebensverklärung, jenes Königsgefühl über allen Dingen, von denen der geliebte Einsame so oft gesprochen hat, weht, glaube ich, auch durch die vor Ihnen liegenden Gedichte, welche ich deshalb humoristisch im verfeinertsten Sinne ihrer Mehrzahl nach mir zu nennen erlaube. Mein Buch ist dem Geiste Ihres edlen unglücklichen Sohnes in tiefer Dankbarkeit und Liebe gewidmet.«

Selbst wenn Morgenstern später unter dem Einfluss buddhistischer und anthroposophischer Ideen sein Urteil über den *Zarathustra* änderte und ihn nun »bei allen Einzelheiten unbestreitbarer Größe eines der schlechtesten Bücher« nannte, blieb er weiterhin vom Gesamtwerk Nietzsches fasziniert. Was ihn am *Zarathustra* störte, war vor allem der mit hymnischer Prosa vorgetragene Spott über die Kultur des Meditierens, ein diskriminierendes Frauenbild und die Betrachtung des »Todes Gottes« als eine Chance für den »Übermenschen«. Als dann 1894 *Der Antichrist* erschien, auf dessen Lektorat der umnachtete Nietzsche keinen Einfluss mehr hatte, sah Morgenstern darin, im Gegensatz zum *Zarathustra,* eine Rehabilitierung des Buddhismus und die »Austreibung Gottes aus allem Jenseits in das Diesseits«. Damit teilte er die Auffassung seines späteren Freundes und Vorbildes Rudolf Steiner, der glaubte, dass Nietzsche lediglich negative Erscheinungsformen des modernen Christentums kritisiere, und nicht das, was in dessen »verborgenen Tiefen« liege und »durch die Geisteswissenschaft hervorgeholt« werden müsse. »Nietzsches Leid« sei die »tiefste, schmerzlichste Sehnsucht nach den Quellen des Lebens.«

Für Morgensterns Entwicklung spielte nicht nur Nietzsche eine große Rolle, sondern auch der norwegische Schriftsteller und Dramatiker Henrik Ibsen. 1897 erhielt Morgenstern den Auftrag vom S. Fischer Verlag, die wichtigsten Versdramen und Gedichte Ibsens für die deutsche Ausgabe zu übersetzen. Das war nicht nur eine ehrenvolle, sondern auch eine finanziell einträgliche Aufgabe. »Ich ahne voraus«, erklärte der Übersetzer anlässlich des 70. Geburtstages Ibsens gegenüber der Kopenhagener Zeitung *Politiken*,

»dass ich der Ausführung manches eigenen dichterischen Entwurfes in all der Zeit werde entsagen müssen, aber ich werde es ohne Reue tun; denn wenn auf Erden ein Dienst geadelt ist, so ist es der, einem Genius zu dienen.« Er diente ihm bis 1903 und sorgte in disziplinierter Arbeit dafür, dass die Ibsen-Übersetzungen *Das Fest auf Solhaug*, *Komödie der Liebe*, *Wenn wir Toten erwachen*, *Brand*, *Peer Gynt*, *Catilina* und verschiedene Gedichte pünktlich bei Fischer erscheinen konnten. Eine gewaltige Leistung, wenn man bedenkt, dass Morgenstern sich zuvor auch noch die norwegische Sprache aneignen musste. Ganz fremd war ihm Skandinavien nicht, denn schon als Kind hatte er die nordische Landschaft auf den Bildern seines Großvaters bewundern können, der von 1827 bis 1829 als Maler in Norwegen und Dänemark gelebt hatte.

Der Übersetzer Christian Morgenstern hielt sich bis zum Winter 1899 in Norwegen auf, reiste durchs Land und bezog Quartier in einem Vorort der Hauptstadt Kristiania, dem heutigen Oslo, mit phantastischer Aussicht: »Ringsherum hoher Tannenwald. Dicht vorbei geht ein Bach hernieder und der Blick geht über den steil abfallenden Abhang mit Wald, Häusern, Straßen und Bahndamm direkt auf die beiden Fjordlandschaften hinaus. Die Reize dieser Landschaft sind in ihrer fortwährenden Abwechslung nicht zu beschreiben. Es ist alles wie in eine große Silberplatte geschnitten und graviert«. Mehrfach traf er sich mit dem eigensinnigen, alternden Dichter, um Interpretationsfragen und Detailprobleme der Übersetzung mit ihm zu besprechen. Der war mit Morgensterns Arbeit sehr zufrieden und bedankte sich zu Beginn des Jahres 1900 schriftlich bei ihm für die »meisterliche, feine Übertragung« seiner Stücke ins Deutsche. Morgenstern indes tat sich zusehends schwerer mit der Übersetzungsarbeit und geriet innerlich in eine gewisse Distanz zu Werk und Person des Norwegers. »Die Gedichte Ibsens liegen schwer auf mir«, klagte er. »Ich möchte endlich frei sein und soll immer noch diese fremde Welt mit mir herumschleppen, der ich mich oft aus Bitterste feind fühle. Ibsen ist in der Tat der persönliche Ausdruck jenes Grauenvollen, wovon er schreibt; er zieht an und stößt ab.«

An Ibsen schieden sich die Geister. Während Morgenstern zwar Ibsens Polemik gegen die moralischen Lebenslügen geschätzt hatte, über die radikale Symbolik des Alterswerkes aber erschreckt war, bekannte sich ein Thomas Mann »innerlich« dazu. Als Ibsens Vision eines »dritten Reiches« zwischen Christentum und Heidentum nach 1933 in Deutschland völkisch umgedeutet wurde, versuchte Thomas Mann den Norweger als Geisteskämpfer rettend an die Seite Nietzsches zu stellen. Später verglich er ihn auch wohlwollend mit dem »Hexenmeister« Wagner. Aber schon im *Zauberberg*-Milieu spiegeln sich altnordische Sagen und antik-griechische Mythen als korrespondierende Parallelwelten. »Ibsen und Nietzsche«, so kann man auch heute hören, hätten »die Fenster ihres Jahrhunderts weit aufgerissen, um frische Luft in die Krankenzimmer ihrer Zeit zu lassen.« Morgenstern und seiner kranken Lunge jedoch tat die kalte Luft in der nordischen Sagenwelt nicht gut und er floh 1902 vor ihr in den Süden. Nach einer Visite am Gardasee und in Mailand reiste er weiter nach Rapallo, Portofino und Florenz. Hier fand er endlich Muße, an die Verwirklichung fast vergessener eigener Pläne zu denken. Dazu gehörte auch die Idee, ein Renaissancestück zu verfassen. Er sei »jetzt in Studien zu einem Drama Savonarola«, ließ er im Mai den befreundeten Theaterkritiker Efraim Frisch wissen. »Savonarola ist, wenn ich so sagen soll, eine uralte Liebe von mir, und so habe ich mir denn einmal Mut gefasst und mir das Studium seines Lebens und seiner Zeit vorgenommen.« Die »Haupthilfe« für Morgensterns Recherchen war nach eigener Aussage die umfangreiche Savonarola-Biografie des italienischen Historikers Pasquale Villori, deren deutsche Übersetzung von 1868 ihm vorlag. Sich dem radikalen Renaissanceprediger unbefangen zu nähern, war und ist nicht einfach. Savonarolas kulturrevolutionären Provokationen im Namen des Kreuzes sowie seine martialische Erscheinung – Goethe nannte sie »fratzenhaft« – haben Gegnern und Geschichtsschreibern die »Verteufelung« seiner Person erleichtert. Morgenstern teilte die Auffassung des italienischen Biografen, Savonarola habe keine jakobinisch-theokratische Terrorherrschaft angestrebt, sondern eher eine christlich-demokratische Republik nach venezianischem Vorbild, in der statt einer einzigen Familie einige tausend Handwerker und Kaufleute einen Rat wählen und so die Geschicke des Staates mitbestimmen sollten. Das würde auch erklären, warum er gegen die Intrigen der reichen Florentiner und die Macht des neuen Papstes Alexander VI. nicht ankam und 1498, wie andere »Häretiker« und »Schismatiker« vor ihm, auf dem Scheiterhaufen endete.

Morgenstern selbst befand sich auf einer Gratwanderung zwischen Poesie und Religion. Im Dezember 1902 pilgerte er in die heilige Stadt Rom und im Frühjahr des nächsten Jahres zog es ihn wieder in die Toskana. Zurück in Berlin schrieb er an den *Galgenliedern* und nahm – um seine Sanatoriumsaufenthalte bezahlen zu können – neue Arbeiten als Übersetzer, Dramaturg, Lektor und Redakteur an. 1905 begann er mit seinem *Tagebuch eines Mystikers* und dem Entwurf eines Versezyklus *Der Christus*. Nach Erscheinen des Gedichtbandes *Melancholie* im Frühjahr 1906 verbrachte Morgenstern die restlichen Monate des Jahres in Meran. Im Herbst konsultierte er dort auch Christoph von Hartungen senior, und musste zu seinem Bedauern erfahren, dass die Behandlung von Tuberkulosekranken in dessen beiden Sanatorien, das heißt sowohl im nahe gelegenen Mitterbad als auch in Riva, generell abgelehnt wurde. Doch gab der erfahrene Arzt dem Dichter einige persönliche Ratschläge, so die Empfehlung, sich für eine Kur am Gardasee um eine Privatunterkunft in San Vigilio zu bemühen. Morgenstern folgte dem Rat und bezog nur wenige Monate später, Ostern 1907, Quartier im luxuriösen Gästehaus Locanda di San Vigilio. Es war ein vornehmer Ort, an dem sich schon früher internationale Persönlichkeiten wie Marie-Louise von Österreich, die zweite Frau Napoleons, oder Zar Alexander III. wohlgefühlt hatten – und dem später auch der Kurgast Winston Churchill Glanz verleihen sollte. Das Gästehaus gehörte ursprünglich zu dem Komplex der heute noch existierenden Renaissancevilla, die der ebenso gelehrte wie reiche Humanist Agostino di Brenzone um 1540 errichten ließ, weil er überzeugt war, dass die kleine Halbinsel zwischen Garda und Torri del Benaco »der schönste Ort der Welt« sei. Morgenstern hat es während seines Aufenthaltes in San Vigilio besonders genossen, jeden Abend die alte Zypressenalle bis zur höchsten Stelle (Punta) emporzusteigen, um durchzuatmen und immer wieder neu zu erleben, wie der glutrote Sonnenball in der wunderschönen Bucht, der »Baia delle Sirene«, verschwand und noch lange seine Leuchtspuren am Horizont hinterließ.

»Jesus des kleinen Mannes«

Obwohl der Dichter im Frühjahr 1907 am Gardasee intensiv grübelte, wie er sein *Tagebuch eines Mystikers* in einen autobiographischen Erziehungsroman umwandeln, das heißt, als Entwicklung seiner eigenen inneren Einkehr darstellen könnte, fand er diesen literarischen Weg nicht. Er war noch nicht fähig, wie er später erklärte, seine Mitschuld und Mittäterschaft an der Not der Welt zu erkennen, um sie abtragen zu helfen. Die entscheidende Lebenswende kam für ihn in den beiden folgenden Jahren. Im Juli 1908 lernte er während eines Kuraufenthaltes in Südtirol seine zukünftige Lebensgefährtin Margareta Gosebruch von Liechtenstern kennen. Und am 28. Januar 1909 besuchte er erstmals in Berlin einen Vortragsabend Rudolf Steiners und wurde in dessen Bann gezogen. Steiners Thema war die Darstellung einer ideellen Verbindung zwischen dem religiös inspirierten russischen »Anarchisten« Leo Tolstoi und dem philanthropisch gesinnten amerikanischen Stahlmilliardär Andrew Carnegie. Sein Vortrag endete mit der Perspektive von Reinkarnation und Karma als »Marksteinen der wirklichen Ich-Entwicklung des Menschen«. Rückblickend kommentierte Morgenstern: »Er sprach über Tolstoi und Carnegie, und sein Vortrag erhob sich zu so triumphierender Großzügigkeit, dass ich wusste: hier ist mein Land, und hier wollen wir unsere Hütten bauen.« Die Lebensgefährtin Margareta wurde noch vor ihm Mitglied der »Theosophischen Gesellschaft«. Seine eigenen, anfänglichen Skrupel wurden durch längere persönliche Gespräche mit Steiner im Sommer 1909 überwunden. Mit und ohne Margareta folgte Morgenstern nun Steiner zu fast jedem seiner Vorträge – nach Kristiania, Budapest, Basel, Düsseldorf, Kassel oder nach München. Es waren Strapazen mit Entbehrungen auf zugigen Eisenbahnen und in billigen Hotels ohne Komfort. Die Vorträge kreisten um Themen wie: *Die geistigen Hierarchien und ihre Widerspiegelung in der physischen Welt, Die Apokalypse des Johannes, Theosophie und Okkultismus der Rosenkreuzer* oder *Der Orient im Lichte des Okzidents*. Steiners anthroposophische Lehre wollte im wesentlichen zwei »Verfehlungen« der herkömmlichen Theosophie korrigieren: Zum einen war sie um eine praktische Wechselbeziehung zwischen der okkulten Lehre und der irdischen Realität bemüht, zum anderen wollte sie an die Zentralität des Christusereignisses für die

Geschichte der Menschheit erinnern. Dabei gelang es ihm, die abstrakte Begrifflichkeit seiner Ideen in konkrete Anregungen nicht nur für die Theologie umzuwandeln, sondern auch für die Pädagogik und Soziologie sowie ganz praktische Bereiche der Medizin und Landwirtschaft.

Ob es Christian Morgenstern wirklich gelungen ist, ganz genau den von Steiner vorgeschriebenen meditativen Schulungsweg zu gehen, kann nicht ermittelt werden. Auf jeden Fall hat er sich bemüht, dessen fleißiger Schüler zu werden. So schrieb er Margareta nach dem Steinervortrag im Juni 1909 aus Kristiania:

»Er sprach sehr bedeutend über Nietzsche und Lagarde. – Die Auslegung der Apokalypse ist grandios; ich werde froh sein, wenn ich während des Sommers sie und das Voraufgegangene in mir geklärt haben werde. Ich sehe überhaupt ein, dass es zunächst Lernen, Lernen und wieder Lernen gilt. Daraus ergibt sich alles Weitere von selbst. Meine Berliner Freunde, sogar die liebsten, werden zunächst nicht mit mir gehen. Das muss ertragen werden. Wenn ich im Winter in Berlin bin, werde ich ausschließlich diesem Lernen leben, und wenn Du auch da bist, wirst Du wohl ganz aus freien Stücken ein Gleiches tun. Unsere Talente aber werden dann endlich ein weites Feld gewinnen, auf dem sie wirken können. Du wirst Klavier spielen, in einem ganz anderen Sinne als bisher und zu ganz anderen Zwecken. Ich werde meine Bücher nicht mehr bloß herausgeben, weil das eben heute so Sitte ist, sondern so, wie man Stein auf Stein legt, um ein Haus zu bauen (von dem ich nun endlich ahne, wie es auszusehen hat). Vielleicht aber wird das Schreiben auch einige Zeit ruhen; ich halte jetzt vieles wieder für möglich, was ich längst aufgegeben hatte.«

Am 7. März des Jahres 1910 heiratete Christian Morgenstern die Freundin offiziell in Meran. Den Sommer verbrachten sie in den Dolomiten. Nach dem gemeinsamen Besuch eines Vortragszyklus von Rudolf Steiner in der Schweiz unternahmen sie im Herbst und Winter eine ausgedehnte Italienreise mit den Stationen Verona, Mailand, Genua sowie Palermo und Taormina. Doch das feuchtwarme Winterklima in Sizilien bekam dem kranken Körper Morgensterns nicht. Er erlitt einen heftigen Rückfall und wurde auf der Rückreise im Frühjahr 1911 in eine Spezialabteilung des Deutschen Krankenhauses in Rom eingeliefert. Dann folgten monatelange Liegekuren abwechselnd in Arosa und Davos. Alle Kuren wurden ohne Genesung beendet. Morgensterns mühsamer Kampf diente fortan der bloßen Erhaltung des Körpers. Und die aufopferungsvolle Pflege Margaretas schien nur noch den Zweck zu haben, ihren Mann reisefähig für Besuche von Steinervorträgen zu machen. Im Oktober 1912 kam es in Zürich noch einmal zu einem längeren, persönlichen Gespräch zwischen Morgenstern und Steiner. Morgenstern und seine Frau schrieben hingebungsvolle Briefe an den Meister, und der antwortete – wenn überhaupt – nur mit knappen Telegrammbotschaften. Morgenstern unternahm vom Krankenbett aus sogar Anstrengungen, Steiner beim Nobelkomitee in Stockholm als Friedenspreiskandidaten vorzuschlagen. Nach dem Züricher Treffen entstand ein längerer Briefentwurf an die »hochgeehrten Herren des Comitees«, in dem es heißt:

»Der Mann, auf den ich in aller Bescheidenheit Ihren Sinn richten zu können wünsche, ist Dr. Rudolf Steiner, der Inaugurator der gegenwärtigen theosophischen-anthrosophischen Bewegung in Mitteleuropa. Für den, welcher diese Bewegung seit Jahren aus eigenster Erfahrung kennt, entspricht Dr. Rudolf Steiner in dreifacher Beziehung den Bedingungen der Nobelpreisstiftung: als Wissenschaftler, als Dichter und Förderer des Friedens.« Er sei, so Morgensterns überschwängliches Lob, »der erste geisteswissenschaftliche

Gelehrte und Schriftsteller Europas, ja man muss weitergehen: der ganzen gegenwärtigen Kultur«.

Die Autorität des Verehrten war so groß, dass der kranke Dichter auch die Durchführung bestimmter medizinischer Therapien von der Zustimmung seines »Lehrers« abhängig machte. So geht zum Beispiel aus einem Tagebuchnotat Morgensterns vom 10. Juli 1913 hervor, dass er um ein persönliches Urteil Steiners zur Nützlichkeit von Tuberkulininjektionen nachsuchte. Dieses von Robert Koch aus Mykobakterienkulturen entwickelte Präparat galt als vielversprechendes neues Tuberkulosetherapeutikum, obwohl sich aufgrund falscher Dosierungen mehr schädliche Nebenwirkungen als Heilerfolge einstellten, wie interessanterweise auch im *Zauberberg* konstatiert wird. »Die Verabfolgung der Injektionen, so meldete Hans Castorp nach Hause, hatte der Hofrat neuestens unterbrochen. Sie bekamen diesem jungen Patienten nicht, verursachten ihm Kopfschmerzen, Appetitlosigkeit, Gewichtsabnahme und Müdigkeit, hatten die Temperatur zunächst erhöht und dann nicht beseitigt.« Ähnlich erging es Morgenstern, als er nach Zustimmung Steiners mit den Tuberkulininjektionen begonnen hatte.

Aber auch sonst gibt es zwischen Morgensterns Krankengeschichte und Ereignissen im *Zauberberg* einige Berührungspunkte. Manche Parallelen sind verblüffend. So entspricht der erzählte Zeitraum des Romans von 1907 bis 1914 dem Verlauf der letzten Lebensphase Morgensterns, die von zunehmendem Siechtum und gleichzeitiger Hinwendung zur mystischen Lehre Rudolf Steiners bestimmt waren. Während Morgenstern den Vorträgen des Anthroposophen lauschte, lässt Thomas Mann seinen Doktor Krokowski im *Zauberberg* über »Seelenzergliederung«, »Unterbewusstsein«, »Telepathie«, »Zweites Gesicht« oder »Hysterie« referieren. Und während zur Befremdung Hans Castorps die Vorträge im Sanatorium unter dem Motto

»Mystik und Weihe« zu spiritistischen Gesellschaftsspielen ausgeweitet wurden, fieberte Morgenstern (im wahrsten Sinne des Wortes) der Münchner Bühnenweihe von Steiners Mysteriendramen entgegen. Zusammen mit dem *Faust* sollten sie später zum festen Bestandteil des Repertoires des Dornacher »Goetheanums« gehören, dessen Eröffnung Morgenstern aber nicht mehr erleben konnte.

Der letzte Vortrag Steiners, dem er beiwohnen durfte, fand Ende 1913 in Leipzig statt und war dem Thema »Christus und die Welt« gewidmet. Margarete besorgte einen Krankentransport für ihren Mann, dessen Hauptsorge zu sein schien, den Referenten nicht zu stören, wie er seinem Freund Kayssler besorgt mitteilte: »Vor der Leipziger Reise war der Hustenreiz oft so hartnäckig, dass ich mir sagte: Es wird ja ganz unmöglich sein, auch nur einem einzigen Vortrag beizuwohnen, ohne entweder fortwährende Störung zu verursachen oder zu stärksten Codeindosen zu greifen ...« Es gelang ihm mit größter Anstrengung während des Vortrags am 31. Dezember 1913, seinen Husten weitgehend zu unterdrücken. Der Redner bedankte sich mit großer Geste – indem er dem in der letzten Stuhlreihe sitzenden und von seiner Frau gestützten Ehrengast am Ende der Veranstaltung einen Rosenstrauß überreichte. So wurde diese letzte Begegnung mit Rudolf Steiner, wie Morgenstern selbst erklärte, zu dem »höchsten Ehrentag« seines Lebens. Im neuen Jahr 1914 versuchte er noch einmal, Zuflucht in einem Sanatorium zu finden – aber die Ärzte legten keinen Wert auf todkranke Patienten. Schließlich vermittelte Christoph von Hartungen senior dem zusätzlich an Nierenentzündung und Darmkatarrh Leidenden ein Privatquartier in Meran-Untermais und bot seine medizinische Hilfe an. »Wir wollen zu Hartungen nach Meran«, notierte Morgenstern am 3. März. Auch wenn Margareta die Verabreichung von reinem Morphium »in esoterischer

Hinsicht« für »sehr schädlich« hielt, ermöglichte der Arzt dem Dichter doch, seine letzten Korrekturen für die symbolische Verssammlung *Wir fanden einen Weg* abzuschließen. Am 31. März 1914 starb Christian Morgenstern in Meran. Rudolf Steiner telegrafierte der Witwe aus München: »Es kann keinen schöneren Tod geben.«

Nicht alle Zeitgenossen waren von der Echtheit der Steinerschen Gefühlsbekundungen überzeugt. Zu ihnen gehörte auch Kurt Tucholsky, der zehn Jahre später einen Auftritt des Anthroposophen in Paris beobachtet hat:

»Rudolf Steiner, der Jesus des kleinen Mannes, ist in Paris gewesen und hat hier einen Vortrag gehalten [...]. Im Ganzen sieht Steiner aus wie ein aus den Werken Wilhelm Buschs entlaufener Jesuit: Bauernschädel, gefalteter Komödiantenmund, Augen, die sich beim Sprechen nervös schließen und nur manchmal – in ff. Dämonie – die Zuschauer ansehen. Man hatte mir gesagt, dass ganze Nationen diesem Zauber unterliegen. Ich habe so etwas von einem *un*überzeugten Menschen überhaupt noch nicht gesehen. Die ganze Dauer des Vortrages hindurch ging mir das nicht aus dem Kopf: Aber der glaubt ja kein Wort von dem, was er spricht! (Und da tut er auch recht daran.) Der Prophet sprach deutsch. Nach je zehn Minuten pausierte er, und dann übersetzte Jules Sauerwein vom *Matin*, das was er gesagt hatte, ins Französische, übrigens ausgezeichnet. Das Ganze war ausdrücklich als einleitender Vortrag angesagt, ich kann also verlangen, dass ich bei einigermaßen gutem Willen zum mindesten verstehe, was da vorgetragen wird. Es ergab sich, aus dem verblasenen und in missverstandener Terminologie abgefasstem Zeug herausgeschält dies: Der Mensch ist imstande, durch schärfste Konzentration zu drei Stufen der Erkenntnis vorzudringen: zu der imaginären, der inspirierten und der intuitiven. Nun wäre der Spott über die menschliche Unbeholfenheit, von diesen Dingen zu

Neulingen zu sprechen, sehr billig – ich weiß, wie schwer es ist, einem Blinden klarzumachen, was das bedeutet: violett. Und da gibt es nur ein Kriterium dafür, ob jemand die Wahrheit sagt oder schwindelt: das ist die kristallklare Selbstüberzeugtheit. Nichts davon [...]. Und der Dreigegliederte redete und redete. Und Sauerwein übersetzte und übersetzte. Aber es half ihnen nichts. Dieses wolkige Zeug ist rein gar nichts für die raisonablen Franzosen, die gerade in der Philosophie eine außerordentlich klare und präzise Ausdrucksweise lieben (daher sie selbst für die echten Mystiker wie Angelus Silesius nicht viel übrig haben). Neben mir saß ein alter Herr mit den vernünftigen, braunen Augen des gebildeten Franzosen: sie tränten ihm – so litt er unter der Schläfrigkeit. Die Zuhörer schliefen reihenweise ein; dass sie nicht an Langeweile zugrunde gingen, lag wohl an den wohltätigen Folgen weißer Magie. Immer, wenn übersetzt wurde, dachte ich über diesen Menschen nach. Was für eine Zeit! Ein Kerl etwa wie ein armer Schauspieler, der sommerabends zu Warnemünde, wenns regnet, im Kurhaus eine ›Réunion‹ gibt, alles aus zweiter Hand, ärmlich, schlecht stilisiert ... und das hat Anhänger! Wie groß muss die Sehnsucht in den Massen sein, die verlorengegangene Religion zu ersetzten! Welche Zeit! Sein ›Steinereanum‹ in der Schweiz haben sie ihm in Brand gesteckt, eine Tat, die durchaus widerwärtig ist. Es soll ein edler, kuppelgekrönter Bau gewesen sein, der wirkte wie aus Stein. Er war aber aus Holz und Gips, wie die ganze Lehre. Der Redner eilte zum Schluss und schwoll mächtig an. Wenns auf der Operettenbühne laut wird, weiß man: Das Finale naht. Auch hier nahte es mit gar mächtigem Getön und einer falsch psalmodierenden Predigerstimme, die keinen Komödianten lehren konnte. Man war versucht, zu rufen: Danke – ich kaufe nichts. Der Redner hatte geendet. Mäßiger Beifall pritschelte. Auch zu Anfang waren nur zwei Reihen Unentwegter ehrfürchtig bei seinem Nahen aufgestanden, wie vor Gott oder einem besiegten General [...]. Christian Morgenstern liebte ihn. Dieser feine, gütige, hohe und tiefe Geist liebte Rudolf Steiner. War das Weltfremdheit? Ist dennoch wirklich etwas hinter dem Gerede dieses unüberzeugten, unsereinen nicht überzeugenden, geschwollenen Predigers? Spricht das gegen Morgenstern? Für Steiner? Ich weiß es nicht.«

Besonderes Interesse hat Morgenstern am Ende seines Lebens für Steiners Eurythmieexperimente gezeigt. Dabei fesselten ihn nicht nur Körperbewegungen und Gruppentanz, sondern vor allem die Vertonungen und der »sichtbare Gesang«. Die Hinwendung zu dieser Art von »Musik« hatte nicht nur etwas mit seinem Krankheitsstadium zu tun, in dem ihm Heileurythmie als Therapie empfohlen wurde, sondern auch mit der Verarbeitung eines Kindheitstraumas. Morgensterns Mutter, eine glühende Verehrerin von Mozart, hätte in ihrem Sohn auch gern ein musikalisches Wunderkind gesehen, doch sie starb zu früh, um ihn in die Zauberwelt der Opern, Sinfonien und Konzerte einzuführen. Und er selbst hat es zutiefst bedauert, im Elternhaus nicht in die Geheimnisse der Musik eingeweiht worden zu sein: »Eine ganze Welt ist mir da verloren gegangen! Wenn ich ein Musiker wäre, würde ich eine Symphonie *Vineta* schreiben.« Musik sollte Glücksgefühle vermitteln und Mut machen, wie er es später einmal in einem Brief an seine Verlobte zum Ausdruck brachte: »Nicht leiden sollen Sie an mir, durch mich. So wie Beethoven von seiner Musik sagt, wenn die Menschen in Tränen ausbrachen: Freuen, freuen soll man sich daran! – Wir beiden armen Herzen werden an der Tragik des Lebens nichts ändern: Also entschließen wir uns zur Tapferkeit ...«

Anlässlich des 90. Todestages von Morgenstern haben ideenreiche Spaßvögel versucht, auch dessen Werk eurythmisch zu vertonen. Dabei haben sie Originaltitel wie *Der*

Seufzer, Galgenbruders Frühlingslied, Bim, Bam, Bum und sogar *Fisches Nachtgesang* für ihre Version »multiinstrumental« zubereitet. Das hätte dem Dichter gewiss nicht gefallen, denn er war kein Humorist, sondern Moralist. Musik sollte zwar glücklich machen – aber nicht entweihen. Morgenstern selbst hatte im August 1912 in Davos, im Sanatorium des Hofrats Dr. Karl Turban, ein Musikerlebnis, das er als störende und weihelose Lärmbelästigung empfand. Es waren die lauten Töne »platter und stupider« Operettenmelodien, die vom Grammophon des Zimmernachbarn in seine schutzlosen Ohren drangen. Besonders litt er unter den Klängen der *Lustigen Witwe* von Franz Lehár.

Seelenzauber und rohe Männerstimmen

Grammophonmusik war damals en vogue – auch im *Zauberberg* erklingt sie. Hier kommt das damals »neueste Modell« der Marke »Polyhymnia« zum Einsatz, eine Produktbezeichnung, für die noch heute Werbung gemacht wird. Polyhymnia, das war im antiken Griechenland die Muse der Hymnendichtung, des Tanzes, der Pantomime und der Geometrie – und wie alle Musen eine Tochter des Zeus und der Mnemosyne. Thomas Mann hat sie nicht zufällig in seinem Roman eingeführt, denn sie sollte entsprechend der antiken Tradition jenen Schriftstellern Ruhm bringen, deren Werke (also vor allem seine) sie für unsterblich hielt. Vorläufer der im *Zauberberg* von Hofrat Behrens stolz präsentierten »neuesten Errungenschaft« waren die Phonographen von Thomas Alva Edison, Alexander Bell und Emil Berliner aus dem 19. Jahrhundert. Letzterer gilt als der eigentliche Erfinder der Schallplatten. Für ihn war der junge Tenor Enrico Caruso noch um die Jahrhundertwende bereit, für ein verhältnismäßig geringes Honorar von einhundert englischen

Pfund zehn Arien »auf Matrize« zu singen. Danach wurde der Italiener Weltstar an der New Yorker Metropolitan Opera. Im *Zauberberg* werden die Schellackplatten bereits durch elektrischen Strom in Schwung gebracht, eine Erfindung, die real erst in den 1920er Jahren in Gebrauch kam. »Der matt-schwarz gebeizte Schrein, der hier, ein wenig tiefer als breit, angeschlossen mit seidenem Kabel an einem elektrischen Steckkontakt in der Wand, in schlichter Distinktion auf einem Fachtischchen stand, zeigte mit jener rohen und vorsintflutlichen Maschinerie überhaupt keine Ähnlichkeit mehr.« Das neue Grammophon sei »kein Apparat und keine Maschine«, erläuterte der Sanatoriumsleiter: »Das ist ein Instrument, das ist eine Stradivarius, eine Guarneri, da herrschen Resonanz- und Schwingungsverhältnisse vom ausgepichtesten Raffinemang!« In dieser modernen Verbindung von Musik und Technik finde sich »die deutsche Seele up to date«. Doch schon die präsentierte Kostprobe ging weit über das »treusinnig Musikalische« hinaus. Man »lauschte mit offenen Mündern lächelnd« und vernahm »die ersten gliederwerfenden Takte einer Ouvertüre von Offenbach«. Man applaudierte und hörte mehr: natürlich klingende Sängerstimmen, ein Waldhorn, das »mit schöner Vorsicht Variationen über ein Volkslied« vollführte, und eine »trillernde« Arie aus Verdis Oper *La Traviata*. Es folgten »eine Romanze von Rubinstein«, danach »Glockenklänge, Harfenglissandi, Trompetengeschmetter und Trommelwirbel« und zum Schluss ein Tango »im exotischen Hafenkneipengeschmack.«

Nach dieser imposanten Einführung in die *Fülle des Wohllautes* zog der Hofrat sich diskret zurück und ließ seine Patienten allein mit ihren Gefühlen. Hans Castorp bot sich als Verwalter der Musikmaschine an und erhielt auch den Schlüssel für den Wandschrank, in dem die Kartontaschen mit den Schallplatten wie »stumm-gehaltvolle Zauberbücher« aufbewahrt wurden. Sie enthielten eine Menge von Ouvertüren und Einzelsätzen »aus der Welt der erhabenen Symphonik, gespielt von berühmten Orchestern, deren Leiter namhaft gemacht waren«, Opern in »Hülle und Fülle«, Kunstlieder und »schlichte Volkslieder«, die Hans Castorp zum Teil »seit Kindesbeinen« kannte. »Ein internationaler Chor gefeierter Sänger und Sängerinnen« stellte die »hochgeschulte Gottesgabe seiner Stimmen« zur Verfügung, um Arien, Duette und »ganze Ensembleszenen« aus den verschiedenen Gegenden und Epochen des musikalischen Theaters zu Gehör zu bringen – die »südliche Schönheitssphäre« war ebenso repräsentiert wie »eine deutsch-volkhafte Welt von Schalkheit und Dämonie«. Aber auch Kammermusiken und »Instrumental-Solonummern« für Violine, Cello, Flöte und Piano gehörten zum Sortiment. Alles das hatte Hans Castorp im Sinne der musikalischen Geschmacksentwicklung von Thomas Mann einzuordnen – keine einfache Aufgabe. Er brauchte Ruhe dafür. »Spät, nach der Abendgeselligkeit, nach Abzug der Menge, war seine beste Zeit. Dann blieb er im Salon, oder kehrte heimlich dorthin zurück und musizierte allein bis tief in die Nacht.« Dabei war er gewarnt. Der aufklärerische Geist Lodovico Settembrini, der selbst aussah wie ein schäbiger »Drehorgelmann«, hatte ihm geraten, die Finger von der Musik zu lassen. Sie sei »politisch verdächtig« und »unverantwortlich«.

Hans Castorp hatte besondere »Lieblinge« in seinem Plattenmagazin ausgemacht, »einige Vokal- und Instrumentalnummern, die zu hören er niemals satt wurde«: Auszüge aus Verdis Oper *Aida*, vor allem die Schlussszene des lebendig eingemauerten Liebespaares Radames und Aida, Debussys *Vorspiel zum Nachmittag eines Fauns*, die Tanzszene in Lillas Patias Taverne aus Bizets *Carmen*, Valentins Gebet aus Gounods *Faust* und Schuberts *Lindenbaum*-Lied. Vier Musikstücke aus dem romanischen Kulturbereich standen nur einem deutschen Kunstlied gegenüber. Wagner fehlte überraschenderweise völlig. Wie kann man das erklären? Hatte Hans Castorp sich doch die Warnung Settembrinis zu Herzen genommen und eine politisch korrekte und verantwortliche Auswahl getroffen?

Experten haben das analysiert und »im Zusammenspiel« von Schuberts Lied, Debussys Vorspiel sowie den Opernszenen von Verdi, Bizet und Gounod einen »Spiegel« erkannt, in dem sich auch die Entwicklung von Castorps nationaler Identität »in deutlichen Zügen« abzeichne. Schuberts volkstümliches Lied wird zwar als »der Inbegriff einer spezifisch deutschen Romantik« vorgestellt, aber gleichzeitig von jenem *Lied der Deutschen* abgegrenzt, dessen Motto für die idealistische Opferbereitschaft jugendlicher Kriegsfreiwilliger (»Deutschland über alles«) stehen sollte. Der entscheidende Aspekt von Castorps großer Empfänglichkeit für die Musik sei der gewachsene »transnationale Charakter seiner Musikalität«. Nach sieben Jahren Aufenthalt im Sanatorium habe er nicht nur »ein vertieftes Bewusstsein seines Deutschtums« erworben, sondern auch »die intellektuelle und psychologische Disposition für ein gutes, das heißt der Welt zugewandtes Europäertum im Sinne Nietzsches«. Im *Zauberberg* stellt Thomas Mann seine früh empfundene Seelenverwandtschaft mit Wagner in Frage – überwunden hat er sie nie ganz. Im Aufsatz *Über die Kunst Richard Wagners* schreibt er: »Was ich Richard Wagner verdanke, kann ich nie vergessen, und sollte ich mich noch so weit im Geiste von ihm entfernen.« Wie Settembrini im *Zauberberg* hatte auch Nietzsche Wagners Musik unter Generalverdacht gestellt – allerdings nicht aus »politischen« Gründen, sondern wegen der »Reinlichkeit« in »Dingen des Geistes«. Aber trotz Warnungen und heftiger Kritik blieb auch der Autor des *Zarathustra* dem Schöpfer des *Parsifal* bis zu seinem Lebensende innerlich verbunden.

Diese Ambivalenz kommt am besten in seiner letzten Schrift vor dem Zusammenbruch zum Ausdruck, die er 1888 unter dem Titel *Nietzsche contra Wagner* in Turin abschloss. »Wir sind Antipoden«, heißt es da im Vorwort. »Man wird auch noch andres dabei begreifen, zum Beispiel, dass dies ein Essay für Psychologen ist, aber nicht für Deutsche«. Er habe seine Leser überall in Europa und selbst in New York – nur »nicht in Europas Flachland Deutschland«. Wie so oft bei Nietzsche weiß man aber auch in diesem Fall nicht, ob er sich bei klarem Bewusstsein emphatisch-warnend, ironisch oder luzide geäußert hat – oder ob seine Worte bereits von seiner »Krankheit« getrübt waren. Deshalb hier im Originalton seine Warnung vor einer *Musik ohne Zukunft*:

»Die Musik kommt von allen Künsten, die auf dem Boden einer bestimmten Kultur aufzuwachsen wissen, als die letzte aller Pflanzen zum Vorschein, vielleicht weil sie die innerlichste ist und folglich am spätesten anlangt – im Herbst und im Abblühen der jedes Mal zu ihr gehörenden Kultur. Erst in der Kunst der Niederländer Meister fand die Seele des christlichen Mittelalters ihren Ausklang – ihre Ton-Baukunst ist die nachgeborene aber echt – und ebenbürtige Schwester der Gotik. Erst in Händels Musik erklang das Beste aus Luthers und seiner Verwandten Seele, der jüdisch-heroische Zug, welcher der Reformation einen Zug der Größe gab – das alte Testament Musik geworden, nicht das neue. Erst Mozart gab dem Zeitalter Ludwig des Vierzehnten und der Kunst Racines und Claude Lorrains in klingendem Golde heraus; erst in Beethovens und Rossinis Musik sang sich das achtzehnte Jahrhundert aus, das Jahrhundert der Schwärmerei, der zerbrochenen Ideale und des flüchtigen Glücks. Jede wahrhafte, jede originale Musik ist Schwanengesang. Vielleicht, dass auch unsre letzte Musik, so sehr sie herrscht und herrschsüchtig ist, bloß noch eine kurze Spanne Zeit vor sich hat: denn sie entsprang einer Kultur deren Boden im raschen Absinken begriffen ist, einer alsbald versunkenen Kultur. Ein gewisser Katholizismus des Gefühls und eine Lust an irgendwelchem altheimischen sogenannten ›nationalen‹ Wesen und Unwesen sind ihre Voraussetzungen. Wagners Aneignung alter Sagen und Lieder, in denen das gelehrte Vorurteil etwas Germanisches par excellence zu sehn gelehrt hatte – heute lachen wir darüber –, die Neubeseelung dieser skandinavischen Untiere mit einem Durst nach verzückter Sinnlichkeit und Entsinnlichung – dieses ganze Nehmen und Geben Wagners in Hinsicht auf Stoffe, Gestalten, Leidenschaften und Nerven spricht deutlich auch den Geist seiner Musik aus, gesetzt, dass diese selbst, wie jede Musik, nicht unzweideutig von sich zu reden wüsste: denn die Musik ist ein Weib ... Man darf sich über diese Sachlage nicht dadurch beirren lassen, dass wir augenblicklich gerade in der Reaktion innerhalb der Reaktion leben. Das Zeitalter der nationalen Kriege, des ultramontanen Martyriums, dieser ganze Zwischenakts-Charakter, der den Zuständen Europas jetzt eignet, mag in der Tat einer solchen Kunst, wie der Wagners, zu einer plötzlichen Glorie verhelfen, ohne ihr damit Zukunft zu verbürgen. Die Deutschen selber haben keine Zukunft ...«

Thomas Mann hat diese Warnung Nietzsches vernommen, gipfelnd in seiner Erkenntnis, dass »viel Hitler in Wagner« sei. Aber wie ein Süchtiger hat er sich trotz wachsender Einsichten und verschiedener Entwöhnungskuren nie völlig von der Wagner-Droge befreien können. Noch wenige Monate vor seinem Tod zeigte er sich verzaubert: »Abends unter uns. II. Akt *Lohengrin* ... Genoss jeden Takt, kann nicht sagen, wie ich diese Musik liebe.« Und schon ein halbes Jahrhundert zuvor hatte er eine Novelle nach den todessehnsüchtigen Motiven des *Tristan* gestaltet: Eine schwerkranke junge Frau wird von einem Dichter verführt, gegen das strenge ärztliche Verbot Klavier zu spielen. Es wird ein Wagnerspiel mit tragischen Folgen. Ort der Handlung ist ein Sanatorium, das an Riva erinnert. Aber war Riva ein Ort Wagners?

Dass Wagners Musik nicht nur in Bayreuth, sondern auch in Italien Triumphe zu feiern vermochte, hat Thomas Mann in seinem zwischen 1915 und 1918 entstandenen Essay *Betrachtungen eines Unpolitischen* versucht darzustellen. Er beschreibt ein Konzert des Wagnerfreundes Alessandro Vessella, dem er vor etlichen Jahren auf der Piazza Colonna in Rom gelauscht hatte. Die Zuhörer waren gespalten in Anhänger der italienischen Musik und Bewunderer Wagners. Entsprechend dieser Aufteilung wurde die Trauermusik für Siegfried sowohl bejubelt als auch ausgepfiffen. Daraufhin ließ der Dirigent das Stück wiederholen, mit einem Ergebnis, das Thomas Mann zum Schwärmen brachte: »Aber nie vergesse ich, wie unter Evvivas und Abassos zum zweiten mal das Nothung-Motiv heraufkam, wie es über dem Straßenkampf der Meinungen seine gewaltigen Rhythmen entfaltete, und wie es auf seinem Höhepunkt, zu jener durchdringend schmetternden Dissonanz vor dem zweimaligen C-Dur-Schlage, ein Triumphgeheul losbrach und die erschütterte Opposition unwiderstehlich zudeckte, zurücktrieb, auf längere Zeit zu verwirrtem Schweigen brachte ...«

Riva war weder deutsch noch italienisch, es war mitteleuropäisch und transnational. Das galt auch für die Musikvorlieben im Sanatorium. Wenn Wagner im *Zauberberg* nicht zu den »Vorzugsplatten« Castorps gehörte, dann lag das nicht nur an neuen Erkenntnissen oder taktischen Einsichten des Autors in seiner Schreibsituation nach dem Weltkrieg, sondern auch am kulturellen Einfluss Rivas. Im Hartungschen Sanatorium selbst gab es kaum Publikum für den Bayreuther Mythenschmied. Auch Thomas Mann gab sich dort nicht als Wagnerianer zu erkennen, sondern nur als Geigenspieler mit unterschiedlichen Vorbildern. Er »beherrschte damals«, wie Christl von Hartungen sich erinnerte, »die Fiedel ebenso glänzend wie die Feder«. Das scheint etwas übertrieben zu sein, denn Thomas Mann selbst fühlte sich nach eigener Aussage mehr den »Ohrenmenschen« zugehörig, das heißt, sein Verhältnis zur Musik war eher ein rezeptives, wie auch aus den autobiografischen Notizen seines Jugendfreundes, des Kapellmeisters Carl Ehrenberg, hervorgeht. In dessen Erinnerung an gelegentliche Musikabende im Hause Mann, bei denen die Mutter Julia Klavier spielte, er selbst Violoncello und sein Bruder Paul Violine, heißt es: »Thomas Mann verhielt sich hierbei immer rein passiv, d.h. genießend und erlebend, obwohl er ganz gut Geige und auch ein wenig Klavier spielte. Um ihn zur aktiven Teilnahme an unserem Musizieren anzuregen, schrieb ich ein paar kleine Stücke für Geigen und Cello, die wir auch ein paarmal durchspielten. Doch da er mit Takt und Rhythmus etwas auf dem Kriegsfuß stand, schien ihn dies mehr zu irritieren als zu erfreuen.«

Weil er sich selbst nur als Laie begriff – die Musik in seinem Werk und Leben aber eine zentrale Rolle einnahm –, war Thomas Mann stets an engen Beziehungen zu Musikexperten interessiert. Nach Carl Ehrenberg waren diese Experten lange Jahre vor allem der damalige Münchner Generalmusikdirektor und Mahlerschüler Bruno Walter – und im amerikanischen Exil schließlich Theodor W. Adorno. Bruno Walter konstatierte in seiner Autobiografie eine »schöne und innerliche Nähe« zu dem Dichter. Er fühlte sich »in ahnungsvoller Weise von der Eigenart des Mannschen Schaffens ergriffen«, wie der wiederum von seiner »Art des Musizierens angezogen schien.« Walter erinnerte sich daran, Thomas und Katia Mann aus Werken von Webern, Mozart, Schubert oder Mahler vorgespielt – und sie mit Hans Pfitzners *Palestrina* bekannt gemacht zu haben. Vor allem aber ist ihm die Wagner-Intimität Thomas Manns im Gedächtnis haften geblieben. »Ich erinnere mich, als ich ihm den zweiten Akt des *Tristan* vorspielte, dass er mich durch seine bis ins Einzelne gehende Kenntnis des Werkes verblüffte, indem er nachträglich das leise Es der Trompete bei den Worten ›das bietet dir Tristan‹ reklamierte, das ich ausgelassen hatte.«

Was den Informationsstand über zeitgenössische Trends und Stars der Musikszene betraf, befand sich der Dichter immer auf dem Laufenden. Umso erstaunlicher ist es, dass er sich nicht offiziell mit jenem Komponisten auseinandergesetzt hat, der nach 1900 auch in Riva den Ton angab: Eugène Francis Charles d'Albert. Sein Vater war der Ballettkomponist Charles d'Albert (1809-1886), der zwar in Deutschland geboren worden war, aber eine französische Herkunft hatte und mit einer Schottin verheiratet war. Auch italienische Musiker gehörten zu den Vorfahren: so die Komponisten Giuseppe Matteo Alberti (1685-1751) und Domenico Alberti (1710-1740). Eugène Francis Charles d'Albert, der sich später unter Verwendung des deutschen Vornamens kurz Eugen d'Albert nannte, kam am 10. April 1864 in Glasgow zur Welt, lebte überwiegend in Deutschland, sollte am 3. März 1932 in Riga sterben und liegt auf Friedhof von Morcote in der Schweiz begraben. Transnationaler kann eine Biografie kaum sein.

Eugen d'Albert erhielt als Kind den ersten Musikunterricht von seinem Vater und kam mit zehn Jahren an die »New Music School« in London. Sein Klavierlehrer wurde der aus Wien stammende Ernst Pauer, der gleichzeitig an der »Royal Academy of Music« lehrte. Als sein Schüler 16 Jahre alt war, vermittelte Pauer ihn zur Weiterbildung an Franz Liszt in Weimar. Hier wurde der hochtalentierte junge Musiker auf Konzertreisen vorbereitet, die ihn als Interpreten von Bach und Beethoven bekannt machen sollten. Bald erschienen auch seine ersten eigenen Kompositionen. Darunter Klavierwerke, Sinfonien, Streichquartette und auch Chorwerke mit anthroposophisch klingenden Titeln wie *Der Mensch und das Leben* oder *Wie wir die Natur erleben*.

Berühmt aber wurde Eugen d'Albert erst als Opernkomponist. Insgesamt schrieb er mehr als zwanzig Opern, die erste 1893, *Der Rubin*, nach der morgenländischen Märchennovelle Friedrich Hebbels – und die letzte 1932, *Mr. Wu*, ein experimentelles Fragment, das von Leo Blech vervollständigt wurde. Dazwischen entstanden neben seinem Meisterwerk *Tiefland* auch so bemerkenswerte Stücke wie *Die toten Augen* (1912) – nach dem französischem Drama (1897) des Autors Marc Henry (Achille Georges d'Ailly-Vaucheret) – oder *Der Golem* (1926), nach der Theaterversion von Arthur Holitscher.

Das Musikdrama *Tiefland*, uraufgeführt am 15. November 1903 im Prager Neuen Deutschen Theater, brachte d'Albert den internationalen Durchbruch, es war in rascher Folge in fünfzehn verschiedenen Sprachen rund um die Welt zu hören und zu sehen. Diese Oper wurde sein meistgespieltes Werk. Nach 1945 aber verschwand das Stück vorübergehend von den Spielplänen, weil Hitler *Tiefland* zu einer seiner Lieblingsopern erklärt hatte und Leni Riefenstahl das Motiv und den Komponisten zusätzlich durch eine einschlägig-pathetische Verfilmung diskreditierte. Unter den aktuellen Neuinszenierungen fällt die Ankündigung der Wagnerenkelin Katharina am Staatstheater Mainz ins Auge, die mit dieser belasteten Tradition zu kokettieren scheint: »*Tiefland* folgt einem um 1900 und weit darüber hinaus folgenreichen Kontrastmodell: eine dekadente Zivilisation auf der einen Seite, eine unbefleckte Natur auf der anderen Seite. In dieser Wildnis wachsen – ganz in der Nachfolge von Richard Wagners Siegfried – freie, nur der

Natur verpflichtete Menschen auf, die einer müden, morbiden Zivilisation zu neuem Leben oder zum Untergang verhelfen können.«

Nun geht aber das authentische Libretto der Oper nicht auf germanische Heldensagen und nordische Mythen zurück, sondern auf das naturalistische Drama *Terra baixta* des katalanischen Dichters Angel Guimerà (1849-1924), das dieser als Propagandastück für die Unabhängigkeitsbewegung »Renaixança« konzipierte. Treffender als der Vergleich mit Wagners Mythen ist der zeitgenössische Hinweis auf die Nähe des Stückes zum italienischen »Verismus«, einer Hinwendung zum »realistischen« Alltag und der Volkskultur.

Die schlichte Handlung folgt dem Gut-Böse-Schema. Ort des Geschehens ist die spanische Pyrenäenlandschaft. Der mächtige Großgrundbesitzer Don Sebastiano, Herr über das Tiefland, hatte die noch minderjährige Marta, ein Waisenkind, gezwungen, seine Geliebte zu werden. Als seine Schulden zur Last werden, will er sich durch die Heirat mit einer reichen Bäuerin sanieren. Da er aber auf die junge Geliebte nicht verzichten möchte, verkuppelt er Marta mit dem naiven Berghirten Pedro – in der Hoffnung, sie so weiter in seiner Verfügungsgewalt zu behalten. Pedro ahnt nichts von der perfiden Machenschaft und hält die unverhofft gewonnene junge und schöne Frau für ein Gottesgeschenk – muss aber erkennen, dass sie ihn nicht liebt. So wirbt der Naturbursche um sie, indem er berichtet, wie er in einem Kampf auf Tod oder Leben einen bösen Wolf besiegt habe, der seine Herde bedrohte. Marta ist beeindruckt und entwickelt nun doch Liebesgefühle für den ehrlichen und tapferen Kerl. Als sie ihn über die Hinterlist des Sebastiano aufklärt, kommt es zum Kampf zwischen den beiden Männern. Pedro erweist sich als der Stärkere und tötet Sebastiano so, wie er damals den Wolf zur Strecke gebracht hat. Für das junge Paar eröffnet sich eine neue Freiheitsperspektive, die

Pedro mit mächtiger Stimme verkündet: »Hinauf in meine Berge, hinauf zu Licht und Freiheit!/ Fort aus dem Tiefland! Macht Platz, ihr alle, gebt uns Raum!/ Ich habe den Wolf erwürgt, den Wolf, den Wolf hab ich getötet!«

Dieses Motto erklang nach 1903 auch als Grammophonmusik im Hartungschen Salon und sollte zu einer Bekenntnishymne junger Lebensreformer auf den Sanatoriumsterrassen von Riva bis Ascona werden. Ausschlaggebend für den Erfolg von *Tiefland* war aber nicht der Text, sondern eine Musiksprache, die eine Brücke schlug von Wagner zu Verdi, Puccini und Bizet. D'Alberts Begeisterung für die Oper erklärte sich wohl vor allem aus seiner Vorliebe für theatralische Gesten und dramatische Effekte. Was seine Originalität ausmacht, ist die besondere Handhabung der Instrumentation. Auch wenn man ihm mehr handwerkliche Solidität als überragende Inspiration zuschreibt, traf er dennoch mit seinem filigranen Orchesterklang und eingängigen Gesangslinien genau das Gefühl seiner Zeit. Christl von Hartungen berichtet, dass auch sein Vater persönlichen Kontakt zu Eugen d'Albert gepflegt hätte, der mehrfach vor 1914 mit wechselnden Begleiterinnen in den Kureinrichtungen von Riva und in Mitterbad weilte. Später besaß er eine eigene Villa am Lago Maggiore. Der Lebensstil des weltmännischen Komponisten war bereits vor seinem großen Erfolg äußerst aufwändig, und er galt als ein großer »Frauenheld«. Sechsmal war er verheiratet, unter anderem mit der berühmten venezolanischen Pianistin Teresa Carreno, deren Vater zeitweilig als Außen- und Finanzminister Venezuelas amtierte.

Dass Eugen d'Albert einige Stücke seinem großen Verehrer Gerhart Hauptmann gewidmet hat, scheint vor allem dessen Konkurrenten Thomas Mann geärgert zu haben. Das wäre eine Erklärung dafür, warum sich dieser nicht offen mit dem einflussreichen Komponisten auseinandergesetzt hat. Aber es gibt Andeutungen im *Zauberberg*. Mit etwas Phantasie könnte man die Wasserfallszene als entsprechende Satire deuten. Thomas Manns Erinnerungen an den Varone-Fall bei Riva sind wie eine Art *Tiefland*-Aufführung auf einer Freilichtbühne in Szene gesetzt: »Die Besucher waren dicht herangetreten auf schlüpfrigem Felsengrunde und betrachteten, feucht angeatmet und angesprüht, in Wasserdunst eingehüllt und dicht verpolstert vom Lärm, dazu Blicke tauschend und mit verschüchtertem Lächeln die Köpfe schüttelnd, das Schauspiel, diese Dauerkatastrophe aus Schaum und Geschmetter, deren irres und übermäßiges Brausen sie betäubte, ihnen Furcht erregte und Gehörtäuschungen verursachte. Man glaubte hinter sich, über sich, von allen Seiten drohende und warnende Rufe zu hören, Posaunen und rohe Männerstimmen.« Und am Rand dieses naturalistischen Spektakels stand Mynheer Peeperkorn, mit seinem »weißen Flammenhaupt«, unschwer als Gerhart Hauptmann zu erkennen; er gestikulierte wild und versuchte vergeblich, das Geschehen zu erklären. Sein Mund formte Worte, »die tonlos blieben, als würden sie in luftleerem Raum gesprochen.«

»Die Musik ist dämonisches Gebiet«

Peeperkorns Sprachlosigkeit gegenüber dem tönenden Wasserfall verweist auf ein generelles Kommunikationsproblem zwischen Literatur und Musik. Als Thomas Mann im Jahre 1907 von seinem Freund Carl Ehrenberg um ein Opernlibretto gebeten wurde, lehnte er dies mit dem Hinweis ab, dass er ohnehin schon »so viel Musik« mache, »als man *ohne* Musik füglich machen« könne.

Die meisten seiner Romane handeln von den *Wirkungen* der Musik. Das gilt für den »Seelenzauber« des *Zauberbergs* ebenso wie für die »Mentalitätsgeschichte« des *Doktor Faus-*

tus. Wobei das letztere Werk sein »eigentlicher« Musikroman ist. Durch die Montage von Faust-Stoff, NS-Deutschland und Philosophie der neuen zwölftonigen Musik gelang ihm mit Theodor W. Adornos Hilfe eine zeitgemäße Verknüpfung von sprachlicher Tontechnik und Gefühlskunst. Dabei ging es nicht nur formal um Schönbergs Methode der »Komposition mit zwölf nur aufeinander bezogenen Tönen«, sondern auch inhaltlich um die Möglichkeit, Musik und deutsche Misere wesenhaft aufeinander zu beziehen. »Die Musik ist dämonisches Gebiet«, erklärte der Autor. »Soll Faust der Repräsentant der deutschen Seele sein, so müsste er musikalisch sein; denn abstrakt und mystisch, das heißt musikalisch, ist das Verhältnis des Deutschen zur Welt, – das Verhältnis eines dämonisch angehauchten Professors, ungeschickt und dabei von dem hochmütigen Bewusstsein bestimmt, der Welt an ›Tiefe‹ überlegen zu sein.«

Bei der Idee, eine musikalische Faustgeschichte zu schreiben, handele es sich, wie Thomas Mann mehrfach seinen *Tagebüchern* anvertraute und im April 1943 dem Sohn Klaus mitteilte, um »einen sehr alten Plan«, der »unterdessen gewachsen« sei. Er habe »eine Künstler-(Musiker-) und moderne Teufelsverschreibungsgeschichte, aus der Schicksalsgegend Maupassant, Nietzsche, Hugo Wolf etc« im Blick, »kurzum das Thema der schlimmen Inspiration und Genialisierung, die mit dem Vom Teufel geholt Werden, d.h. mit der Paralyse endet. Es ist aber die Idee des Rausches überhaupt und der Anti-Vernunft damit verquickt, dadurch auch das Politische, Faschistische, und damit das traurige Schicksal Deutschlands. Das Ganze ist sehr altdeutsch-lutherisch getönt (der Held war ursprünglich Theologe), spielt aber in dem Deutschland von gestern und heute. Es wird mein ›Parsifal‹. So war es schon 1910 gedacht, als der politische Einschlag noch vorwegnehmender und verdienstlicher war. Aber ich hatte immer so viel anderes zu tun.«

Aber was war ihm dazwischen gekommen? Welches »andere Tun« hatte ihn abgelenkt? Es waren weniger die widrigen äußeren Zeitläufte, sondern mehr die inneren Qualen seiner Wagnerkrise. Denn schon im September 1911 machte Thomas Mann seinen Konflikt zum nationalen Problem: »Die Deutschen sollte man vor die Entscheidung stellen: Goethe oder Wagner. Beides zusammen geht nicht. Aber ich fürchte, sie würden ›Wagner‹ sagen.« Er selbst entschied sich zusehends mehr für Goethe – nicht nur als Vorbild, sondern auch als Konkurrent. So sah er die Notwendigkeit und Möglichkeit, sich erneut mit dem *Faust*-Drama auseinanderzusetzen, die Geschichte fortzuschreiben, sie auszuweiten auf ein Nationalschicksal und sich selbst dabei einzubeziehen.

Auch im *Zauberberg* steckt viel Goethe und dessen Fortschreibung. Im fünften Kapitel zum Beispiel feiert man die *Walpurgisnacht* als Faschings- und Hexenfest. Aber statt nordischer Mythennebel legt sich südlicher Konfettiregen über die Szenerie. Es ist der italienische Aufklärer Settembrini, der dabei an das faustische »Meisterwerk« der deutschen »Nationalliteratur« erinnert: »Allein bedenkt! Der Berg ist heute zaubertoll,/ Und wenn ein Irrlicht Euch die Wege weisen soll,/ So müsst Ihr's so genau nicht nehmen.« Und Madame Chauchat sieht in ihrem verführerisch freizügigen Kleid nicht aus wie eine Blocksberg-Hexe, sondern eher wie die die laszive Emeralda in Victor Hugos Roman und Heinrich Heines *Faust*-Tanzpoem. Sie versucht, mit Hans Castorp anzüglich französisch zu sprechen. Auf dessen Einwand »Sprechen Sie Deutsch, bitte!« entgegnet sie: »Oh, ich spreche Deutsch, auch auf Französisch. Das ist so eine Art Doppelstudium: künstlerisch und medizinisch – mit einem Wort: es handelt sich dabei um sehr menschliche Künste und Wissenschaften, du verstehst sicher.« Hans Castorp versteht nicht, teilt aber ihre Vorliebe für Gounods *Faust*-Oper, die er unter seinen »Vorzugsplatten« im Grammophonschrank aufbewahrt.

Alle berühmten und völlig durchkomponierten *Faust*-Opern, die mit Goethes Werk in Zusammenhang gebracht werden, kommen nicht aus Deutschland, sondern aus Frankreich und Italien: Hector Berlioz' *La Damnation de Faust* (1845/46), Charles Gounods *Faust et Marguerite* (1859) und Arrigo Boitos *Mefistofele* (1868). Erwartungsgemäß fanden Berlioz, Gounod und Boito wenig Gnade bei den deutschtümelnden Goetheverehrern und Musikkritikern. Die Peinlichkeit, dass kein deutscher Komponist von Rang eine vergleichbare *Faust*-Oper vorweisen konnte, wurde kompensiert durch den chauvinistischen Anspruch, ausländischen Komponisten das Recht abzusprechen, sich überhaupt am deutschen Nationalepos zu versuchen. Hatte Goethe selbst schon 1829 durch ablehnendes Schweigen auf Berlioz' Übersendung der *Huit Scènes de Faust* reagiert, stempelten die Musikkritiker der Kaiserzeit unter Berufung auf ein Wagnerurteil Berlioz als »Beethovenepigonen« ab.

Das Grundstereotyp der deutschen Kritik an ausländischen *Faust*-Opern erwies sich als ebenso langlebig wie der *Faust*-Mythos selbst. Der Führungsanspruch der »Germanen« auch in der Musik hatte sich schon vor dem Nationalsozialismus herausgebildet und überdauerte ihn. Selbst in der marxistischen Kontroverse um das Eisler-Projekt einer *Faust*-Nationaloper grenzte man sich vom »süßlichen Gounod« ab. Zehn Jahre zuvor war in der NS-Zeitschrift *Das Reich* der Essay *Die Faustidee in der Musik* erschienen. In der Ausgabe vom 10. November 1942, also zu einem Zeitpunkt, als Gründgens mit seinem Berliner *Faust II* Maßstäbe gesetzt hatte, war dort zu lesen:

»Was Goethes *Faust* an opernmäßigen Wirkungsmöglichkeiten in sich trägt, hat Gounod geschickt und ›kulissen‹wirksam in seiner Margarethe herausgezogen. Unter dem Begriff ›Das Faustische‹ aber verstehen wir etwas anderes: jenen dämonischen Drang der Menschheit und nicht zuletzt des deutschen Menschen nach Vertiefung in die letzten Daseinsprobleme, das metaphysische Bedürfnis – wie Schopenhauer es nennt, den verzehrenden Trieb, der ›vom Himmel durch die Welt zur Hölle‹ voll Erkenntnishunger der ›Idee‹ nachrennt, um schließlich zur Erfüllung zu gelangen, so wie Goethe die Engel singen lässt: ›Wer immer strebend sich bemüht, den können wir erlösen‹«

Nach 1933 setzte im deutschen Kulturbetrieb ein Konkurrenzkampf um das Erbe der nationalen Klassik ein, in dem Nationalsozialisten und ihre emigrierten Gegner vermeinten, jeweils die »eigentlichen« Bezüge zwischen sich und dem »deutschen Wesen« herstellen zu können. Mit welch geschickter Regie die NS-Führer das deutsche Klassikmuseum für sich reaktivierten, für ihre Ziele instrumentalisierten und auf verschiedene Bedürfnisse flexibel abstimmten, hat man im Exil meist nicht wahrhaben wollen. Oft folgten die Exilanten (einschließlich der »inneren« Emigration) unbewusst diesen Regieanweisungen. Ob in Deutschland oder im Exil: Goethe, Schiller und Hölderlin waren für viele eine Rückzugsposition für die individuelle Lebensgestaltung in der Isolation, für Trauer und Kritik, ein Ideal des »wahren Humanismus«, das es gegen »Fälscher« zu verteidigen galt. Aber wie sollte das »Wahre« verteidigt werden?

Es ist kein Zufall, dass Thomas Mann im Rahmen dieser Fragestellung mit seiner Arbeit am *Doktor Faustus* begann. 1943 war in vielerlei Hinsicht ein Jahr des Umbruchs, militärisch, politisch, ideologisch und künstlerisch. Im Frühjahr, nach Abschluss des *Joseph*-Romans, reifte die Idee für ein neues Thema. »Trachten nach Annäherung an den *Faust*-Stoff«, heißt es in den *Tagebüchern*. Einen Tag später fand der Autor in seinen alten Notizen aus Palestrina und Riva »den 3 Zeilen-Plan des Doktor Faust vom Jahre 1901« wieder und konstatierte ergriffen »Berührungen mit der *Tonio-Kröger*-Zeit«. Im »3 Zeilen-Plan« wird die Teufelsverschreibung eines »syphilitischen Künstlers«, der an Nietzsche erinnert, nur angedeutet. Eine konkretere Teufelsvision will Thomas Mann selbst schon früher gehabt haben: 1895 oder 1897 – als er mit dem Bruder Heinrich im gleichnamigen Geburtsort des Komponisten Palestrina, in den Bergen bei Rom, einige Sommerwochen in der Casa Bernardini verbrachte. »Dort habe er«, wie sein Bericht kolportiert, »im steinernen Saal in der Nachmittagshitze urplötzlich, auf dem schwarzen Sofa sitzend, einen Fremdling erblickt, von dem er gewusst habe, dass er kein anderer als der Teufel gewesen sei.« Er habe sich »an jenem heißen Nachmittag nicht wohlgefühlt, mit Kopfweh und leichter Übelkeit, habe deshalb den Bruder allein den gewohnten Spaziergang machen lassen und sei im Steinsaal zurückgeblieben.« Thomas Mann hat dieses Erlebnis seinem Bruder berichtet und lässt auch Christian Buddenbrook darüber sprechen. In den *Tagebüchern* vom 21. März 1943 waren »die Gedanken« erneut »auf den Faust-Stoff gerichtet«, der jedoch noch »fern davon« war, »Gestalt anzunehmen«. Aber das Problem wurde eingekreist: »Obgleich das Pathologische ins Märchenhafte zu heben, ans Sagenmäßige anzuschließen wäre, geht eine Art von Bangigkeit davon aus, die sonstigen Schwierigkeiten scheinen fast unüberwindlich, und die Vermutung mischt sich ein, dass ich deshalb vor dem Unternehmen zurückschrecke, weil ich es immer als mein letztes betrachtet habe.« Jetzt gab es die berechtigte Hoffnung, einen glücklichen Zeitpunkt für die Abrundung des Lebenswerkes gefunden zu haben:

»Der 68-Jährige setzte es fort, einheitlich entzückt von dem Goethe-Parodistischen des innerlich höchst adäquaten Stoffes, der in festhaltender Geduld durch die Jahrzehnte und so viele abweichende Anstrengungen hindurchgetragen [...]. Die Wiedervertiefung in das Vorhandene muss zeigen, ob der sachliche Reiz stark genug ist, mich zu den nötigen Studien zu bewegen. Vorläufig wird der Gedanke der Wiederaufnahme hauptsächlich durch die Idee erstaunlich geduldiger Kontinuität, der Lebenseinheit, des großen Bogens gestützt.«

Der Sommer 1943 war für Thomas Mann sehr produktiv. Zwischen Vorträgen und »Broadcasting« las, recherchierte, diskutierte und schrieb er gleichzeitig. Schon im Juli spürte er seine »wachsende Liebe für den jungen Adrian«, die Hauptfigur des Romans. Des weiteren dokumentieren seine *Tagebücher* in diesem Zusammenhang: »angelegentliches« Lesen »in Adorno's Schrift« (25. Juli), »Unterhaltung« mit Alfred Döblin »über Musik«, Reflexionen über das »Unwesentliche der Atonalität« (14. August), aber auch erstaunliches Interesse für die »Gesänge eines populären Baryton-Boys Frankie Sinatra« (15. August) und als höchste Stimulanz die Lektüre eines Essays im *Fantasy Magazine* über den *Zauberberg* (21. August) Am 27. September kamen die Adornos zum Abendessen. Thomas Mann hatte sich gut vorbereitet. Sie sprachen »über Einzelheiten der Musik-Philosophie« und er las aus seinem Manuskript eine längere Passage vor. Adorno bestätigte ihm prinzipiell eine große »Intimität mit der Musik«, erhob aber »Einwände im Einzelnen, denen teils leicht, teils kaum Rechnung zu tragen« war. Der Autor schlief schlecht und war am nächsten Tag »sehr müde von der gestrigen Anstrengung«. Er entschloss sich, Adorno um großzügigere Hilfe zu bitten. Er war bereit, ganze Textteile von ihm zu übernehmen, wie er dem Musikexperten am 5. Oktober mitteilte: »Ich scheue in diesem Fall vor keiner Montage zurück, habe das übrigens nie getan. Was in mein Buch gehört, muss hinein und wird von ihm auch resorbiert werden.« Insgesamt war Thomas Mann für sein neues Werk hoch motiviert, der »erste stürmische Anlauf« hatte bereits bis Anfang August 1943 siebzig Manuskriptseiten erbracht. Natürlich blieben im Verlauf der insgesamt fast vierjährigen Schreibarbeiten Erschöpfungen, Resignation und periodische Unterbrechungen (zum Teil durch schwere Erkrankung) nicht aus.

Der im Januar 1947 beendete Roman trägt den Untertitel *Das Leben des deutschen Tonsetzers Adrian Leverkühn, erzählt von einem Freunde*. Er beschreibt das tragische Schicksal eines »erfundenen« modernen Komponisten, eingebettet in die »wahrhaftige« Problemgeschichte der deutschen Mentalität bis hin zum Nationalsozialismus und zur Katastrophe des Zweiten Weltkrieges. Dem Roman ist als Motto ein »Inferno«-Zitat aus Dantes *Divina commedia* vorangestellt. Aber anders als bei Dante führt die Grenzwanderung Thomas Manns nicht in ein visionäres Jenseits von Hölle, Fegefeuer und Himmel, sondern in das irdische Reich des Teufels, das Dritte Reich Hitlers und der Deutschen. Um nachzuweisen, dass die Diktatur des Dritten Reichs dem deutschen Wesen entsprach, bediente sich der Autor eines Kunstgriffs. Er montiert und verschränkt drei historische Ebenen miteinander. Da ist zunächst der historische Ort des legendären Doktor Faustus aus der Zeit des Übergangs vom Mittelalter zur Neuzeit, im Roman lokalisiert als die altertümliche Stadt Kaisersaschern mit ihren Wällen und Türmen, in der Leverkühn und sein Biograf Zeitblom geboren sind und für immer geprägt wurden. Diese »Stadt der Hexen und Sonderlinge, des Instrumentenlagers und des Kaisersgrabes im Dom« hat etwas von Luthers Wittenberg und Nietzsches Naumburg. Nietzsche ist dann auch die zentrale Figur der zweiten Ebene. Die dritte Ebene schließlich ist die Zeit des Nationalsozialismus, in der Thomas Mann und sein fiktiver Chronist Zeitblom die Geschichte niederschrieben.

In einem Interview anlässlich des Erscheinens der französischen Fassung des *Doktor Faustus* im Frühjahr 1950 betonte Thomas Mann die Bedeutung des Rückgriffs auf die Sage der Renaissance und machte den Unterschied zu Goethe deutlich: »Dieser Roman hat überhaupt nichts mit dem *Faust*, Goethes großartiger Dichtung, zu tun. Er hat mit ihr einzig die Quelle gemein, das heißt die deutsche Legende vom Doktor Faust, die auch Goethe angeregt hat, aber von der er sich völlig entfernt hat. Viel enger sind die Beziehungen des Romans zu der tragischen Gestalt Friedrich Nietzsches; sie sind so intim, dass man von einem Nietzsche-Roman hat sprechen können.« Man habe nicht unrecht gehabt, in seinem Roman »ein Buch der Endzeit« zu erblicken, denn er sei »aus dem Erlebnis der deutschen Katastrophe und aus einer apokalyptischen Konstellation hervorgegangen«. Die abschwächende Schlussbemerkung des Autors, dass seine Absicht aber »nicht nihilistisch« sei – nicht umsonst ende das letzte Werk Adrian Leverkühns, *Doktor Fausti Weheklag*, mit einem Ton »schwacher Hoffnung auf Gnade« –, wurde meist überhört.

Ebenfalls nicht richtig wahrgenommen wurde, dass die zentrale Szene des Teufelsgesprächs nach Palestrina in Italien versetzt wurde – dorthin, wo der Autor vor Jahrzehnten selbst den Teufel getroffen haben will. Im Sommer 1944 hatte Thomas Mann in diesem Zusammenhang den Bruder Heinrich an dessen Schilderungen der *Kleinen Stadt* erinnert, die ja eine Mischung aus Palestrina und Riva war. Die Ortsverlagerung des Teufelsgesprächs in Richtung Süden bedeutet eine bewusste Abgrenzung von der Tradition des deutschen Geisteslebens, das mit der Renaissance bestimmter italienischer Kulturlandschaften wenig zu tun hatte. Zwar vermochte der italienische Humanismus auch die deutschen Scholastiker zu beeindrucken, doch sie waren nicht in der Lage, ihn wirklich aufzunehmen. Kaum ein Magister hat es gewagt, an deutschen Universitäten den Individualismus oder die Dogmen- und Bibelkritik zum Studienprogramm zu erklären. Die »geistige Reform« der Deutschen reduzierte sich im Prinzip auf Fragen der Theologie, in deren Rahmen man allenfalls bereit war, eine volkstümlich-mystische Lehre zuzulassen. Wissenschaftliche und künstlerische Programme zur Selbstverwirklichung des Individuums blieben weitgehend auf das soziale und kulturelle Milieu der oberitalienischen Stadtstaaten beschränkt. Während die rebellische Magiekunst unter der südlichen Renaissancesonne verschiedene Nischen zum Blühen fand, erstarrte sie in der norddeutschen Kirchenkälte völlig. Der »Schwarzkünstler« Faust wurde nur deshalb zu einer literarischen Figur, weil das religiöse Weltbild nach einem »schrecklichen Exempel« verlangte. In Palestrina oder Riva an den Teufel zu denken, war weitaus anregender als in Deutschland. Das empfand selbst der weit herumgekommene Karl May, als er 1901 im Hartungschen Sanatorium weilte. Nach dem Streit mit seiner Frau dachte er in Riva intensiv über ein Läuterungs- und Versöhnungsdrama nach, das den Titel tragen sollte: *Doktor Faust oder Gott, Mensch und Teufel.*

Die Schwierigkeiten, mit denen Thomas Mann bei der Abfassung seines *Faustus*-Romans im amerikanischen Exil zu kämpfen hatte, entsprangen aus dem Zwiespalt von gewolltem »Neuen« und der belastenden Tradition des »Alten«. Die Verlagerung der Teufelsszene nach Italien war eine Rückkehr zum *Zauberberg* und zu den alten Diskussionen in Riva. Serenus Zeitblom versuchte, den Aufklärungsdialog von Settembrini fortzusetzen. Die beiden Weltkriege miteinander vergleichend, bezeichnet er den Ersten Weltkrieg im Vergleich zum Zweiten lediglich als ein »mäßiges Missgeschick«. Die totalitären Katastrophen des 20. Jahrhunderts ließen sich nicht mehr mit den alten Denkschablonen des Liberalismus und der aufklärerischen Kulturkritik erfassen. Zeitblom war ebenso ratlos wie sein Autor. In dieser Situation kam ihnen die »kritische Theorie« Adornos, der damals zusammen mit Max Horkheimer an der *Dialektik der Aufklärung* arbeitete, wie gerufen. In der Vorrede vom Mai 1944 heißt es: »Was die eisernen Faschisten heuchlerisch anpreisen und die anpassungsfähigen Experten der Humanität naiv durchsetzen: Die rastlose Selbstzerstörung der Aufklärung zwingt das Denken dazu, sich auch die letzte Arglosigkeit gegenüber den Gewohnheiten und Richtungen des Zeitgeistes zu verbieten.« Diese Selbstzerstörung ist auch das Thema des Teufelsgesprächs im *Doktor Faustus*. In diesem Gespräch erweist sich Leverkühn als »zu klug eigentlich für die Kunst«, so Thomas Mann später in einem Brief, und der gelehrte Teufel spottet über die naiven Versuche, das magische Wesen der Musik in menschliche Vernunft aufzulösen. Man hat die Beschreibung des Teufels (»auf der gebogenen Nase eine Brille mit Hornrahmen, hinter der feucht-dunkle, etwas gerötete Augen schimmern«) zunächst auf Adorno und später auch auf Gustav Mahler bezogen. Doch in inhaltlicher und physiognomischer Hinsicht passen beide Vergleichskonturen nicht. Das zentrale Teufelsgespräch lässt sich nicht auf reine Musiktheorie reduzieren. Es ging generell um die *Dialektik der Aufklärung*. Und hier hatte natürlich auch Max Horkheimer, der ja ebenfalls Exilnachbar und Gesprächspartner Thomas Manns war, ein entscheidendes Wort mitzureden. Auch äußerlich (Nase und Hornbrille) passte er gut ins »teuflische« Bild. Wenn das Gesicht des bebrillten Teufels als eine »Mischung von Schärfe und Weichheit« beschrieben wird, dann deutet das eher auf eine dialektische »Mischung« aus Adorno *und* Horkheimer hin. Als Ratgeber haben sie sich ja auch trefflich ergänzt.

In der Darstellung Thomas Manns erweist sich das Teuflische als das abtrünnige Gute, wobei diese Metaphorik zugleich eine selbstkritische Einsicht zum Ausdruck bringen sollte. Als er seinem Bruder Heinrich den Entwurf der Rede *Deutschland und die Deutschen* zu lesen gab, erkannte der sogleich die emotionale Bedeutung der Selbstkritik und erklärte: »Ich will mich so stark ausdrücken, wie ich es meine. Der Satz ›Das böse Deutschland, das ist das fehlgegangene gute, das gute im Unglück, in Schuld und Untergang‹ – dieser Grundgedanke, ihn gefunden zu haben in seiner unvergesslichen Prägnanz, würde jeden Autor rechtfertigen sein Leben lang. Der Autor aber bist Du allein. Das hatte niemand gewusst. Vor Deinen Hörern wirst Du in der Haltung des Bekenners stehen. ›Ich habe es auch in mir‹«

Die Ablehnung des Romans war in Deutschland am Anfang fast flächendeckend. Leserbriefe, die damals in den deutschen Zeitungen abgedruckt wurden, machen deutlich, dass die Haltung der Selbstbemitleidung gegenüber dem in amerikanischer »Behaglichkeit« lebenden Thomas Mann der allgemeinen deutschen Nachkriegsbefindlichkeit entsprach. Es war der selbstgerechte Tonfall der sogenannten »inneren Emigration«. Man warf den aus dem Exil Zurückgekehrten vor, »in harten Zeiten aus den Logen und Parterreplätzen des Auslandes der deutschen Tragödie« zugeschaut zu haben. Bei keinem anderen Werk hat Thomas Mann so empfindlich auf negative Kritik reagiert wie im Fall von *Doktor Faustus*. Es war sein »wildestes« und zugleich »teuerstes« Buch, das er mit seinem »Herzblut« geschrieben hatte. »Früheres und Späteres von mir«, so erklärte er, »mag glücklicher, heiterer, selbst künstlerisch gewinnender sein – an diesem Buch, d. h. *Doktor Faustus*, hänge ich wie an keinem anderen. Wer es nicht mag, den mag ich sogleich nicht mehr. Wer sich sensibel zeigt für die seelische Hochspannung, unter der es steht, dem gehört meine ganze Dankbarkeit.«

Mit banger Erwartung sah er vor allem der amerikanischen Kritik entgegen. Obwohl hier die wohlwollenden Stimmen überwogen, beschäftigte er sich fast nur mit den negativen Rezensionen. Gegenüber der Journalistin Agnes E. Meyer stimmte er ein regelrechtes Klagelied an: »Einige Tage war ich niedergeschlagen durch die *Faustus*-Kritiken, die mir vor Augen kamen und mir einen trostlosen Eindruck machten. *N.Y. Times* war schon schlimm, aber den tiefsten Punkt erreichte ein gewisser Hamilton Basso im *New Yorker*. Es war da der Dummheit eine Bosheit beigemischt, die ich übrigens verstehe. Ich bin zeitweise in diesem Land zu oft als ›the greatest living man of letters etc.‹ ausgerufen worden und musste auch als Herausforderung wirken, denn gerade in diesem Land soll kein Baum in den Himmel wachsen – was ich nur billigen kann. Aber ich war in alledem ja unschuldig und bin ... nicht halb so anmaßend und selbstzufrieden und überheblich wie die Review-Schreiber zu glauben scheinen. Nur ist gerade dieses Buch, der *Faustus*, mir eigentümlich teuer und immer noch wie eine offene Wunde, schrecklich empfindlich gegen plumpe Berührung – die doch unvermeidlich ist ...«

Unbefriedigend verlief auch ein mittlerweile schon legendäres Gespräch, das die später weltbekannt gewordene Autorin Susan Sontag im November 1947 mit Thomas Mann führte. Damals war sie eine 14-jährige Schülerin und Mitarbeiterin der High-School-Zeitung *The Arcade*. Die Audienz erfolgte wenige Wochen nach dem Erscheinen der deutschsprachigen Erstausgabe des *Faustus*, die auch in der europäisch orientierten Buchhandlung Pickwick auf dem Hollywood Boulevard in Los Angeles auslag. Die Buchhandlung war ein Anziehungspunkt für lesebegeisterte Studenten und Schüler, zu denen auch Susan Sontag gehörte. Einer ihrer Freunde konnte anscheinend problemlos von der Buchhandlung aus im Namen der *Arcade*-Redaktion per Telefon ein Treffen mit dem berühmten deutschen Schriftsteller in dessen Villa am San Remo Drive arrangieren. Aber es gab offensichtlich Missverständnisse. Thomas Mann, der wohl erwartet hatte, von professionellen Redakteuren zu seinem neuen Werk interviewt zu werden, sah sich zu seiner

Verblüffung mit zwei frühreifen amerikanischen Teenagern konfrontiert, die den Inhalt des bisher nur in deutscher Sprache vorliegenden Romans gar nicht kannten. Susan Sontag hatte zur Vorbereitung auf das Treffen in den Nächten zuvor allerdings »begeistert« die amerikanische Ausgabe des *Zauberbergs* verschlungen und versuchte den Autor zu fragen, ob es einen Zusammenhang zwischen diesem und seinem neuen Roman gebe. Thomas Mann schien die Frage nicht zu verstehen. Und als die Schülerin durchblicken ließ, dass auch sie gern Schriftstellerin werden möchte, erkundigte sich der Nobelpreisträger pikiert nach den Lehrplänen ihrer High-School. Susan Sontag war schockiert und hilflos, ihr Idol hatte sich entzaubert: »Der Mann, den ich traf, gab nur geschwollene Phrasen von sich, obwohl er der Mann war, der Thomas Manns Bücher geschrieben hatte. Ich äußerte nichts weiter als mundfaule Einfachheiten, obwohl ich voller komplexer Gefühle war.« Als wertvolle Erkenntnis nahm sie immerhin mit, dass ein guter Romanschriftsteller nicht unbedingt ein glänzender Essayist und Rhetoriker sein muss. Bei ihr selbst scheint es wohl eher umgekehrt gewesen zu sein. Ähnlich wie Adrian Leverkühn war auch Susan Sontag »zu klug eigentlich für die Kunst«. Dennoch schrieb auch sie später einen Roman, *Der Liebhaber des Vulkans,* der sich im Sinne des *Zauberbergs* mit der europäischen Kulturtradition auseinandersetzt.

Der Abschluss des *Faustus* zu Beginn des Jahres 1947 wurde für Thomas Mann nicht zu der erhofften befreienden Zäsur. Ohne die Hilfe Adornos wäre der komplexe Roman vermutlich nicht realisiert worden. Und so blieben vor allem dessen »Enthüllungen« über die Collage-Technik des Autors, die Katia Mann »unerträglich und desillusionierend« fand, eine offene Wunde. Thomas Mann sah sich dadurch gezwungen, fast ein ganzes Jahr mit der rechtfertigenden Dechiffrierung seines Textes zu verbringen. Doch auch sein komplexer Arbeitsbericht *Die Entstehung des Doktor Faustus. Roman eines Romans* gab nicht alle Geheimnisse und Quellen preis.

Das Bild von der »offenen Wunde« hat der Autor selbst aber vor allem im Sinne seines *Parsifal*-Vergleiches benutzt, der zugleich auf den Unterschied hinweist. »Erlösung dem Erlöser« lauten die letzten Worte des Parsifal, nachdem der Speer, der die Wunde schlug, sie auch geschlossen hat. Im *Doktor Faustus* ist es Leverkühn (und damit auch der Autor selbst), der das Leid der Epoche trägt, wobei offen bleibt, ob er »gerettet« oder »gerichtet« wird. Der *Doktor Faustus* endet fast ohne Hoffnung: »Deutschland, die Wangen hektisch gerötet, taumelt dazumal auf der Höhe wüster Triumphe, im Begriffe, die Welt zu gewinnen kraft des einen Vertrages, den es zu halten gesonnen war, und den es mit seinem Blute gezeichnet hatte. Heute stürzt es, von Dämonen umschlungen, über einem Auge die Hand und mit dem anderen ins Grauen starrend, hinab von Verzweiflung zu Verzweiflung. Wann wird es des Schlundes Grund erreichen? Wann wird aus letzter Hoffnungslosigkeit ein Wunder, das über den Glauben, das Licht der Hoffnung tragen? Ein einsamer Mann faltet seine Hände und spricht: Gott sei eurer armen Seele gnädig, mein Freund, mein Vaterland.«

Dieser Schluss erinnert an das *Zauberberg*-Finale: »Wird aus diesem Weltfest des Todes, auch aus der schlimmen Fieberbrunst, die rings den regnerischen Abendhimmel entzündet, einmal die Liebe steigen?« Das Erlösungsmotiv am Ende der beiden großen Epochenromane lässt jeweils die Grundmelodie von Wagners *Götterdämmerung* erkennen, wobei der Schluss des *Faustus* verzweifelter klingt als der des *Zauberberg*. Am 24. September 1950 schrieb Thomas Mann einen Brief an Erhard von Hartungen, der diese Stimmung dokumentiert. Er lässt die Epochenentwicklung Revue passieren, informiert über die gemeinsame Exilzeit mit dem

Bruder Heinrich sowie über die näheren Umstände seines Todes. »Ich berichte Ihnen das so ausführlich«, erklärte er, »weil es Sie als Arzt interessieren wird. Von Ihrem unvergesslichen Vater ist zwischen uns in all den Jahrzehnten so manches Mal noch die Rede gewesen, wenn wir uns unserer gemeinsamen Aufenthalte in Riva und auch der Begegnungen mit Ihnen im Gespräch erinnerten.« Und wie der »einsame Mann« im *Faustus* klagte der 75-jährige Thomas Mann: »Alt werden, heißt viele überleben. Ich bin als der Letzte von fünf Geschwistern übriggeblieben.«

»Touristen« am Gardasee:
Postkarte des Palace Hotels
Gabriele d'Annunzio und Benito Mussolini

VI. Sehnsucht und Tod

Untergang des Abendlands?

Auch in der Hartungschen Familienchronik spiegelt sich die epochale Götterdämmerung – doch die Perspektive der Wahrnehmung war eine andere als die des *Doktor Faustus*. So beginnen die bereits zitierten Aufzeichnungen und Gedanken Christl von Hartungens über »Krieg und Frieden« im »alten Österreich« um 1900 und enden mit dem Jahr 1946. In der Empfindung des Autors erscheinen die beiden Weltkriege und die dazwischen liegenden Jahre als zusammenhängende Katastrophenzeit Mitteleuropas. Doch was war mit der Zauberformel »Mitteleuropa« gemeint, einem Gebiet, das politisch, kulturhistorisch oder naturräumlich definiert werden kann? In Deutschland erhielt sie im 19. Jahrhunderts eine überwiegend politische Bedeutung: Publizisten, Ökonomen und Politiker schienen mit dem »Projekt Mitteleuropa« ein ideales Gegengewicht zu den Großmachtansprüchen Frankreichs und Russlands gefunden zu haben. Dabei ging es meist um die Vision eines von Deutschland dominierten Staatenbunds von Triest bis Polen. Einige träumten aber auch vom Zusammenschluss *ganz* Österreich-Ungarns mit Deutschland zu einem »70 Millionen-Reich«. Als sich dann Bismarcks »kleindeutsche« Lösung durchsetzte, entwickelte sich eine spezielle österreichische Gegenideologie, die den eigenen Vielvölkerstaat als die organische Basis »Mitteleuropas« betrachtete. Aber trotz imperialer Gesten, farbenprächtiger Militärparaden und religiöser Prozessionen erwies sich die kaiserliche und königliche Doppelmonarchie nicht als überzeugender Missionar für ein neues heiliges Reich zwischen Okzident und Orient. Wie künstlich und fragil das Bündnis war, sollten das Attentat von Sarajewo und dessen Folgen zeigen. In seinem

Roman *Radetzkymarsch* hat Joseph Roth die Endphase der Habsburger Monarchie beschrieben:

»Aber sie zerfällt bei lebendigem Leibe. Sie zerfällt, sie ist schon zerfallen! Ein Greis, dem Tode geweiht, von jedem Schnupfen gefährdet, hält den alten Thron, einfach und durch das Wunder, dass er auf ihm noch sitzen kann. Wie lange noch, wie lange noch? Die Zeit will uns nicht mehr! Diese Zeit will sich selbständige Nationalstaaten schaffen! Man glaubt nicht mehr an Gott. Die neue Religion ist der Nationalismus. Die Völker gehen nicht mehr in die Kirchen. Sie gehen in die nationalen Vereine. Die Monarchie, unsere Monarchie, ist gegründet auf die Frömmigkeit: auf den Glauben, dass Gott die Habsburger erwählt hat, über so und so viel christliche Völker zu regieren. Unser Kaiser ist ein weltlicher Bruder des Papstes, es ist Seine k.u.k. Apostolische Majestät, keine andere wie er apostolisch, keine andere Majestät in Europa so abhängig von der Gnade Gottes und vom Glauben der Völker an die Gnade Gottes. Der deutsche Kaiser regiert, wenn Gott ihn verlässt, immer noch eventuell von der Gnade der Nation. Der Kaiser von Österreich-Ungarn darf nicht von Gott verlassen werden. Nun aber hat ihn Gott verlassen!«

Der Kurort Riva war innerhalb dieses morbiden Verbundes eine der letzten progressiven Oasen mit Aufbruchstimmungen und alternativen Umgangsformen zwischen Geist und Macht. Der Hartungsche Salon blieb bis zuletzt nicht nur ein Ort »mitteleuropäischer« Kulturdebatten, sondern auch eine »Börse« für diplomatische Kontakte. Selbst der österreichische Kaiser schien, wie im »Fall Girardi« aufgezeigt, die »Neutralität« des Ortes zu akzeptieren. Die »diplomatischen« Sonderbeziehungen der Familie von Hartungen begannen bereits in Wien, als der spätere Sanatoriumsbegründer Christoph von Hartungen (senior) Arzt und Freund des russischen Botschafters und Ministers Fürst Alexander

Michailowitsch Gortschakow wurde. Auch die engen Bande zwischen den Familien von Hartungen und Bismarck/von Arnim waren von Bedeutung. Die engen Kontakte von Stammgästen des Sanatoriums mit führenden Politikern aus Prag oder Warschau gingen weit über die k.u.k.-Dimension hinaus. So unterhielt beispielsweise Heinrich Manns enge geistige Beziehung zu dem späteren Gründer und Präsidenten der Tschechoslowakischen Republik, Tomás Garrigue Masaryk. Während seiner Rivaaufenthalte traf der deutsche Dichter den tschechischen Politiker häufig in Arco. Aufschlussreich ist auch die Korrespondenz der polnischen Dichterin Kazimiera Illakowicz mit Erhard von Hartungen, in der sie ihn über ihre Arbeit im Warschauer Außenministerium und die »Karriere« als Privatsekretärin des Marschall Jozef Pilsudski informiert.

Auffällig jedoch ist, dass namhafte italienische Politiker, Wissenschaftler oder Künstler kaum im österreichisch verwalteten Riva verkehrten. Settembrini ließ nur aus der Ferne grüßen. Die italienisch-österreichischen Beziehungen waren durch eine lange Geschichte von Kriegen, Okkupationen und Freiheitskämpfen belastet. Im kollektiven Gedächtnis der Völker hatten vor allem die blutige Schlacht von Solferino (1859) und der Krieg von 1866, in dem die Italiener Venetien »befreien« und ihrer nationalen Einheit näher kommen konnten, tiefe, emotionale Spuren hinterlassen. Unter dem Titel *Senso – das geheime Tagebuch der Contessa Livia* (1883) hat Camillo Boito, der Bruder des erwähnten Komponisten, die Erlebnisse und Gefühlsverwirrungen einer venezianischen Gräfin geschildert, die damals aufgrund einer Liebschaft mit einem österreichischen Offizier zwischen die Fronten geriet:

»Die jungen, vom blühenden Patriotismus für Italien erfüllten Männer gingen uns unverhohlen aus dem Weg und hassten uns; die Landesbeamten die nicht wussten, wie der

Krieg ausgehen würde, vermieden es, um sich in keiner Weise zu kompromittieren, unser Haus zu betreten: Wir verkehrten also mit den einigen österreichfreundlichen Adligen, dem einen oder anderen hohen Tiroler Beamten, die meist grob, dickschädelig waren und nach Bier und schlechtem Tabak stanken. Die Soldaten hatten nun weder Muße noch Lust, sich mit mir zu beschäftigen [...]. Mittlerweile begannen die Feindseligkeiten. Im zivilen Leben gab es Einschränkungen: Eisenbahn und Straßen dienten nur noch dem Tross der Waffen, der Ambulanzen, der Proviantierung, den Bataillonen der Kavallerie, die in einer Staubwolke vorübereilten, den schweren Geschützen, die die Häuser zum Beben brachten, den Infanterieregimentern, die sich eines nach dem anderen endlos vorüberwanden, wie ein Riesenwurm, der gleichsam die ganze Erde umschlingen wollte. An einem schwülen, drückenden Morgen, es war der 26. Juni, kamen die ersten Nachrichten von einer entsetzlichen Schlacht: Österreich war geschlagen, 10 000 Tote, 20 000 Verletzte, die Banner verloren. Verona gehörte uns noch, war aber wie auch die anderen Festungen, die unter dem höllischen Ansturm der Italiener wankten, nahezu geschlagen.«

Auch das 1882 von Österreich und Deutschland gemeinsam mit Italien geschlossene Defensivbündnis (»Dreibund«) führte nicht zum Abbau der gegenseitigen Antipathien. In diplomatischen Kreisen betrachteten Österreicher und Italiener sich fortan sarkastisch als »verbündete Feinde«. Als sich dann auch Italien im Ersten Weltkrieg nach anfänglicher Neutralität ab August 1915 auf die Seite der Entente stellte, entlud sich der aufgestaute Hass in bisher nicht gekannter Form. Besonders blutig verliefen die Gebirgsschlachten in den Alpen und Dolomiten, die bis zum Oktober 1918 vor allem an den Flüssen Isonzo und Piave ausgetragen wurden. Es war ein langandauernder Stellungskrieg mit Angriffen und Gegenangriffen, mit tagelanger Artillerievorbereitung auf engstem Raum, Infanterievorstößen und erbitterten Nahkämpfen. Größere Geländegewinne vermochte in den ersten Schlachten keine Seite zu erzielen. Selbst im unwegsamen Hochgebirge wurde heftig gekämpft. So haben Pioniere wechselseitig Stollen unter Gipfel gegraben, die von feindlichen Soldaten besetzt waren, um dann das gesamte Felsmassiv mitsamt der Besetzung in die Luft zu sprengen. Aber auch der eisige Bergwinter 1917/18 forderte seine Opfer, wobei die Kriegsführenden nachhalfen, indem sie durch gezielten Artilleriebeschuss tödliche Lawinen auslösten.

Eine merkwürdige Widersprüchlichkeit zeigte sich in den Kämpfen am Gardasee. Während in den Bergen am nordwestlichen Ufer die Schlachten um die Festung Riva mit der gleichen Härte wie im übrigen Gebirgskrieg geführt wurden, nahmen die maritimen Gefechte auf dem See teilweise operettenhafte Züge an. Zu Beginn des Krieges hatten die Österreicher beschlossen, die aus zwei Raddampfern und sechs Kanonenbooten bestehenden Reste der alten Gardaseeflottille zu verschrotten, um die Italiener nicht unnötig zu provozieren. Den letzten Einsatz hatte dieses inzwischen morsche Geschwader im Krieg von 1866 unter dem Kommando des Korvettenkapitäns Manfroni von Monfort gehabt, der Riva erfolgreich vor den Angriffen der ähnlich pittoresken Flottille Garibaldis schützen konnte. Nach Vernichtung ihrer untauglichen »Kriegs«schiffe hatten die Österreicher nun das Problem, sich ausschließlich mit der Landartillerie gegen den Beschuss durch Dampfboote der italienischen Zollbehörden (auch die alte Garibaldi-Flotte existierte nicht mehr) wehren zu müssen.

In dieser Situation entstand ein aberwitziger militärischer Plan. Man erwog ernsthaft, ein einziges, winziges Unterseeboot als Geheimwaffe im Gardasee einzusetzen. Es handelte sich um ein zur Erforschung der Unterwasserfauna und Flora erbautes kleines Tauchboot, das sich im Mittelmeerhafen von Fiume befand. Das Vehikel war 12 Meter lang, 2,70 Meter breit, wog 44 Tonnen und konnte eine maximale Tiefe von 50 Metern erreichen. Außerdem war es mit einem Bullauge und einer Unterwasserkamera ausgestattet. Die österreichische Marine kaufte das Boot im August 1915 für 200 000 Kronen und rüstete es für einen kriegerischen Einsatz um – es wurde mit Torpedos ausgestattet, erhielt einen neuen Motor, ein Periskop und konnte sechs Männer als Besatzung aufnehmen. Nach einem detaillierten Plan sollte die »Wunderwaffe« zunächst per Bahn bis Trient transportiert werden und dann weiter auf Straßen über Terlago, Vezzano, durch das Sarcatal bis Riva. Man hatte sogar daran gedacht, speziell für diesen Transport die Brücke über die Etsch zu verstärken. Aber schließlich wurde das Projekt doch nicht realisiert – vermutlich deshalb, weil die österreichische Marine zum gleichen Zeitpunkt im Mittelmeer zwei große »offizielle« U-Boote bereits bei ihrem ersten Einsatz verlor. Während der hart umkämpfte Monte Brione bei Riva bis 1918 ein »Feuerberg« war, blieb es auf dem Gardasee selbst – verglichen mit dem Bombeninferno des Zweiten Weltkrieges – relativ friedlich. Es schien so, als ob die von Dante besungene Verzauberung des Gardasees durch die Priesterin Manto ein letztes Mal Wirkung zeigen sollte.

Auf den blutigen Stellungskrieg an der Isonzofront indes, wohin auch Christl von Hartungen im September 1916 versetzt worden war, hatte dieser Zauber keinen Einfluss mehr. Bei seinem ersten Einsatz in den mobilen Epidemiespitälern in der Ukraine hatte ihn weniger die seelische Erschütterung über das Gemetzel, sondern vor allem die körperliche Anstrengung des medizinischen Einsatzes an den Rand eines Zusammenbruchs geführt. Doch nach dem heimtückischen Attentat von Sarajewo erschienen ihm Vergeltungsschläge gegen Serben und Russen notwendig, sie waren Feinde. Der Krieg gegen die Italiener in den Südtiroler Bergen hingegen

– oder gar in seiner Heimatregion am Gardasee, war für ihn ein psychisch-moralisches Problem. Gebildete Offiziere aus Padua, Venedig oder Florenz als Feinde zu betrachten, fiel ihm schwer. Sie standen ihm kulturell näher als k.u.k.-Söldner aus Böhmen oder Rumänien. Noch im Juni 1914 hatte er an einer der ältesten und ehrwürdigsten Universitäten Italiens, der Universität von Padua, seine zweite Promotion abgelegt. Seine in italienischer Sprache verfasste Dissertation *Über das Verhältnis von Bronchialkrankheiten und Nervenschwäche* hinterließ bei der Fakultät einen so glänzenden Eindruck, dass man ihm eine Stelle als Assistenzarzt in der Universitätsklinik anbot. Doch der österreichische Mobilisierungsbefehl vom 1. August 1914 sollte Christl von Hartungens Tätigkeit in Padua beenden. Nach seiner »Feuertaufe« als Regimentsarzt und Hauptmann der k.u.k-Landwehr an der Ostfront musste er dann in den Dolomiten erfahren, dass auch italienische Offiziere im Krieg meist nicht seinem Renaissanceideal entsprachen.

Als besonders abschreckendes Beispiel zeigte sich der fanatische Nationalist Gabriele d'Annunzio, der vor dem Krieg hochverschuldet nach Frankreich geflüchtet war. Im Mai 1915 betrat er wieder italienischen Boden und wurde begeistert gefeiert – die Gläubiger schwiegen. Es gab und gibt Vermutungen, die französische Regierung hätte die Propagandadienste d'Annunzios durch Übernahme seiner Schulden belohnt. Nach dem offiziellen italienischen Kriegseintritt am 24. Mai 1915 meldete der 52-Jährige sich freiwillig als Leutnant bei der Kavallerie. Die erteilte Generalvollmacht, »an jeder militärischen Operation entlang der gesamten Frontlinie« teilzunehmen, ermöglichte ihm, von seinem Quartier in Venedig aus einen elitären und öffentlichkeitswirksamen Privatkrieg gegen die Österreicher zu führen. Nach einigen Marine-Einsätzen im Mittelmeer durfte er endlich auch seinen Bresciatraum vom »übermenschlichen« Kampfflieger verwirklichen. Bei wagemutigen Flugblattaktionen über Triest und Trient verglich er sich und seine Fliegerkameraden mit »Dantes Bronzedolchen«. Der Wiener Publizist Egon Friedell verhöhnte seinen feindlichen Kollegen zwar als »pomadigen« und »verkommenen Friseurgehilfen«, dem österreichischen Oberkommando aber war d'Annunzios Kopf immerhin ein Preisgeld von 20 000 Kronen wert. Der militante Dichter warf nämlich nicht nur Flugblätter ab – wie zuletzt noch im August 1918 über dem Stephansdom in Wien –, sondern auch Bomben. Nicht immer verliefen solche Einsätze glimpflich für den Piloten. Bei einer Notlandung im Juni 1916 stieß d'Annunzio mit der rechten Schläfe gegen das Maschinengewehr und verlor ein Augenlicht. Doch schon wenige Monate später flog er wieder Angriffe und erklärte: »Ich habe einen großen Furor in mir.« Dieser italienische »Furor« ähnelte generell dem Kampfrausch deutscher Freiwilliger, wie ihn Thomas Mann im *Zauberberg* beschreibt: »Sie sind ein Körper, darauf berechnet, nach großen Ausfällen noch handeln und siegen, den Sieg noch immer mit tausendstimmigen Hurra begrüßen zu können ...« Statt »Hurra« brüllten d'Annunzio und seine Anhänger: »Eia, Eia, Alalà.« Mit diesem Kampfruf führte der begnadete Selbstdarsteller seinen Krieg auch nach dem offiziellen Friedensschluss weiter und erstürmte als Anführer einiger tausend Freischärler am 12. November 1919 die kroatische Hafenstadt Fiume.

Millionen von Soldaten und Zivilisten hatten durch den Ersten Weltkrieg ihr Leben verloren, weitere Millionen waren verstümmelt oder traumatisiert. Schauerlich bleibt die Vorstellung, dass dieser massenhafte Mord und Selbstmord auch millionenfach in Gedichten, Romanen, Liedern, Bildern und Predigten herbeigesehnt und bejubelt worden ist. »Eine betäubende Zugehörigkeit riss uns das Herz aus den Händen«, hieß es bei Robert Musil im Herbst 1914 – und Gottfried Benn war beeindruckt von Filippo Tommaso Marinettis *Manifest des Futurismus* von 1913, in dem es hieß: »Wir wollen den Krieg preisen – diese einzige Hygiene der Welt –, den Militarismus; den Pariotismus, die zerstörende Geste der Anarchisten, die schönen Gedanken die töten, die Verachtung des Weibes ...« Und Ernst Jünger berauschte sich auf den Leichenfeldern des Weltkrieges an jenem »süßen Geruch«, den scheinbar schon Nietzsches *Zarathustra* von seinen »liebsten Toten« aufgesogen hatte. Jünger war »dieser schwere und süßliche Hauch nicht lediglich widerwärtig; er rief darüber hinaus, eng mit den stechenden Nebeln des Sprengstoffs vermischt, eine fast hellseherische Erregung hervor, wie sie nur die höchste Nähe des Todes zu erzeugen vermag ...«

Dass Thomas Mann diesen Rausch, der auch ihn erfasst hatte, später um seiner eigenen Läuterung willen als Seelendrama einer Generation beschrieben und analysiert hat, weiß man. Die radikale Kritik seines Bruders Heinrich kennt man ebenfalls. Weniger bekannt jedoch ist, dass auch Sigmund Freud nach kurzer Verstörung sehr früh die »Kulturlosigkeit« als Ursache des Krieges erkannt und vehement gegeißelt hat. Im August 1914, als Thomas Mann sich noch erwartungsfroh über »gute Feldpost« freute, »aus den Feldbefestigungen vor Verdun, dorther, wo die ehrenhafte Wirklichkeit, die wirklich Ehre ist«, sprach Freud in einem Brief an das mit ihm befreundete Londoner Paar Herbert und Loe Jones bereits von einer »elenden Zeit«, die »dieser Krieg« bedeute, »der uns so arm macht an ideellen wie materiellen Gütern«. Und 1915 waren die Gedanken seines Unbehagens so weit systematisiert, dass sie unter dem Titel *Zeitgemäßes über Krieg und Tod* veröffentlicht werden konnten. Unter anderem heißt es da:

»Der Krieg, an den wir nicht glauben wollten, brach nun aus und er brachte die Enttäuschung. Er ist nicht nur blutiger und verlustreicher als einer der Kriege vorher, infolge der mächtig vervollkommneten Waffen des Angriffes und der Verteidigung, sondern mindestens ebenso grausam wie irgendein früherer. Er setzt sich über Einschränkungen hinaus, die man das Völkerrecht genannt hatte. Er wirft nieder, was ihm im Wege steht, in blinder Wut, als sollte es keine Zukunft und keinen Frieden unter den Menschen nach ihm geben. Er zerreißt alle Bande der Gemeinschaft unter den miteinander ringenden Völkern und droht eine Erbitterung zu hinterlassen, welche eine Wiederanknüpfung derselben für lange Zeit unmöglich machen wird.«

Es hat wohl mit der besonderen Nachlässigkeit österreichischer Behörden zu tun, dass diese pazifistische Botschaft Freuds trotz Kriegszensur ungehindert an die Öffentlichkeit gelangen konnte. Im November 1916 kursierte sie sogar im Offiziersgenesungsheim Schloss Kobenzl bei Wien. Hier hoffte Christl von Hartungen sich für einige Wochen von den Strapazen der Isonzoschlachten erholen zu können, bevor er als neue Aufgabe die Leitung des Militärspitals im ungarischen Szatmar-Nemthi übernehmen sollte. Gleichzeitig wollte der Erschöpfte in Ruhe darüber nachdenken, wie nach der soeben erfolgten Trennung von seiner Frau, der Konzertpianistin Ida Bodansky, die zukünftige Fürsorge für den gemeinsamen dreijährigen Sohn Christoph Alexander am besten geregelt werden könnte. So verbrachte er viele Stunden in der Bibliothek des Offiziersheims, wo er auch den pazifistischen Text Freuds entdeckte. Obwohl seine persönlichen Diskussionen mit dem Analytiker schon einige Jahre zurücklagen, war Christl von Hartungen überrascht, wie viel »Bekanntes« er in dessen neuem Essay finden konnte. Schon vor dem Krieg, vor allem in *Totem und Tabu*, hatte Freud sich mit völkerpsychologischen Aspekten der »Todesleugnung« beschäftigt. Der Essay *Zeitgemäßes über Krieg und Tod* knüpfte daran an und beschrieb die Veränderung religiöser Schuldgefühle. Das Verbot »Du sollst nicht töten« sei allmählich von dem geliebten Menschen auf die Menschen allgemein ausgedehnt worden. In Kriegszeiten jedoch gehe diese Erweiterung des Gebots auf den Feind verloren. Der Mörder werde zum Helden und könne auf die komplizierten Rituale verzichten, die noch der primitive Mensch vollziehen musste, um für das Töten der Feinde Buße zu tun. Der Essay schloss mit der Mahnung: »Das Leben zu ertragen, bleibt ja doch die erste Pflicht aller Lebenden. Die Illusion wird wertlos, wenn sie uns darin stört. Wir erinnern uns des alten Spruchs: Si vis pacem, para bellum. Wenn du den Frieden erhalten willst, so rüste zum Kriege. Es wäre zeitgemäß, ihn abzuändern: Si vis vitam, para mortem. Wenn du das Leben aushalten willst, richte dich auf den Tod ein.«

Freuds Absicht, Illusionen über den Tod zu zerstören, entsprach aber keineswegs einer kulturpessimistischen Orientierung. Deutlich wird das vor allem in seiner Korrespondenz mit Albert Einstein und Texten wie *Vergängliches*. Trauer und spontaner Protest, so Freud, seien zwar notwendig, müssten aber zu systematischer Auflehnung und Erneuerungswillen führen: »Wir wissen, die Trauer, so schmerzhaft sie sein mag, läuft spontan ab. Wenn sie auf alles Verlorene verzichtet hat, dann wird unsere Libido wieder frei, um sich, insofern wir noch jung und lebenskräftig sind, die verlorenen Objekte durch möglichst gleich kostbare oder kostbarere neue zu ersetzen. Es steht zu hoffen, dass es mit den Verlusten dieses Krieges nicht anders gehen wird. Wenn erst die Trauer überwunden ist, wird es sich zeigen, dass unsere Hochschätzung der Kulturgüter unter Erfahrung von ihrer Gebrechlichkeit nicht gelitten hat. Wir werden alles wieder aufbauen, was der Krieg zerstört hat, vielleicht auf festerem Grund und dauerhafter als vorher«.

Christl von Hartungen, der in den verschiedenen Frontspitälern und Feldlazaretten mit verwundeten jungen Soldaten gesprochen hatte und um ihre Verzweiflung wusste, schätzte zwar Freud als Theoretiker, hielt aber dessen »Aufbau«-Appell in seiner Verallgemeinerung für realitätsfremd. Es war ja gerade die »noch junge und lebenskräftige« Generation, die im Krieg verheizt wurde und für den Aufbau verloren war. Je mehr sich die Kampfhandlungen festliefen und je häufiger hunderttausende junger Soldaten für nur wenige Meter Geländegewinn von ihren Kommandanten geopfert wurden, desto mehr vertiefte sich die Kluft zwischen Front und Etappe und mit ihr der Generationenwiderspruch. Christl hatte nicht nur verzweifelte, sondern auch zynisch gewordene junge Menschen getroffen. Sie wähnten sich in einer ausweglosen Lage, begriffen ihr Dasein als zeitlos, als eine Nicht-Existenz zu der sie von einer unsichtbaren Herrscherdynastie verdammt worden waren. Immer öfter musste er Soldaten mit Nervenzusammenbrüchen behandeln. Viele seiner Kollegen, Ärzte und Psychiater, setzten dabei Elektroschocks ein, eine drastische Methode, die er kategorisch ablehnte. Solche Vorgänge wurden offiziell verschwiegen, ebenso die regelmäßig vorkommenden Selbsttötungen oder auch die zunehmenden Fälle von Desertation und Meuterei. Während auch die Frontoffiziere meist relativ jung waren, lag die operative Führung fast überall in den Händen alter Männer und unwürdiger Greise. Als der österreichische Kaiser das Signal zum Krieg gab, befand er sich bereits im 84. Lebensjahr, und der deutsche Generalfeldmarschall von Hindenburg feierte im ersten Kriegsjahr seinen 67. Geburtstag – aber auch die Ententeführer waren keine Jünglinge mehr. Georges Clemenceau zum Beispiel übernahm als 75-Jähriger 1916 in Frankreich die Regierung. Demgegenüber erschienen der italienische Kriegstreiber d'Annunzio als Mittfünfziger und König Viktor Emanuel III. mit 45 Jahren noch recht dynamisch.

Generell stand das Leben der Stabsoffiziere und der Militärbürokratie in der Etappe in vollständigem Kontrast zum

Elend an der Front. Berichte über ausschweifende Gelage in den Führungskreisen erreichten auch die Schützengräben. Doch die Soldaten waren machtlos in ihrer Verbitterung. Es gab Frontoffiziere, die sich daher nicht nur für die Disziplin, sondern auch für die Seelenbefindlichkeit ihrer Mannschaften verantwortlich fühlten. So entstanden neben den »normalen« männerbündischen Frontkameradschaften auch besondere, mit Vater-Sohn-Beziehungen vergleichbare Gefühlsverbindungen, die zu mythologischen Deutungen einluden. Literarisch dokumentiert sind die Gefühle jener Hans Castorp-Generation, die noch bis 1914 in elitären Bergsanatorien von romantischen Idealen geträumt hatte und sich dann wie »vorwärts getrommelte« Rekruten mit »jungsprödem Mutgeschrei« und in »gedankenloser Erregung« ins Schlachtgetümmel stürzten. Sie alle hatten den Krieg als »reinigenden Sturm« begrüßt. Doch spätestens im zweiten Kriegsjahr ließ sich die blutige Frontrealität nicht mehr durch heroische Schablonen verdrängen. Zahlreiche Tagebücher, Briefe und Berichte – so auch die von Christl von Hartungen – dokumentieren die inneren Konflikte derjenigen, die ihre schrecklichen Erlebnisse vergeblich mit den früheren Werten in Einklang zu bringen versuchten.

»Verlierer« und »Gewinner« schienen gleichermaßen orientierungslos, und eine apokalyptische Stimmung breitete sich aus. Genau diesen Ton traf ein deutsches Buch mit dem suggestiven Titel *Der Untergang des Abendlandes*, dessen erster Teil unmittelbar nach Kriegsende erschien und innerhalb kürzester Zeit zum Bestseller wurde. Bis 1914 hatte der Autor, Oswald Spengler, noch die Existenz eines unbedeutenden Gymnasiallehrers und Privatgelehrten gefristet – jetzt galt er in ganz Europa und selbst in den USA als verheißungsvoller Nachkriegsprophet. Dabei waren Sprache und Stil seines voluminösen Werkes keineswegs so klar und flüssig, wie man es angesichts des Erfolges hätte erwarten können. Nicht alle, die das Werk lobten, hatten es wirklich gelesen. Der Titel des Buches hatte sich offensichtlich vom Text gelöst und erreichte sein Publikum über zugespitzte Thesen und einzelne Zitate. Die Absicht des Geschichtsphilosophen Spengler war es, nicht nur Aussagen über die Vergangenheit der europäischen Geschichte zu treffen, sondern auch Prognosen für deren Zukunft aufzustellen. Ausgehend von der Analyse verschiedener Hochkulturen, mit dem Schwerpunkt Antike und Abendland, entwarf er eine »Morphologie der Weltgeschichte« mit dem Anspruch, deren »biografische Urformen« und Entwicklungsgesetze freizulegen. Unter Berufung auf Goethes Formenlehre versuchte er Naturerkenntnisse auf die Geschichtsforschung zu übertragen. Demnach müssten alle Hochkulturen ähnlich wie biologische Zyklen die Entwicklungsstadien »Jugend, Aufstieg, Blütezeit, Verfall« durchlaufen. Und die Kultur des Abendlandes, die für Spengler eine »faustische« war, habe bereits im 19. Jahrhundert die Blüte ihrer Entwicklung überschritten. Dieses Stadium des Verfalls sei identisch mit dem Wesenskern der »Zivilisation«. Dabei sei der Widerspruch zwischen »Kultur« und »Zivilisation« nicht nur ein zeitlicher, sondern auch ein geographischer, nämlich der zwischen Deutschland und dem Westen. Im Rahmen seines konstruierten Zeitschemas erwartete Spengler schon bald eine Phase neuer Barbarei und despotischer Weltherrschaft, das Zeitalter der »Cäsaren«. Dass er mit seiner fatalistischen Geschichtsdeutung durchaus konkrete politische Vorstellungen verband, verdeutlicht sein 1919 erschienenes Pamphlet *Preußentum und Sozialismus*. Darin sprach er der Weimarer Republik die staatliche Legitimität ab und empfahl als Alternative zur Demokratie eine preußische Spezialmischung aus Imperialismus, Sozialismus und Technokratie.

Vom Kriegsende und dem Untergang der Donaumonarchie erfuhr Christl von Hartungen im November 1918 in den Ostkarpaten, das heißt im ukrainischen Kossow (Kosiv), wo er seit Mai des Jahres das Infektionsspital eines Lagers für österreichische Heimkehrer aus russischer Kriegsgefangenschaft leitete. Als die Meldung eintraf, wurde das Lager unter chaotischen Umständen aufgelöst, und Christl organisierte seine Rückkehr auf eigene Faust. Doch der Marsch durch die Ukraine, Polen und Schlesien musste mehrfach unterbrochen werden. Wegen physischer Erschöpfung und Ausbruchs eines schmerzhaften Magengeschwürs wurde der Kriegsheimkehrer in Brest-Litowsk und Breslau jeweils mehrere Tage im Lazarett behandelt. Mit eisernem Willen schaffte er es aber, sich noch vor Weihnachten bis nach Gmunden am Traunsee (Oberösterreich) durchzuschlagen, wo es ein tränenreiches Wiedersehen mit seiner Frau Antonia Marno von Eichenhorst gab. Erst vor wenigen Monaten – während seines letzten Fronturlaubs – hatte Christl von Hartungen ein zweites Mal geheiratet. Die Auserwählte stammte aus einer alten Triester Offiziersfamilie. Wie viele junge Frauen aus patriotischen Kreisen hatte auch sie sich nach Kriegsausbruch zum Sanitätsdienst gemeldet und war bei dieser Gelegenheit Christl von Hartungen begegnet.

Die Ehe schien glücklich, der Krieg war beendet – aber ein Gefühl von Frieden, Ruhe und »Normalität« wollte sich auch im Jahr 1919 nicht einstellen. Vom Habsburger Reich war nur ein kläglicher Rest übriggeblieben, eine kleine deutschsprachige Republik mit dem Wasserkopf Wien. Die Mehrheit der Österreicher hielt das neue Staatsgebilde für nicht überlebensfähig, und die Sehnsucht nach einem Anschluss an das Deutsche Reich wuchs. Vor allen in Militärkreisen war die Unzufriedenheit groß. Auch Christl von Hartungen, der zu Beginn des Jahres 1919 vom Staatsamt für Heerwesen an das Malaria-Zentralspital in Wien abkommandiert worden war, fühlte sich im Militärdienst der »Republik Deutschösterreich« unwohl. Im März ließ er sich als Militärarzt in den Ruhestand versetzen und nahm das Angebot des ehemaligen Ministers für Handel und Soziales Victor Mataya an, für die Wiener Handelskammer als Dozent tätig zu werden. Seine Vorträge zum Thema »Die Psychologie der Werbung« konnten wenig später gesammelt als Buch erscheinen. Aus gesundheitlichen Gründen fasste er den Entschluss, nach Meran überzusiedeln und dort eine medizinische Praxis zu eröffnen. Bei der Anreise von Bozen aus befiel ihn eine eigenartige Nervosität. Er war das letzte Mal vor dem Krieg diese Strecke gefahren. Jetzt gehörten Südtirol und auch das Trentino zu Italien. Als der Zug auf halber Strecke Lana passierte, stieg in Christl von Hartungen ein kribbelndes Gefühl auf, sentimentale und sehnsüchtige Erinnerungen wurden wach. Bei Lana begann das Ultental, und es war nicht weit bis Mitterbad, wo sich das frühere Sanatorium seiner Familie befand. Als Student hatte er oft Gäste in Lana abgeholt – so auch Thomas Mann – und sie mit einer Pferdekutsche durch das malerische Tal gefahren. Jetzt war der Kurbetrieb in Mitterbad ebenso wie der in Riva eingestellt. Zwar hatte man seinem Bruder Erhard die vom italienischen Militär beschlagnahmten Anlagen inzwischen zurückerstattet, doch an eine Wiedereröffnung des Sanatoriumsbetriebes war nicht zu denken. So mussten die Anlagen einschließlich der Gebäude verkauft werden. Durch die Nutzung als Kinderheim wurde zumindest die »Villa Belriguardo« noch einem guten Zweck zugeführt.

Als Christl von Hartungen 1921 in Meran eintraf, waren für ihn auf den ersten Blick keine großen Veränderungen feststellen: Am Bahnhof, auf der Kurpromenade und in der Laubengasse der Altstadt herrschte das gewohnte Treiben. Doch bei genauerer Betrachtung fiel auf, dass einige der früheren Luxushotels leer standen und das Publikum weniger international zusammengesetzt war als früher. Es fehlten nicht nur österreichische und deutsche Gäste, sondern auch englische, französische und russische. Ähnliches wurde ihm von Riva berichtet, wo Gabriele d'Annunzio sich als »Held von Fiume« feiern ließ. Innerhalb der italienischen Öffentlichkeit schien die Fiumefrage damals alles zu überschatten. In Italien glaubte man, Österreich-Ungarn allein niedergerungen zu haben und beanspruchte daher das Adriatische Meer als Kriegsbeute, wollte es insgesamt zum italienischen Binnenmeer, dem »mare nostrum«, erklären. Als die Verbündeten Einspruch erhoben und auch die italienischen Hoffnungen auf Afrika und Kleinasien unerfüllt blieben, steigerte sich die Empörung zur nationalistischen Hysterie. So entstand die Legende vom »verstümmelten Sieg«, die für Mussolini eine ähnliche demagogische Bedeutung gewann wie der »Diktatfriede« von Versailles für Hitler.

Principe di Monteneveso –
Der Fürst vom »Schneeberg«

Unmittelbares und prägendes Vorbild für Mussolinis »Marsch auf Rom« und die faschistische Machtergreifung im Oktober 1922 waren zweifellos d'Annunzios Fiumehandstreich und die begleitenden Propagandarituale. Als der nationalistische Dichterfürst sich Weihnachten 1920 aus seinem »Regierungssitz« in Fiume zurückziehen musste, wurde die mythische Berg- und Festungswelt am Gardasee sein letzter Zufluchtsort. In Gardone nahm er die Villa des Kunsthistorikers Henry Thode, der in erster Ehe mit einer Tochter Cosima Wagners verheiratet gewesen war, in Beschlag und ließ das Anwesen mit staatlicher Unterstützung zu einer monumentalen Kriegsgedenkstätte (»Il Vittoriale degli Italiani«) umbauen, die zugleich sein eigener Tempel wurde. Auf Vorschlag Mussolinis verlieh der italienische König dem »Dichter und Kriegshelden« d'Annunzio im März 1924 den kuriosen Adelstitel »Principe di Monteneveso«. Mit »Monteneveso« (»Schneeberg«) war der Monte Baldo gemeint, von dessen Gipfel man das ganze Phantasiereich am Gardasee von Riva bis Gardone überblicken konnte. Der Principe residierte in der Totenstadt des »Vittoriale«, die bis heute durch das im Berghang eingegrabene Kriegsschiff »Puglia« bewacht wird.

Nachdem König Viktor Emanuel III. Mussolini zum Ministerpräsidenten ernannt hatte, etablierte sich die »Partito Nazionale Fascista« als Einheitspartei und errichtete systematisch eine totalitäre Diktatur in Italien. Und während sich in Deutschland Hitlers Nationalsozialisten nach Mussolinis Vorbild auf die Machtergreifung vorbereiteten, bildeten sich in Österreich radikale Heimwehren, die sich vehement für ein Zusammengehen mit Deutschland einsetzten. Bei einer Abstimmung des Tiroler Landtags im April 1921 sprach sich eine Mehrheit von 98,8 Prozent für den »Anschluss« aus.

Christl von Hartungen vermochte sich in dieser emotionalen Umbruchstimmung mit keiner der radikalen Kräfte zu identifizieren. Er fühlte sich – ähnlich wie seine Frau – heimat- und staatenlos. In welcher Kultur würden ihre beiden 1919 und 1920 geborenen Söhne aufwachsen? Wo sollte sich die Familie niederlassen? Das Kapitel Riva war abgeschlossen – aber auch in Meran drohte ihm als deutschsprachiger Österreicher ein beruflicher Boykott. Man riet ihm, die italienische Staatsbürgerschaft anzunehmen. Aber wohin steuerte Italien unter Mussolini? Christl von Hartungen hatte dessen Politik mit gemischten Gefühlen verfolgt – mit Abscheu ebenso wie mit Respekt. Beim italienischen Faschismus schien es sich um ein Experiment mit offenem Ausgang zu handeln. Diese Bewegung würde das bestehende System auf jeden Fall weniger bedrohen als

Lenins Bolschewismus. Man konnte nicht übersehen, dass die italienische Bevölkerung von einem neuen Geist erfüllt war. Es schien Mussolini zu gelingen, einem Land mit anarchistischen Tendenzen eine feste Ordnung zu geben. Und man kam nicht umhin, anzuerkennen, dass in Italien zum ersten Mal der Staatsapparat funktionierte und die Züge pünktlich fuhren. Schließlich hatte Mussolini sogar seinen »Marsch auf Rom« in einem Eisenbahncoupé Erster Klasse absolviert! So entschied sich Christl von Hartungen im Oktober 1922, Tiroler zu bleiben *und* »Italiener« zu werden. Er behielt seinen Hauptwohnsitz in Meran, wurde aus dem Österreichischen Bundesheer entlassen, verließ den Österreichischen Staatsverband und erwarb die italienische Staatsangehörigkeit.

Eine Zeitlang sah es so aus, als ob Mussolini sich gegenüber Hitler auch als Garant der Unabhängigkeit Österreichs durchsetzen wolle und könne. Kurz vor seinem Tod meldete sich auch Gabriele d'Annunzio noch einmal aus seinem Tempel am Gardasee. In seiner Mahnung an den »Duce« heißt es: »Ich weiß, dass Du dabei bist, den Strolch Adolf Hitler selbstbewusst zurückzuweisen; diesen Mann mit seinem verschwiemelten Pöbelgesicht unter dieser nicht mehr abwaschbaren Tünche von Kalk und Leim …« Offensichtlich wollte er an das Kulturbewusstsein Mussolinis appellieren – denn der war keineswegs ungebildet. Als früherer Sozialist und leitender Redakteur war er mit der europäischen Politik und Geschichte vertraut, hatte Marx gelesen und kannte die Ideen von Georges Sorel und Nietzsche. Und er wurde zumindest in der ersten Zeit seiner Herrschaft nicht nur von Gabriele d'Annunzio, sondern von vielen Kulturschaffenden unterstützt. Das geschah meist freiwillig, da sich im faschistischen Italien – anders als dann in Hitlerdeutschland – keine absolute Gleichschaltung der kulturellen Institutionen durchsetzen ließ. Eine freiwillige

Gleichschaltung italienischer Autoren musste zum Beispiel Heinrich Mann im Juni 1931 auf dem Pariser Treffen der »Internationalen Föderation der Schriftsteller-Berufsorganisationen« erleben. »Die heutigen Italiener«, so sein Bericht an den Bruder, »konnten keinen Augenblick sachlich sein, und wenn sie länger als zwei Minuten sprachen, wurde es eine Propaganda-Rede für ihren großen Despoten.«

Doch gegenüber Hitler war das Selbstbewusstsein Mussolinis und seiner Anhänger nicht besonders entwickelt. Thomas Mann ahnte Schlimmes als er am 2. März 1938 während der Eisenbahnfahrt von Detroit nach Chicago im Speisewagen beim Tee die Zeitungsmeldungen zur Kenntnis nahm: »Tod d'Annunzios« und »Durcheinander in Österreich«. Wenige Tage später wurde aus dem »Durcheinander« ein gut organisierter »Anschluss«. Am Morgen des 12. März marschierten 68 000 Soldaten der Wehrmacht in Österreich ein, gleichzeitig landete der SS-Führer Heinrich Himmler auf dem Flughafen Aspern, um die Übernahme der österreichischen Polizei durchzuführen. Und am Nachmittag überschritt Hitler bei Braunau die Grenze und erreichte vier Stunden später Linz, wo er vom Balkon des Rathauses aus erklärte, er habe den Auftrag seine teure Heimat dem Reich wiederzugeben. Am Abend vereinbarte er mit dem erst vor zwei Tagen zum Ministerpräsidenten ernannten Seyß-Inquardt im Linzer Hotel Weinzinger die sofortige Durchführung der »Wiedervereinigung«. Zwei Tage später verkündete Hitler dann auf dem Heldenplatz in Wien unter dem Jubel Zehntausender den vollzogenen »Eintritt« seiner Heimat »in das Deutsche Reich«. Obwohl Mussolini in der Sudentenkrise und auf der »Münchner Konferenz« im Herbst 1938 scheinbar als »Vermittler« auftrat, teilte auch Thomas Mann das Misstrauen Churchills. In seinen *Tagebüchern* notierte er, dass »das Duell zwischen Faschismus und Demokratie wohl unausbleiblich« sei: »Deutschland und Italien von Anfang an auf Krieg ausgerichtet, das Ganze wäre sinnlos ohne Zweck des Krieges. Bewähren kann die ›Weltanschauung‹ sich nur im Kriege.«

Ein Jahr später, im September 1939, begann mit dem deutschen Überfall auf Polen der Zweite Weltkrieg. Nach kurzem Zögern stellte sich Mussolini an die Seite Hitlers. Am 10. Juni 1940 erfolgten die italienischen Kriegserklärungen an Großbritannien und Frankreich. Im *Doktor Faustus* erkennt Serenus Zeitblom, dass die Achse Berlin-Rom nicht ein Höhepunkt der »europäischen Gesittung« ist, sondern deren Ende. Durch den gemeinsamen Auftritt von Hitler und Mussolini in den Florentiner Uffizien »rücken« für ihn die »Begriffe von Pöbelherrschaft neuartig zurecht«.

War das die Herrschaft der »neuen Cäsaren«, die Oswald Spengler nach dem Ersten Weltkrieg vorausgesagt hatte? Den Zweiten Weltkrieg konnte der Untergangsprophet nicht mehr erleben – wohl aber den Aufstieg der beiden Diktatoren. Den einen hat er unterschätzt, den anderen überbewertet. »Wenn man ihm gegenübersitzt«, so Spengler nach einem Treffen mit Hitler im Juli 1933, »hat man nicht ein einziges Mal das Gefühl, dass er bedeutend ist«. Von Mussolini hingegen war er beeindruckt. In seinem Buch *Jahre der Entscheidung* feierte er den »Duce« als »echten Cäsaren« der die Tradition des »Imperium Romanum« verkörpere. Ob Führer oder Epigonen, ob Partner oder Rivalen – Hitler und Mussolini waren einander in wechselnden Rollen verbunden. Zuletzt aber blieb nur noch die Abhängigkeit zwischen dem Kriegsherrn und seinem Vasallen. Dabei ist es ein Kuriosum, dass Hitler seinen »Freund« Mussolini ausgerechnet an jenem Ort zur Marionette degradierte, wo dieser seinen »Freund« d'Annunzio zwanzig Jahre zuvor als Operettenfürst inthronisiert hatte: am Gardasee.

Die Schicksalswende des »Duce« wurde offenkundig, als Rundfunkmeldungen, Plakate und die Schlagzeilen der Zeitungen am 25. Juli 1943 verkündeten: »Mussolini arrestato!« Was war geschehen? Der »Große Faschistische Rat« hatte in einer dramatischen Nachtsitzung Mussolini das Misstrauen ausgesprochen – ein Anlass für König Viktor Emanuel III., den Ministerpräsidenten nach seiner Demission »zum Schutz« verhaften zu lassen. Die Italiener jubelten, denn sie waren in ihrer Mehrheit des Krieges und des Faschismus überdrüssig. Bereits am 10. Juli hatte die anglo-amerikanische Invasion Siziliens begonnen und am 22. Juli wurde Palermo eingenommen. Der Staatsstreich war offenbar seit längerem im Detail geplant. Der König übernahm selbst wieder den Oberbefehl über die Streitkräfte und beauftragte den Marschall Pietro Badoglio mit der Bildung einer neuen Militärregierung. Die Nationale Faschistische Partei und alle ihre Gliederungen wurden für aufgelöst erklärt, und schon am 3. September unterzeichnete Badoglio im Namen Italiens mit dem amerikanischen General Dwight D. Eisenhower einen Sonderwaffenstillstand. Mussolini hielt man zunächst auf der Insel Ponza dann auf La Maddalena vor Sardinien und schließlich in einem Versteck auf dem Gran Sasso in den Abruzzen fest. Er war in der Gefangenschaft sechzig Jahre alt geworden, spürte, dass sein Schicksal besiegelt war und fühlte sich überflüssig. Seinen Wärtern soll er eröffnet haben: »Wenn ein Mann zusammen mit seinem System stürzt, dann ist der Fall endgültig, zumal wenn der Mann die Sechzig überschritten hat.«

Überliefert wurde auch, dass er während seines Zwangsaufenthaltes in den Abruzzen mit einer deutschen Neuübersetzung der *Odi Barbare* von Giosuè Carducci begonnen habe. Der Dichter, der 1906 ein Jahr vor seinem Tod den Nobelpreis für Literatur erhalten hatte, gilt als Verehrer der altrömischen Vergangenheit, aber auch als verneinender Geist und als Genius geistiger Unabhängigkeit und Schrankenlosigkeit. Mussolini wird sich wohl mehr für die altrömischen Vorlieben des Autors interessiert haben. In Thomas Manns *Zauberberg* wird uns Carducci übrigens von dem Aufklärer Settembrini als vorbildlicher Freigeist präsentiert.

Der gescheiterte Faschist Mussolini wäre wohl gern als Privatier in das Schweizer Exil entlassen worden – doch für Hitler hatte er noch eine letzte politische Rolle zu spielen. Am 12. September landeten deutsche Fallschirmjäger unter dem Kommando des SS-Rambos Skorzeny mit motorlosen Gleitfliegern auf dem Gran Sasso, befreiten den »Duce« und brachten ihn ins Führerhauptquartier nach Berlin. Dort wurde ihm eröffnet, dass er die Leitung eines neuen faschistischen Staates in den von den Deutschen besetzten Teilen Italiens zu übernehmen habe. Zur Amtseinführung und als nachträgliches Geburtstagsgeschenk überreichte Hitler ihm eine in blauem Leder gebundene und mit Goldornamenten verzierte Prachtausgabe von Nietzsches *Gesammelten Werken* mit der handschriftlichen Widmung: »Adolf Hitler seinem geliebten Mussolini«.

Doch nur widerwillig übernahm Mussolini die ihm zugedachte Marionettenrolle als Chef jener neuen »Italienischen Sozialrepublik«, deren Kabinett ab Herbst 1943 in Salò und einigen anderen Orten am Westufer des Gardasees residierte. Die Wahl dieses Gebietes war weniger durch die Schönheit und Mythen der Landschaft als durch die strategisch günstige Lage bedingt. Die schmale Uferstraße wird einerseits vom See, andererseits von den steil aufragenden Felswänden und Berghängen begrenzt und verschwindet nur wenige Kilometer nördlich von Gargnano bis Riva immer wieder in Felstunnels. Eine gute Festung und Falle zugleich. In unmittelbarer Nähe befanden sich zahlreiche Waffenfabriken und auch Stahlwerke, die noch produzierten. Ebenfalls nicht weit entfernt waren das industrielle Zentrum Mailand sowie die neue deutsche Grenze. Und nicht zuletzt boten die zahlreichen Hotels, Heilanstalten, großzügigen Villen und Wohnungen ideale Quartiere für das Militär, die Ministerien, Verwaltungsbüros und Einrichtungen der neu gegründeten »Partito Fascista Repubblicana«. Das in den Prachtbauten zur Schau gestellte Luxusleben der faschistischen Militärs und Parteibonzen stand in krassem Widerspruch zur Katastrophensituation des Krieges. Besonders aufwendig residierte der Mussoliniclan. Der »Duce«, der nicht nur als Staatschef fungierte, sondern auch das »Außenministerium« übernommen hatte, beanspruchte für sich und seine Familie die schlossähnliche »Villa Feltrinelli« (heute ein Luxushotel) in Gargnano. Als Schutzmaßnahme war auf dem Dach eine Flugabwehrkanone installiert und zusätzlich zu dem kasernierten Wachbataillon wurden noch dreißig SS-Männer aus der Leibstandarte Hitlers abberufen. Der nachgeordnete Regierungsapparat, der von Mussolinis ältestem Sohn Vittorio und dem politischen Sekretär Giovanni Dolfin kontrolliert wurde, befand sich in dem einige hundert Meter entfernten Stadt-»Palazzo« der Familie Feltrinelli. Als Privatwohnung für sich selbst hatte der Mussolinisohn die »Villa Itolanda« beschlagnahmen lassen, in der früher einmal der deutsche Dichter Paul Heyse gewohnt hatte. Auch Claretta Petacci, die Geliebte des »Duce«, wurde mit einer prächtigen Unterkunft, der »Villa Fiordaliso«, versorgt. In ähnlicher Weise waren das gesamte Führungspersonal und die verschieden Phantomministerien verstreut irgendwo am Westufer des Gardasees untergekommen. Zu erwähnen wäre noch, dass der Stararchitekt Giancarlo Maroni, der nach dem Ersten Weltkrieg d'Annunzios »Vittoriale« und den Neuaufbau Rivas gestaltet hatte, von Mussolini den Auftrag erhielt, das riesige »Grand Hotel Gardone« so umzubauen, dass es gleichzeitig als Speziallazarett *und* als Casino zu nutzen sei. Das hatte schaurige Konsequenzen: Während man in der chirurgischen Station des Lazaretts schwerverletzten Soldaten die Gliedmaßen amputierte, wurden im Casinotrakt amerikanische Unterhaltungsfilme vorgeführt oder Konzerte mit Zarah Leander veranstaltet. Es waren wohl solche Szenarien, die Pier Paolo Pasolini vor Augen hatte, als er die historische Handlung seiner umstrittenen Marquis de Sade-Verfilmung *Die 120 Tage von Sodom* in der »Sozialrepublik« von Salò ansiedelte.

Das faschistische Regime von Salò war radikaler und kompromissloser als jenes vor 1943. Das galt besonders für die Maßnahmen gegen Partisanen, politische Gegner und Abweichler – und für die Judenverfolgung. Nach dem Einmarsch der deutschen Truppen häuften sich die Pogrome und Massaker. Am 14. November erklärte die neue Faschistische Partei in ihrem Manifest die Juden auch offiziell zu Feinden, unterstützte die »Judenaktionen« der SS und beteiligte sich an den Deportationen. Auch die Kämpfe gegen die immer stärker werdende Widerstandsbewegung arteten zeitweise zu furchtbaren Gräueltaten aus. Natürlich litt die Zivilbevölkerung auch unter der massiven Bombardierung der Amerikaner, von der nach 1943 verstärkt die Gardaseeregion betroffen war. So empörte sich der von Meran nach Malcésine vertriebene österreichische Schriftsteller Fritz von Herzmanovsky-Orlando über einen Fliegerangriff auf den »nur von Ausflüglern besetzten« Dampfer »Lazzaro Mocenigo«, bei dem »die USA-Schweinehunde im tiefsten Tiefflug ein abscheuliches Blutbad« angerichtet hätten, »dem auch eine Menge von Frauen und Kindern zum Opfer fielen«. Der schwer verwundete Kapitän Martinelli habe das Schiff »im sinkenden Zustand« noch in den Hafen von Limone bringen können und sei dann gestorben. Im April 1945, als die Alliierten bereits in die Poebene vorrückten, traf sich Mussolini in Mailand zu Gesprächen mit Vertretern des »Nationalen Befreiungskomitees«. Die Verhandlungen scheiterten und der »Duce« versuchte, sich gemeinsam mit seiner Geliebten Claretta Petacci über die Grenze in die Schweiz zu retten. Am Comer See wurden sie von Partisanen erkannt und gefangen genommen. Am 28. April hat man beide erschossen und die Leichen mit dem Kopf nach unten auf der Piazza Loreto in Mailand aufgehängt. Zwei Tage später erreichten amerikanische Rangertruppen, vom Süden des Gardasees kommend, mit Amphibienfahrzeugen das Ufer zwischen Riva und Torbole. Oberhalb der beiden Orte hatten sich versprengte Reste der Waffen-SS und einige Schwarzhemden in den Felswänden des Monte Brione verschanzt und verwickelten die Landungstruppen in ein letztes, heftiges Gefecht, dem auch der kommandierende US-General William O. Darby zum Opfer fiel. Erst in der Nacht vom 2. zum 3. Mai 1945 erfolgte die endgültige Kapitulation und damit das Ende der »Sozialrepublik« am Gardasee.

Visconti und der Zauberer

Christl von Hartungen, der wegen seiner Verweigerung der sogenannten »Option« für das Deutsche Reich nach 1939 in Meran als Arzt boykottiert worden war, hatte während des Krieges abwechselnd in Seis, Mailand und Como praktiziert. Wie schon einmal nach dem Ersten Weltkrieg kehrte er auch 1945 nach Meran zurück, um medizinische Hilfe zu leisten. Der Ort glich einem riesigen Lazarett. Neben den Krankenquartieren für kriegsverletzte Soldaten und Zivilisten waren auch für etwa 15 000 Holocaustüberlebende Durchgangslager errichtet worden. Bis Ende 1947 leitete Christl von Hartungen ein Rotkreuzspital. Danach war er über ein Jahrzehnt amtlicher Psychiater und Gutachter am Landgericht Bozen. In diese Zeit fällt auch eine umfassende wissenschaftliche und publizistische Tätigkeit für deutschsprachige und italienische Zeitschriften sowie den *Sender Bozen* der staatlichen Rundfunkanstalt *RAI*.

Offensichtlich hat der Arzt sich im Rahmen seines Themenfeldes »Psychologie der Reklame« auch verstärkt mit dem für ihn neuen Medium Film auseinandergesetzt. Zu Beginn der fünziger Jahre kam es zu Kontakten und Gesprächen mit dem italienischen Regisseur Luchino Visconti. Damals bereitete der Filmemacher sein neues Projekt *Senso* (deutscher Titel *Sehnsucht*) vor und suchte Berater und Laiendarsteller für die Realisierung eines möglichst authentischen historischen Hintergrunds. In Christl von Hartungen sollte er beides finden. Als Vorlage für das von Suso Cecchi d'Amico verfasste Filmdrehbuch diente die schon zitierte gleichnamige Novelle von Camillo Boito. Wir befinden uns in dem 1866 noch von den Österreichern besetzten Venetien. Erzählt wird die leidenschaftliche Liebe einer italienischen Gräfin zu einem jüngeren, gutaussehenden k.u.k.-Besatzungsoffizier, der als Frauenheld nicht zu tieferen Gefühlen fähig ist. Er lässt sich von der Gräfin Geld geben, um die Amtsärzte zu bestechen, damit sie ihn im Hinblick auf eine bevorstehende Schlacht für »kampfuntauglich« erklären. Als er nach Verona versetzt wird, bricht der Kontakt zu ihm ab. Die Contessa begibt sich in den Kriegswirren auf die Suche nach dem Geliebten und findet ihn in einem verwahrlosten Zustand – er ist dem Alkohol und einer Prostituierten verfallen. Die Rache der Gedemütigten ist furchtbar. Sie denunziert den Treulosen beim Kommandanten als Deserteur, wohlwissend, dass ihm dadurch die Hinrichtung droht. Im Morgengrauen sucht sie den Platz auf, wo der junge Offizier füsiliert wird, sie will sich dieses Schauspiel nicht entgehen lassen.

Viscontis Film weicht in einigen Aspekten von der Vorlage ab. So rückt der historische Hintergrund, die italienische Einheitsbewegung, das »Risorgimento«, noch stärker in den Mittelpunkt. Zu diesem Zweck erfindet das Drehbuch auch die Figur des Cousins der Gräfin, der Geld für den Freiheitskampf sammelt und erklärt: »Wir haben nur noch Pflichten und keine Rechte mehr ... Italien führt Krieg. Es ist unser Krieg. Unsere Revolution«. Doch die Hoffnungen der Republikaner erfüllen sich im Film nicht – Korruption und Zerrüttung des italienischen Adels verhindern gesellschaftliche Veränderungen. Demgegenüber verkörpern einzelne österreichische Repräsentanten, wie zum Beispiel der Festungskommandant von Verona, durchaus achtbare moralische Positionen. Der General, der von dem 72-jährigen Laienschauspieler Christl von Hartungen, im Abspann als »Christoforo de Hartungen« romanisiert, dargestellt wird, ist keineswegs blutrünstig, sondern versucht der Gräfin ins Gewissen zu reden: »Signora, denken Sie darüber nach: Denunzieren ist schändlich, und was Sie tun ist Mord.« Es war offenkundig, dass Visconti 1954 mit *Senso* vor allem eine Kritik des zeitgenössischen Italiens im Sinn hatte, eine Problematisierung der jungen nationalstaatlichen Identitätsfindung. Auch wenn die beabsichtigte Analogie zu enttäuschten sozialrevolutionären Hoffnungen nach dem Sturz des Mussolinifaschismus massive Eingriffe durch Verleiher und Zensur zur Folge hatte, kam die Botschaft an. Weil die politischen Eliten Italiens aber nach dem Ende des Zweiten Weltkrieges nicht an der Demontierung nationaler Mythen interessiert waren, wurde Visconti zum »Nestbeschmutzer« abgestempelt. Es wird vermutet, dass die italienische Regierung sogar Mitglieder der Jury der Filmfestspiele von Venedig bestochen habe, damit *Senso* nicht den »Goldenen Löwen« erhielt.

Probleme mit der Zensur waren für Visconti nicht neu – schon bei seinem ersten eigenen Filmprojekt *Ossessione* (*Von Liebe besessen*) hatte er damit zu kämpfen. 1943, nach der skandalträchtigen Premiere in Rom, wurde das

Material beschlagnahmt und der Film durfte nicht mehr gezeigt werden. In der Folge hat man den Regisseur wegen »antifaschistischer Tätigkeit« inhaftiert und erst nach der Befreiung Roms aus dem Gefängnis entlassen. Viscontis *Ossessione* konkurriert mit anderen Filmen, etwa Roberto Rossellinis *Roma, città aperta* (*Rom, offene Stadt*, 1945), um das Prädikat »erster italienischer Film des Neorealismus«. Doch der antifaschistische Mythenschleier mit dem die »neorealistische« Filmschule in Italien ihren Ursprung umhüllte, ist inzwischen ein wenig durchsichtiger geworden. Man weiß, dass der Mussolinisohn Vittorio seinen Salon (»salotto«) und die Zeitschrift *Cinema* nicht als Sympathisant des Widerstandes gründete, sondern als moderner Mentor der staatlich-faschistischen Filmproduktion. Wenn man will, kann man auch schon in seinen gemeinsam mit Rossellini produzierten Kriegspropagandafilmen *La nave bianca* (*Das weiße Schiff*, 1941) oder *Un pilota ritorna* (*Ein Flieger kehrt zurück*, 1942) ästhetische Merkmale entdecken, die später als »neorealistisch« definiert wurden.

Zwar verkehrte auch Visconti anfangs, wie Roberto Rossellini und andere Filmemacher, im »salotto« des Vittorio Mussolini, doch seine Karriere begann nicht im Faschismus, und seine Biografie ist eine besondere. Geboren wurde er 1906 in Mailand als Conte Don Luchino Visconti di Modrone, Sohn einer der reichsten Adelsfamilien Norditaliens. Seine Vorfahren residierten im Mittelalter in Salò und konkurrierten mit den Venezianern um die Prägung jener alten Kultur am Gardasee, deren Traditionen sich auch Christl von Hartungen verbunden fühlte. Entscheidend für Viscontis künstlerische und intellektuelle Entwicklung waren längere Aufenthalte im Paris der dreißiger Jahre. Hier lernte er den Regisseur Jean Renoir kennen und arbeitete für ihn als Assistent und Kostümbildner. Der mit den Kommunisten sympathisierende Renoir beeindruckte ihn aber nicht nur künstlerisch, sondern auch durch sein politisches Engagement für die Volksfront. Insbesondere der gesellschaftskritische Realismus seiner Filme, wie in *Toni* von 1934, sollte für Visconti zu einem bildenden Erlebnis werden.

Nach dem Krieg war der Regisseur Visconti auf der Suche nach neuen künstlerischen Formen und Leitbildern. Er wandte sich verstärkt dem Theater und der Oper zu und arbeitete unter anderem an der Mailänder Scala, der Wiener Staatsoper und der Londoner Covent Garden Opera. Auch das *Senso*-Projekt war eine farbige »Verschmelzung« von Film- und Bühnenkunst und somit ein demonstrativer Abschied vom »Neorealismus«. Anfang der fünfziger Jahre, zur gleichen Zeit, als Christl von Hartungen als »Berater« und Laiendarsteller für Visconti tätig war, interessierte dieser sich verstärkt für Thomas Mann. Besonders faszinierte ihn die Novelle *Mario und der Zauberer*. Bei diesem *tragischen Reiseerlebnis*, so der Untertitel, geht es um einen Ferienaufenthalt im fiktiven italienischen Badeort »Torre di Venere«. Als Vorbild dienten authentische Erfahrungen, die Thomas Mann 1926 während eines Familienurlaubs in Forte dei Marmi gemacht hatte. Beim Lesen der Geschichte spürt man förmlich die wachsende Beklemmung der Betroffenen. Die Feriengäste, aus deren Perspektive der Autor erzählt, werden als Fremde benachteiligt und geschnitten. Bei einer der abendlichen Vorstellungen des Zauberers Cavaliere Cipolla, der seine Zuschauer hypnotisiert und willenlos macht, kommt es zu einer blutigen Gewalttätigkeit. Der von dem zynischen Zauberer gedemütigte und zu einer unzüchtigen Geste verführte Kellner Mario rächt sich durch einen tödlichen Pistolenschuss. »Ein Ende mit Schrecken«, konstatiert der Erzähler, »ein höchst fatales Ende. Und ein befreiendes Ende dennoch …« Man hat die Novelle schon 1930, zum Zeitpunkt ihres Erscheinens, als Kommentar des

Autors zum Faschismus und als Parabel auf die Verführbarkeit der Massen gelesen. Thomas Mann selbst erklärte später, dass es »zu weit geht, in dem Zauberer Cipolla einfach die Maskierung Mussolinis zu sehen, aber es versteht sich andererseits, dass die Novelle entschieden einen moralisch-politischen Sinn hat«.

Auch Visconti wollte nicht nur »Politik« in der Novelle sehen, sondern betrachtete sie in ihrer Gesamtheit als ein hochstehendes Kunstwerk. Seine ursprüngliche Absicht, das Werk zu verfilmen, scheiterte vor allem an bildästhetischen Fragen. Aber sein Versuch, daraus ein opernhaftes Ballett zu machen, sollte sich ebenfalls als schwierig erweisen. Im Januar 1954 waren seine Pläne in Kooperation mit dem Komponisten Franco Manino immerhin soweit gediehen, dass Thomas Mann auf eine »Première in der Mailänder Scala« hoffen durfte. »Mit dem Mario ist es richtig«, teilte er mit. »Es ist kein reines Ballett, sondern so eine jetzt beliebte Mischform aus Musik, Tanz und Sprechstück«. Doch bis zur Uraufführung sollte es noch weitere zwei Jahre dauern. Der Autor hat sie nicht mehr erlebt, er starb am 12. August 1955 in Zürich. Christl von Hartungen war von der prunkvollen Premiere in der Mailänder Scala enttäuscht. Der Abend erschien ihm mehr als ein gesellschaftlicher Anlass denn als ein künstlerischer Erfolg.

Das Ballettexperiment geriet schnell in Vergessenheit – und Visconti drehte in rascher Folge neue Filme mit unterschiedlicher Thematik, darunter so erfolgreiche wie *Weiße Nächte* (1957), *Rocco und seine Brüder* (1960), *Der Leopard* (1963), *Der Fremde* (1967) oder *Die Verdammten* (1969). Doch dann, im Juni 1970, als im italienischen Fernsehen sein Dokumentarfilm *Auf der Suche nach Tadzio* ausgestrahlt wurde, der die Suche nach dem Hauptdarsteller nachzeichnete, wusste man, dass Visconti Thomas Mann nicht vergessen hatte. Seine Verfilmung des *Tod in Vene-*

dig kam 1971 in die Kinos. Ihn habe daran vor allem »das menschliche Drama eines Künstlers, die Geschichte seiner Einsamkeit und seiner Verzweiflung« interessiert, erklärte der Regisseur. Das hätte für Thomas Mann zu harmonisch geklungen, denn er selbst war nach Abschluss seiner Novelle erschrocken über die dargestellte »Faszination des Todes« und den »Triumph rauschhafter Unordnung über ein der höchsten Ordnung geweihtes Leben«. Er plante eine »Art von humoristischem Gegenstück«, die Atmosphäre sollte eine »Mischung von Tod und Amüsement« sein. Doch aus dem geplanten kurzen und lustigen »Gegenstück« wurde – wie wir wissen – die lange und ernste Beschreibung einer phantastischen Bergverzauberung, die voller Sehnsucht beginnt und mit dem Tod endet.

Luchino Visconti : »Ich ziehe es vor, eine Seele zu beschreiben.«

Dank

Angeregt wurde dieses Buch vor allem durch die Darstellungen von Albini Tonelli (*Ai confini della Mitteleuropa. Il Sanatorium von Hartungen. Dai fratelli Mann a Kafka gli ospiti della cultura europea*) und Dirk Heisserer (*Meeresbrausen, Sonnenglanz. Poeten am Gardasee*). Ein besonderer Dank gebührt Dr. Christoph (Hartung) von Hartungen (Bozen), der mir nicht nur den Zugang zum Archiv seiner Familie ermöglicht, sondern auch durch mündliche und schriftliche Informationen das Verständnis kulturgeschichtlicher Besonderheiten der Region erleichtert hat. Auch Klaus-Dieter (Hartung) von Hartungen (Kiel) schulde ich Dank für wichtige Hinweise – des Weiteren Haimo Stiemer, Friedrich Rothe und natürlich Renate Lohse-Jasper für Recherchehilfe und Diskussionsanregungen – sowie Teresa Sciacca und Rüdiger Dammann für Übersetzungen aus dem Italienischen. Ein Dankeschön auch an den Literaturagenten Axel Haase für seine Unterstützung – und last but not least an Andreas Rötzer für das verlegerische Engagement.

Quellen und Literatur

Für das Auswahlprinzip der benutzten Quellen und Literatur galt das Gebot der Zweckdienlichkeit und weniger der Anspruch philologischer »Vollständigkeit«.

ADORNO, Theodor W./Max HORKHEIMER: *Dialektik der Aufklärung*. Frankfurt/Main 1969
ANGER, Sigrid (Hrsg.): *Heinrich Mann 1871-1950. Werk und Leben in Dokumenten und Bildern.* Mit unveröffentlichten Briefen aus dem Nachlass. Berlin/Weimar 1977
D'ANNUNZIO, Gabriele: Die Werke werden zitiert nach folgenden deutschen Ausgaben: *Das Feuer.* Berlin 1990, *Lust.* Zürich 1994, *Vielleicht – vielleicht auch nicht.* München 1989 – sowie nach den Übersetzungen von Maria Gazzetti a.a.O und Peter Demetz a.a.O.

BACON, Henry: *Visconti: Explorations of Beauty and Decay.* New York 1998
BECKER, Thorsten: *Der Untertan steigt auf den Zauberberg.* Reinbek 2001
BEHEIM-SCHWARZENBACH, Martin: *Christian Morgenstern. Mit Selbstzeugnissen und Bilddokumenten.* Reinbek 1964/2006
BELLER, Manfred: *Die sentimentale Landschaft. Der Gardasee in der Prosa von W. Heinse. P. Heyse und H.J. Fröhlich.* In: Il Garda nella Cultura Europea. Vol.II. Gardone (Comunità del Garda) 1986
BELLI, Gabriella (Kuratorin): *Sprachen des Futurismus. Literatur/Malerei/Skulptur/Musik/Theater/Fotografie.* Ausstellungskatalog des Martin Gropius Baus/Berliner Festspiele in Zusammenarbeit mit dem Museo di Arte Moderna e Contemporanea die Trento e Roverto und dem Italienischen Kulturinstitut Berlin. Berlin 2009

BINDER, Hartmut: *Mit Kafka in den Süden. Eine historische Bilderreise in die Schweiz und zu den oberitalienischen Seen.* Prag 2007

BÖHME, Gernot: *Rembrandt – der wahre Deutsche.* In: *Neue Zürcher Zeitung* vom 15. Juli 2005

BOITO, Camillo: *Senso. Das geheime Tagebuch der Contessa Livia.* Deutsch von Bettina Kienlechner. Reinbek 1987

BORCHMEYER, Dieter/Jörg SALAQUARDA: *Nietzsche und Wagner. Stationen einer epochalen Begegnung.* Frankfurt/Main 1994

BOROWKA-CLAUSBERG, Beate: *Damals in Marienbad … Goethe, Kafka & Co – die vornehme Welt kuriert sich.* Berlin 2009

BROD, Max/Franz KAFKA: *Eine Freundschaft. Reiseaufzeichnungen.* Hrsg. von Malcolm Pasley und Hannelore Rodlauer. Frankfurt/Main 1978

BROD, Max: *Streitbares Leben 1884-1968.* Autobiografie. München/Berlin/Wien 1969

—: *Über Franz Kafka.* Frankfurt/Main 1966

CARDUCCI, Giosuè: *Odi barbare.* Bologna 1880 (deutsch: 1913)

CONRADY, Karl Otto: *Goethe. Leben und Werk.* München/Zürich 1994

DALLAGO, Carl: *Der Süden. Kulturliche Streifzüge eines Einsamen.* Leipzig 1905

—: *Geleitwort.* In: *Der Brenner.* Nr. 1 /1. Juni 1910

Carl Dallago. Der große Unwissende. Hrsg. von Karin Dalla Torre, Johamm Holzner, Paul Renner, Anton Unterkircher, Silvano Zucal. Insbruck 2007

DANTE Alighieri: *Die Göttliche Komödie.* Deutsch von Karl Vossler. München 1962

DEMETZ, Peter: *Die Flugschau von Brescia. Kafka, d'Annunzio und die Männer, die vom Himmel fielen*. Wien 2002
Deutsche Briefe aus Italien. Von Winkelmann bis Gregorius. Gesammelt und herausgegeben von Eberhard Haufe. Leipzig 1971
DOSE, Ralf: *Magnus Hirschfeld: Deutscher, Jude, Weltbürger*. Berlin 2005

ELSEN, Dagmar: *Gardasee, Verona, Trentino*. Bielefeld 2005

Faust – Annäherung an einen Mythos. Begleitband zur Ausstellung. Hrsg. von Frank Möbus/Friederike Schmidt-Möbus/Gerd Unverfehrt. Göttingen 1995
FORTE, Dieter: ›*Der Zauberberg stimmt nicht.‹ Roman und Realität*. In: Neue Rundschau. 116. Jahrgang 2005. Heft 2
FREUD, Sigmund: Die Werke werden in der Regel zitiert nach der *Studienausgabe*. Band 1-10 und Ergänzungsband. Hrsg. von Alexander Mitscherlich, Angela Richards und James Strachey. Frankfurt/Main 1969-1975
—: *Briefe 1873-1939*. Ausgewählt und herausgegeben von Ernest L. Freud. Frankfurt/Main 1960.

GASSER, Reinhard: *Nietzsche und Freud*. Berlin 1997
GAZZETTI, Maria: *Gabriele d'Annunzio. Mit Selbstzeugnissen und Bilddokumenten*. Reinbek 1989
GECK, Martin: *Von Beethoven bis Mahler. Die Musik des deutschen Idealismus*. Stuttgart/Weimar 1993
GOETHE, Johann Wolfgang: *Tagebücher*. Historisch-kritische Ausgabe. Im Auftrag der Stiftung Weimarer Klassik hrsg. von Jochen Golz u.a. Band I (1775-1787). Stuttgart/Weimar 1998
—: *Tagebuch der Italienischen Reise 1786. Notizen und Briefe aus Italien. Mit Skizzen und Zeichnungen des Autors*. Hrsg. und erläutert von Christoph Michel. Frankfurt/Main 1976

GIRARDI, Anton Maria: *Das Schicksal setzt den Hobel an. Der Lebensroman Alexander Girardis.* Braunschweig 1949

GRIESER, Dietmar: *Friedliche Betäubung. Franz Kafka und Gertrud Wasner.* In: Ders.: *Im Rosengarten. Eine literarische Spurensuche in Südtirol.* Frankfurt/Main 1999

VON HARTUNGEN, Christoph (senior): *Empfindungen und Gedanken eines unserer Planetenbewohner über die Attractions- und Repulsionsverhältnisse der Erde zum heutigen Menschen.* Wien 1887

—: *Der Gardasee mit specieller Berücksichtigung der Eisenbahn Mori-Arco-Riva und Gardone Riviera. Städtebilder und Landschaften aus aller Welt.* Zürich 1891

—: *An unsere Denker!* In: *Der Anti-Anarchist.* Riva del Garda. Mai/Juni 1902

—: *Die Bestimmung des Arztes.* In: *Der Anti-Anarchist...* Ebd.

—: *Briefe an Heinrich Mann (1902/03).* Unveröffentlicht. (Auszüge bei Willi Jasper: *Die Jagd nach Liebe...* a.a.O.) Originale: Archiv des Museums für tschechische Literatur Prag (PNP) und Heinrich Mann-Archiv/Stiftung der Akademie der Künste Berlin (HMA/HMS)

VON HARTUNGEN, Christoph (junior): *Homosexualität und Frauenemanzipation.* Leipzig 1910

—: *Kritische Tage und Träume.* In: *Zeitschrift für Psychotherapie und medizinische Psychologie.* Band III. Heft 1 (1911)

—: *Die Psychoanalyse in der modernen Literatur. I. Heinrich Mann: Die Unschuldige.* In: *Zentralblatt für Psychoanalyse und Psychotherapie.* Wiesbaden 1911/V

—: *Die Bedeutung der Psychoanalyse für das moderne Sanatorium.* In: *Klinisch-therapeutische Wochenschrift.* Wien 1912/Nr. 22

—: *Psychologie der Reklame.* Stuttgart 1921 (1928)

—: *Im Krieg und Frieden durch Europa. Erlebtes eines österreichischen Arztes.* (unveröffentlichtes Manuskript)
—: *Heinrich Mann in Südtirol.* In: *Der Standpunkt.* Jg. 6 (1952). Nr. 7
VON HARTUNGEN, Erhard (II): *Reformsanatorium Dr. von Hartungen. Riva am Gardasee.* Innsbruck 1907
SECKELMANN, Klaus Dieter (d.i. VON HARTUNGEN, Klaus Dieter): *Ein Tusculum für Dichter und Künstler. Aus der Geschichte des Sanatoriums Dr. med Hartung von Hartungen.* In: *Deutsches Ärzteblatt.* 66. Jg. (1969). H. 5 u. 6
HEINE, Heinrich: *Sämtliche Schriften.* Band 3 (1822-1831). Hrsg. von Klaus Briegleb. München 1976
—: *Reisebilder* (Taschenbuch). München 1982
HEISSERER, Dirk: *Meeresbrausen, Sonnenglanz. Poeten am Gardasee.* München 1999
—: *Thomas Manns Zauberberg. Einstieg, Etappen, Ausblick.* Würzburg 2006.
HENSCHEID, Eckhard: Die Lieblichkeit des Gardasees. Gesammelte Erzählungen. Zürich 1997
VON HERZMANOVSKY-ORLANDO, Fritz: *Sämtliche Werke in zehn Bänden.* Hrsg. und kommentiert von Walther Methlagl, Wendelin Schmidt-Dengler u.a.. Wien 1983-1994
HIRSCHFELD, Magnus (unter dem Pseudonym »Th. Ramien«): *Sappho und Sokrates.* Leipzig 1896
—: *Die Homosexualität des Mannes und des Weibes.* Berlin 1914

JANZ, Curt Paul: *Friedrich Nietzsche, Biographie* in drei Bänden. München 1978
JASPER, Willi: *Der Bruder. Heinrich Mann. Eine Biographie.* München, Wien 1992;
—: *Faust und die Deutschen.* Berlin.

—: *Die Jagd nach Liebe. Heinrich Mann und die Frauen.* Frankfurt/Main 2007
JÜNGER, Ernst: *Das abenteuerliche Herz. Aufzeichnungen bei Tag und Nacht.* Berlin 1929

KAFKA, Franz: Die Werke werden in der Regel zitiert nach: *Gesammelte Werke in zwölf Bänden.* Nach der Kritischen Ausgabe hrsg. von Hans-Gerd Koch. (Taschenbuch Fischer) Frankfurt/Main 1994
—: *Tagebücher.* Hrsg. von Hans-Gerd Koch, Michael Müller und Malcolm Pasley. Frankfurt/Main 1990
—: *Briefe* (1900-1917) 3 Bände. Hrsg. von Hans-Gerd Koch. Frankfurt/Main 1999/2001/2005
KOOPMANN, Helmut: *Thomas Mann – Heinrich Mann. Die ungleichen Brüder.* München 2005
KONTNY, Karin: *Die Kunst, vom Krieg zu erzählen. Zwischen Kriegsbildern, Bilderkriegen und Sprachlosigkeit.* In: *Magazin für Theologie und Ästhetik* 25/2003
VON KRAFFT-EBING, Richard: *Nervosität und neurasthenische Zustände.* Wien 1900
KRAUS, Karl: *Sittlichkeit und Kriminalität.* Ausgewählte Schriften. Bd. 1. Wien/Leipzig 1908
KURZKE, Hermann: *Wie konservativ ist der Zauberberg?* In: *Gedenkschrift für Thomas Mann. Text und Kontext.* Kopenhagen 1975
—: *Thomas Mann. Das Leben als Kunstwerk. Eine Biographie.* München 1999

LADURNER, Ulrich: *Solferino. Kleine Geschichte eines großen Schauplatzes.* Salzburg 2009
LANGBEHN, Julius: *Rembrandt als Erzieher.* Neuausgabe. Leipzig 1925
LINDENBERG, Christoph: *Rudolf Steiner. Mit Selbstzeugnissen und Bilddokumenten.* Reinbek 1992

MAAR, Michael: *Geister und Kunst. Neuigkeiten aus dem Zauberberg.* München 1995

MANN, Carla: *Briefe an ihren Bruder Heinrich (1899 bis 1910).* Hrsg. von Anke Lindemann-Stark. In: *Heinrich-Mann-Jahrbuch* 21/22 (2003/2004)

MANN, Heinrich: Die Werke werden in der Regel zitiert nach der *Studienausgabe* in Einzelbänden. Hrsg. von Peter-Paul Schneider (Taschenbuch Fischer). Frankfurt/Main 1987 ff.

—: *Briefe an Ludwig Ewers (1889-1913).* Hrsg. Von Ulrich Dietzel und Rosemarie Eggert. Berlin/Weimar 1980

—: *Briefe an Karl Lemke und Klaus Pinkus.* Hamburg o.J.

MANN, Heinrich und Inès SCHMIED: *Briefe einer Liebe (1905-1909).* Hrsg. von Günter Berg, Anke Lindemann-Stark und Ariane Martin. In: *Heinrich-Mann-Jahrbuch* 17/1999 (Teil 1) und 19/2001 (Teil 2)

MANN, Katia: *Meine ungeschriebenen Memoiren.* Hrsg. von Elisabeth Plessen und Michael Mann. Frankfurt/Main 1974

—: *›Liebes Rehherz‹. Briefe an Thomas Mann 1920-1950.* Hrsg. und kommentiert von Inge Jens. München 2008

MANN, Thomas: Die Werke werden in der Regel zitiert nach: *Gesammelte Werke* in dreizehn Bänden. Frankfurt/Main 1990 und: *Große kommentierte Ausgabe – Werke, Briefe, Tagebücher.* Frankfurt/Main 2002 ff.; die Romane *Der Zauberberg.* Frankfurt/Main 2008 und *Doktor Faustus. Das Leben des deutschen Tonsetzers Adrian Leverkühn. Erzählt von einem Freunde* nach den jeweiligen Fischer-Taschenbuchausgaben (Frankfurt/Main 2008 bzw. 1990), die Erzählungen/Novellen *Tristan, Der Tod in Venedig* und *Mario und der Zauberer* nach der Sonderausgabe (Frankfurt/Main 2005).

—: *Briefe an Otto Grautoff (1894-1901) u. Ida Boy-Ed (1903-1928).* Hrsg. von Peter de Mendelssohn. Frankfurt/Main 1975

—: *Briefe I (1889-1936); II (1937-1947); III (1948-1955 und Nachlese)* Hrsg. von Erika Mann. Frankfurt/Main 1979

—: *Tagebücher.* 10 Bände. Hrsg. von Peter de Mendelssohn (1918-1943) und Inge Jens (1943-1955). Frankfurt/Main 1977-1995

—: *Notizbücher 1-6 u. 7-14.* Hrsg. Von Hans Wysling/Yvonne Schmidlin. Frankfurt/Main 1991/1992

—: *Freud und die Psychoanalyse. Reden, Briefe, Notizen Betrachtungen.* Hrsg. von Bernd Urban. Frankfurt/Main 1991

MANN, Thomas/Heinrich MANN: *Briefwechsel 1900-1949.* Hrsg. von Hans Wysling. Frankfurt/Main 1995

DE MENDELSSOHN, Peter: *Der Zauberer. Das Leben des deutschen Schriftstellers Thomas Mann. Erster Teil 1875-1918. Zweiter Teil: Jahre der Schwebe: 1919 und 1933* (Nachgelassene Kapitel). Überarbeitete und erweiterte Neuausgabe in 3 Bänden. Hrsg. von Christina Klostermann. Frankfurt/Main 1996

MORGENSTERN, Christian: Die Werke werden in der Regel zitiert nach *Werke und Briefe. Stuttgarter Ausgabe.* Kommentierte Ausgabe. 9 Bände. Unter Leitung von Reinhardt Habel hrsg. von Maurice Cureau u.a. Stuttgart 1987 ff.

MOSELEY, Ray: *Zwischen Hitler und Mussolini. Das Doppelleben des Grafen Ciano.* Aus dem Amerikanischen von Angelika Beck. Berlin 1998

NIETZSCHE, Friedrich: Die Werke werden in der Regel zitiert nach: *Kritische Studienausgabe* in 15 Einzelbänden. Hrsg. von Giorgio Colli/Mazzino Montinari. München/Berlin/New York 1988

—: *Unzeitgemäße Betrachtungen.* Mit einem Nachwort von Ralph-Rainer Wuthenow (Taschenbuch). Frankfurt/Main 1981

ODILON, Helene: *Das Buch einer Schwachsinnigen. Lebenserinnerungen.* Berlin 1909
OSTEN, Philipp: *Da ist noch Platz für ein drittes Geschlecht. Vor 75 Jahren starb der Sexualwissenschaftler Magnus Hirschfeld.* In: *Berliner Zeitung* vom 10. Mai 2010

PIPER, Ernst: *Savonarola. Umtriebe eines Politikers und Puritaners im Florenz der Medici.* Berlin 1979
PIPPKE, Walter/Ida LEINBERGER: *Gardasee, Verona, Mantua, Trentino – Kunst und Geschichte im Zentrum des Alpenbogens.* Ostfildern 2009
PODACH, Erich F.: *Gestalten um Nietzsche. Mit unveröffentlichten Dokumenten zur Geschichte seines Lebens und seines Werkes.* Weimar 1932
PRANGELS, Charlotte: *Eugen d'Albert – Wunderpianist und Komponist.* Zürich/Freiburg 1981
PRATESI, Gina: *Briefe an Heinrich Mann (1902-1904).* Unveröffentlicht (Auszüge bei Willi Jasper: *Die Jagd nach Liebe ...* a.a.O.) Originale: PNP und DLA
VON PREUSCHEN, Hermione: *Der Roman meines Lebens. Ein Frauenleben um die Jahrhundertwende.* Berlin/Leipzig 1926
—: *Lebenssphinx* (Novellen) Berlin/Leipzig 1901
—: *Briefe an Heinrich Mann 1904-1906.* Unveröffentlicht. (Auszüge bei Willi Jasper: *Die Jagd nach Liebe ...* a.a.O.) Originale in Deutsches Literatur-Archiv Marbach (DLA) und PNP

RAUCHENSTEINER, Manfried: *Der Tod des Doppeladlers. Österreich-Ungarn und der Erste Weltkrieg.* Graz/Wien/Köln 1993
RAUSCHER, Walter: *Hitler und Mussolini. Macht, Krieg und Terror.* Graz/Wien/Köln 2001

REENTS, Edo: *Zu Thomas Manns Schopenhauer-Rezeption.* Würzburg 1998

—: *Ich war nie Hans Castorp.* In: *Frankfurter Allgemeine Zeitung* vom 23. Januar 2010

RITTER, SANTINI, Lea: *L'italiano Heinrich Mann.* Bologna 1965

RIX, Walter R. (Hrsg.): *Hermann Sudermann. Werk und Wirkung.* Würzburg 1980

ROTH, Joseph: *Radetzkymarsch.* Köln 1932 (Neuausgabe 1994)

SALTZWEDEL, Johannes (Hrsg.): *Götter, Helden, Denker.* München/Hamburg 2008

SCHUR, Max: *Sigmund Freud. Leben und Sterben.* Frankfurt/Main 1973

SEBALD, W.G.: *Dr. Ks Badereise nach Riva.* In: Ders.: *Schwindel. Gefühle.* Frankfurt/Main 1990

SEEGER, Cordula, Reinhard G. WITTMANN (Hrsg.): *Grand Hotel – Bühne der Literatur.* München/Hamburg 2007

SELG, Peter: *Christian Morgenstern. Sein Weg mit Rudolf Steiner* (Enthält u.a. unveröffentlichte Korrespondenz). Stuttgart 2008

SONTAG, Susan: *Der Liebhaber des Vulkans.* Deutsch von Isabell Lorenz. München 1993

SPENGLER, Oswald: *Der Untergang des Abendlandes. Umrisse einer Morphologie der Weltgeschichte.* Mit einem Nachwort von Detlef Felken. Ungekürzte Sonderausgabe in einem Band. München 1998

SPRECHER, Thomas: *Davos im Zauberberg.* München 1996

STEINER, Rudolf: Das Werk wird in der Regel zitiert nach der *Rudolf Steiner-Gesamtausgabe.* Hrsg. von der Rudolf Steiner-Nachlaßverwaltung. Dornach 1956 ff.

SUDERMANN, Clara (Cläre): *Briefe an ihren Mann aus Riva del Garda 1905/1906.* Unveröffentlicht. (Auszüge bei Albini Tonelli a.a.O). Originale im Schiller Nationalmuseum (SMN)/Deutsches Literaturarchiv Marbach (DLA).

SUDERMANN, Hermann: Die Werke werden in der Regel zitiert nach: *Romane und Novellen.* 10 Bde. Stuttgart/Berlin 1928-30 und: *Dramatische Werke.* 6 Bde. Ebd. 1923

—: *Briefe Hermann Sudermanns an seine Frau (1891-1924).* Hrsg. von Irmgard Leux. Stuttgart/Berlin 1932

—: *Tagebuch III u. IV (1905/1906)* Unveröffentlicht (Auszüge bei Albini Tonelli a.a.O.). Originale im SNM/DLA

THOSS, Bruno/Hans-Erich VOLKMANN (Hrsg.): *Erster Weltkrieg – Zweiter Weltkrieg: Ein Vergleich.* Paderborn 2002

TONELLI, Albino: *Ai confini della Mitteleuropa. Il Sanatorium von Hartungen. Dai fratelli Mann a Kafka gli ospiti della cultura europea.* (Bibliotheka Civiva-Museo Civica) Riva del Garda 1995

VAGET, Hans Rudolf: *Seelenzauber. Thomas Mann und die Musik.* Frankfurt/Main 2006

VERGIL: *Aeneis.* Prosaübersetzung. Hrsg. und übersetzt von Gerhard Fink. Mannheim 2005

VIRCHOW, Christoph: *Das Sanatorium als Lebensform. Über einschlägige Erfahrungen Thomas Manns.* In: Thomas Sprecher (Hrsg.): *Literatur und Krankheit im fin-de-siècle (1890-1914). Thomas Mann im europäischen Kontext.* Die Davoser Literaturtage 2000. Frankfurt/Main 2001

—: *Medizinhistorisches um den ›Zauberberg‹. Das gläserne Angebinde und ein pneumologisches Nachspiel.* Gastvortrag an der Universität Augsburg. Augsburg 1995

WAGENBACH, Klaus: *Franz Kafka in Selbstzeugnissen und Bilddokumenten.* Reinbek 1964

WAGNER, Richard: *Die Kunst und die Revolution.* Hrsg. von Tibor Kneif. Berlin 1975

WISSKIRCHEN, Hans/Thomas SPRECHER (Hrsg.): ›und was werden die Deutschen sagen??‹ *Thomas Mann und Doktor Faustus.* Lübeck 1997

ZELGER-VOGT, Marianne: *Verpackungskünstler. Eugen d'Alberts* ›Tiefland‹ *im Opernhaus.* In: *Neue Zürcher Zeitung* vom 3. Juli 2006

Personen

Adler, Alfred 134
Adorno, Theodor W. 196, 202, 207, 210f., 214,
Aischylos 158
d'Albert, Charles 197
d'Albert, Eugen 21, 197f., 200
Alberti, Domenico 197
Alberti, Giuseppe Matteo 197
Alexander III. (Zar) 180
Alexander VI. (Papst) 179
Ammann, Paul 25
d'Annunzio, Gabriele 22, 32f., 47f., 69, 108, 112ff., 153, 225f., 235ff., 242

Bab, Julius 49, 175
Badoglio, Pietro 240
Balzac, Honore de 43
Baratow (Fürstin) 64
Bartels, Adolf 24
Barzani, Luigi 111
Bassermann, Albert 155
Basso, Hamilton 213
Bauer, Felice 118, 128f., 131
Bauer, Julius 162
Beard, George M. 12
van Beethoven, Ludwig 188, 193, 198
Bell, Alexander 189
Benn, Gottfried 226
Berliner, Emil 189
Berlioz, Hector 204
Bernays, Minna 134
Bertram, Ernst 45
Bizet, Georges 191f., 200
Blech, Leo 198
Blériot, Louis 106, 109, 113
Bloch, Grete 128f.
Boccaccio, Giovanni 48
Bodansky, Ida 228

Boito, Arrigo 204
Boito, Camillo 221, 245
Bonaparte, Principessa Letizia Savoie 108
Borghese (Principessa) 108
Borghese, Marcello 108
Bourget, Paul 36
di Brenzone, Agostino 180
Brod, Max 21, 98ff., 118, 124, 130, 133
Brod, Otto 21, 98, 100, 104ff.
Brooks, Romaine 114
Buber, Martin 103, 165
von Bülow, Max 165
Busch, Wilhelm 186

Calderara, Mario 106, 114
Carducci, Giosuè 240f.
Carnegie, Andrew 181
Carreno, Teresa 200
Caruso, Enrico 189
de Cervantes, Miguel 27
Cecchi d'Amico, Suso 245
Churchill, Winston 180, 238
Cignaroli, Giambattista 171
Claude Lorrain 193
Clemenceau, Georges 230
Curtiss, Glenn 106f., 113

Dallago, Carl 21, 102ff.
Dante Alighieri 10, 22f., 208, 224, 226
Darby, William O. 244
Debussy, Claude 114, 191f.
von Defregger, Franz 21
Döblin, Alfred 207
Dolfin, Giovanni 242
Dunant, Henry 31
Durieux, Tilla 78
Duse, Eleonore 112

Edison, Thomas Alva 189
Ehrenberg, Carl 38, 196, 201
Ehrenberg, Paul 38, 41, 196
von Eichenhorst, Antonia Marno 233
Einstein, Albert 229
Eisenhower, Dwight D. 240
Eisler, Hanns 204
Ewers, Ludwig 36, 51, 61, 71

Facciolo, Mario 106
Ferdinand Karl (Erzherzog) 30
Feuerbach, Anselm 11
von Ficker, Ludwig 102f.
Maler Fidus (eigtl. Hugo Höppener) 165
Fischer, Hedwig 19
Fischer, Samuel 19, 40
Fliess, Wilhelm 135
Forte, Dieter 8
Frank, Bruno 27
Franz I. (Kaiser von Österreich) 17
Franz Josef (Kaiser von Österreich-Ungarn) 21, 162
Freud, Alexander 134
Freud, Sigmund 21, 29, 133ff., 227ff.
Fries, Bernhard 153
Frisch, Efraim 178

Garibaldi, Giuseppe 94, 223
George, Stefan 15
Girardi, Alexander 21, 158ff.
Girardi, Anton Maria 159
Giusti, Giuseppe 153
von Goethe, Johann Wolfgang 11, 16, 22, 24, 122ff., 135, 143, 152, 179, 203ff., 232
de Goloubeff, Daniela 114
Goncourt, Edmond 35
Goncourt, Jules 35

Gortschakow, Alexander Michailowitsch 20, 221
Gosebruch von Liechtenstern, Margareta 181
Gounod, Charles 191f., 203f.
Grautoff, Otto 37
Grimm, Jacob 35, 118
Grimm, Wilhelm 35, 118
Gründgens, Gustaf 204
Guimerà, Angel 195

Haecker, Theodor 103
Hahnemann, Samuel 17
Händel, Georg Friedrich 193
Hart, Julius 165
Hartleben, Otto Erich 13
Hartung, Christoph 17f.
von Hartungen, Christoph (senior) 16, 18ff., 38, 53, 59, 71, 79, 89, 118, 154, 157, 161, 173, 179, 185, 220
von Hartungen, Christoph (Christl) 28, 30, 37, 39, 41, 46ff., 51ff., 71, 80, 87, 89, 98, 104ff., 110, 121, 124f., 133ff., 143ff., 162, 166ff., 196, 200, 219, 224ff., 244ff.
von Hartungen, Christoph Alexander 228
von Hartungen, Clara Josefa 18
von Hartungen, Erhard (I.) 17
von Hartungen, Erhard 97, 121, 166, 215, 221
Hauptmann, Gerhart 28, 146, 152, 200f.
Hebbel, Friedrich 198
Heine, Heinrich 11, 117, 203
Henry, Marc (eigtl. Achille Georges d'Ailly-Vaucheret) 198
von Herzmanovsky-Orlando, Fritz 243

Herzog, Wilhelm 61
Hesse, Hermann 175
Heyse, Paul 55, 147, 152ff., 242
Himmler, Heinrich 238
Hinterstoisser, Josef Carl 161
Hirschfeld, Magnus 21, 164ff.
Hitler, Adolf 194, 198, 208, 235ff.
Höfer, Franz 126
Hölderlin, Friedrich 205
Holitscher, Arthur 198
Horkheimer, Max 210f.
Hugo, Victor 203

Ibsen, Henrik 176ff.
Illakowicz, Kazimiera 221

Jensen, Wilhelm 137ff.
Jung, Carl Gustav 135ff.
Jünger, Ernst 227
Jones, Herbert 227
Jones, Loe 227

Kafka, Franz 21, 23, 97ff., 133
Kafka, Otilie »Ottla« 122
Kainz, Josef 155
Kant, Immanuel 175
Kayssler, Friedrich 173, 185
Keller, Ferdinand 56
Kerr, Alfred 146f.
Kesten, Hermann 35
Klabund (eigtl. Alfred Henschke) 14
Klemperer, Victor 152
Koch, Adolf 166
von Koch, Ludwig 124f.
Koch, Robert 184
Kolb, Annette 27
Köselitz, Heinrich 12
von Krafft-Ebing, Richard 13
Kraus, Karl 103, 161
Kröner, Adolf 152, 154

de Lagarde, Paul 182
Landauer, Gustav 165
Langbehn, Julius 15
Laotse 103
Lasker-Schüler, Else 103, 165
Lauckner (Wasserbaudirektor) 148
Lehár, Franz 189
Lenin (eigtl. Wladimir Iljitsch Uljanow) 154, 237
Leopardi, Giacomo 153
Leux, Irmgard 157
Lietzmann, Hans 21, 169
Liszt, Franz 197
Lombroso, Cesare 21
Luitpold von Bayern (Prinzregent) 57
Lukács, Georg 26
Luther, Martin 193, 208

Mahler, Gustav 196, 211
Manfroni, Moritz 223
Manino, Franco 249
Mann, Carla 21, 41f., 75ff., 93f.
Mann, Franziska 165f.
Mann, Heinrich 13, 21, 24f., 32ff., 51ff., 71ff., 97ff., 112, 136, 144, 156, 165, 206, 209, 212, 216, 221, 227
Mann, Golo 34
Mann, Julia (geb. da Silva-Bruhns) 196
Mann, Katia 7f., 28, 45, 196, 214
Mann, Klaus 35, 202
Mann, Thomas 7ff., 13ff., 21ff., 32ff., 51ff., 93, 99, 112, 117, 138ff., 165f., 173, 178, 184, 189ff., 201ff., 226ff., 234, 238, 241, 248ff.
Manzoni, Alessandro 153
Marie-Louise von Österreich 180

Marinetti, Filippo Tommaso 226f.
Maroni, Giancarlo 47, 242
Martens, Kurt 38
Martinelli (Kapitän) 243
Masaryk, Tomás Garrigue 221
Mataya, Victor 234
de Maupassant, Guy 202
May, Karl 144, 210
Mazzini, Giuseppe 48
Meyer, Agnes E. 212
Meyer von Rothschild, Nathaniel 159
Meyer von Rothschild, Freiherr Salomon 159
di Monteneveso, Principe 235f.
Morgenstern, Christian 21, 173ff.
Morosino, Contessa 108
Mozart, Wolfgang Amadeus 188, 193, 196
Mühsam, Erich 165
Musil, Robert 226
Mussolini, Benito 22, 103, 170, 235ff., 246, 249
Mussolini, Vittorio 242, 247

Napoleon III. 31
Napoleon Bonaparte 11, 64, 180
Nietzsche, Friedrich 12, 15f., 36, 43, 69, 103, 139ff., 146, 175ff., 182, 192ff., 202, 206, 208f., 227, 237, 241

Oberg, Eduard 165
Odilon, Helene 158ff.
Conte Oldofredi 108
Oppenheim, Hermann 148, 150
Oppenheimer, Max 21

Pasolini, Pier Paolo 243
Pauer, Ernst 197
Petacci, Claretta 242, 244

Pfitzner, Hans 197
Philippus Hispanus (eigtl. Filippo degli Scolari) 68
Pilsudski, Jozef 221
Pollner, Emma 144
Ponten, Josef 27
Pratesi, Gina 72ff., 144
von Preuschen, Hermione 21, 54ff., 167ff.
Puccini, Giacomo 93, 108, 200
zu Putlitz, Gustav Heinrich 56

Racine, Jean 193
Radetzky von Radetz, Graf Josef Wenzel 17
Redl, Alfred 125
Rembrandt Harmenszoon van Rijn 15
Renoir, Jean 247
von Richthofen, Manfred 170
Riefenstahl, Leni 198
Rosegger, Paul 21
Rossellini, Roberto 247
Rossini, Gioachino Antonio 193
Roth, Joseph 220
Rougier, Henri 106, 110
Rubinstein, Arthur 190

de Sade, Marquis 243
Sauerwein, Jules 186f.
Savonarola, Girolamo 178f.
Scaliger, Julius Caesar 10f.
Schiller, Friedrich 143, 205
Schlegel, August Wilhelm 35
Schlegel, Friedrich 35
Schmied, Inès (Nena) 61, 75, 81f., 87, 94
Schmitt, Oswald 56
Schönberg, Arnold 202
Schopenhauer, Arthur 15, 139, 205
Schratt, Katharina 21, 158, 161

Schreiber, Anton Maria 159
Schreiber, Gustav 159ff.
Schubert, Franz 191f., 196
Seyß-Inquardt, Arthur 238
Shakespeare, William 143
Sinatra, Frank 207
Skorzeny, Otto 241
Sontag, Susan 130, 213f.
Sorel, Georges 237
Spengler, Oswald 231f., 239
Spinell, Detlev 38
Spohr, Max 164f., 167
von Stein, Charlotte 123
Steiner, Rudolf 21, 176, 181ff.
Stekel, Wilhelm 134
Stendhal (eigtl Marie-Henri Beyle) 43
Stöcker, Helene 166
Storm, Theodor 55
Sudermann, Clara 21, 144ff.
Sudermann, Hede 148, 157
Sudermann, Hermann 21, 56, 144ff.

Telmann, Konrad 56f.
Thode, Henry 235
Tolstoi, Leo 181
Trakl, Georg 103
Tucholsky, Kurt 175, 186
Turban, Karl 189

Uhtenwoldt, Johannes 8

de la Vaulx, Graf Henri 106, 111
Verdi, Giuseppe 107, 190ff., 200
Vergil (eigtl. Publius Vergilius Maro) 10, 22, 48
Verne, Jules 111
Vessella, Alessandro 195
Viktor Emanuel III. 110, 230, 236, 240
Villori, Pasquale 179
Visconti, Luchino 244ff.
Vogt, Oskar 154
Voltaire (eigtl. François Marie Arouet) 48

Wagner, Cosima 235
Wagner, Katharina 198
Wagner, Richard 22, 26, 33, 142, 178, 192ff., 203, 215
Wagner-Jauregg, Julius 159, 161f.
Walter, Bruno 196
Webern, Anton 196
Weltsch, Lise 120
Weltsch, Robert 120
Wilde, Oscar 164
Wilhelm I. (König von Preußen) 56
Wilhelm II. 44
Winckelmann, Johann Joachim 16
Wolf, Hugo 202

von Zeppelin, Graf Ferdinand 111f.
Ziemßen, Joachim 22, 30
Zola, Émile 43, 46
Zweig, Arnold 142f.